EU SOU

†

*A Falsificação da
Revelação Verbal no
Ensino do Novo
Testamento*

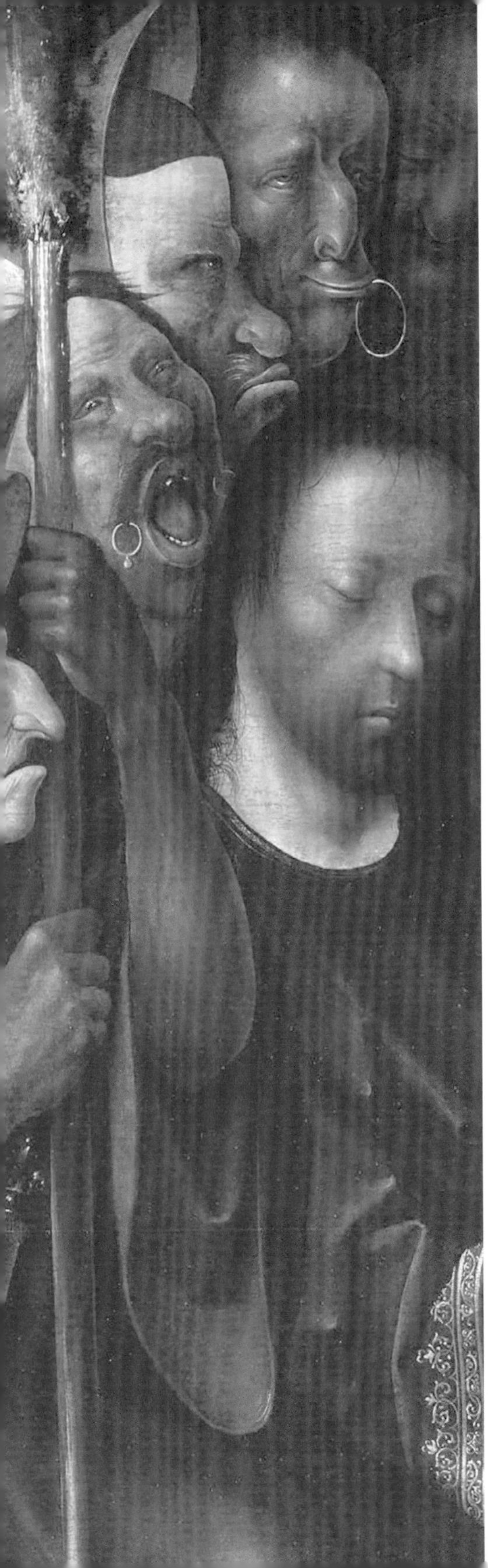

EU SOU

A Falsificação da Revelação Verbal no Ensino do Novo Testamento

VOLUME V

HEBER CAMPOS

FIEL Editora

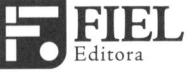

Dados Internacionais de Catalogação na Publicação (CIP)
Angélica Ilacqua CRB-8/7057

```
Campos, Heber Carlos de
    Eu sou : a falsificação da revelação verbal no ensino do Novo
Testamento : volume V / Heber Campos. - São José dos Campos, SP
: Editora Fiel, 2022.
    425 p. ; 16 x 23 cm ; v. 5

ISBN 978-65-5723-167-8 (capa dura)

1. Palavra de Deus (Teologia cristã) 2. Bíblia 3. Revelação
verbal - Falsificação 4. Falsos profetas I. Título
22-1969
                                                        CDD 238.51
```

Índices para catálogo sistemático:

1. Palavra de Deus (Teologia cristã)

EU SOU:
A Falsificação da Revelação Verbal no
Ensino do Novo Testamento (vol. 5)

por Heber Carlos de Campos
Copyright © Heber Carlos de Campos 2022

∎

Copyright © Fiel 2022
Primeira edição em Português: 2022

Todos os direitos em língua
portuguesa reservados por Editora Fiel
da Missão Evangélica Literária

Proibida a reprodução deste livro por quaisquer meios, sem a permissão escrita dos editores, salvo em breves citações, com indicação da fonte.

∎

Diretor: Tiago J. Santos Filho
Supervisão Editorial: Vinicius Musselman Pimentel
Editor: Tiago J. Santos Filho
Coordenação Editorial: Gisele Lemes
Revisão: Shirley Lima – Papiro Soluções Textuais
    e Thatiane Julie A. Rodrigues
Diagramação: Rubner Durais
Capa: Rubner Durais
ISBN impresso: 978-65-5723-167-8

Caixa Postal 1601
CEP: 12230-971
São José dos Campos, SP
PABX: (12) 3919-9999
www.editorafiel.com.br

DEDICATÓRIA

Devo este livro principalmente a meus professores americanos de mestrado que, na década de 1980, vieram ao Brasil para transmitir as verdades fiéis de Deus, sem que tivessem, em contrapartida, qualquer vantagem por seus esforços em auxiliar a Igreja brasileira. Lamento, contudo, que a presente homenagem esteja ocorrendo apenas após a morte deles, mas eu não podia tê-la prestado antes, em uma época ainda de muita imaturidade de minha parte. Hoje, essa imaturidade é menor.

Minha manifestação honrosa a: Dr. Gerard van Groningen, Dr. Fred H. Klooster e Dr. Simon Kistemaker, mestres a quem dedico esta obra.

AGRADECIMENTOS

Sou muito grato a alguns acadêmicos do Centro Presbiteriano de Pós-Graduação Andrew Jumper. Todos eles me auxiliaram em pesquisas sem as quais este livro teria sido mais pobre:

André Luís Araújo de Brito
Anderson José da Silva
Giovanni G. R. Zardini
Josué Francisco dos Santos Filho

Minha oração é para que Deus abençoe esses irmãos, tornando-os cada vez mais prósperos e diligentes no exercício de seus ministérios de ensino no meio do povo de Deus.

SUMÁRIO

Prefácio 13

Introdução 19

PARTE 1
O ENSINO DE JESUS SOBRE A FALSIFICAÇÃO DA REVELAÇÃO VERBAL

Capítulo 1: Jesus adverte sobre os falsos profetas 25

PARTE 2
O ENSINO DE PAULO SOBRE A FALSIFICAÇÃO DA REVELAÇÃO VERBAL

Capítulo 2: Paulo adverte sobre os falsos profetas 33

Capítulo 3: Os falsos profetas/mestres podem vir de fora da igreja 37

Capítulo 4: Os falsos profetas/mestres podem vir de dentro da própria igreja 43

Capítulo 5: Os falsos profetas/mestres produzem apostasia 51

Capítulo 6: Os falsos profetas/mestres provocam desordem na igreja 57

Capítulo 7: Os falsos profetas/mestres apresentam-se disfarçados 71

Capítulo 8: Os crentes precisam do conforto de Deus em meio à pregação dos falsos profetas/mestres 97

Capítulo 9: Os crentes precisam tomar cuidado com o erro 113

Capítulo 10: Os crentes precisam ser grandemente advertidos 123

Capítulo 11: Os crentes também podem cair em erro teológico 139

Capítulo 12: Crentes podem ser privados da verdade 155

Capítulo 13: Os falsos mestres são descritos com precisão 171

PARTE 3
O ENSINO DE PEDRO SOBRE A FALSIFICAÇÃO DA REVELAÇÃO VERBAL

Capítulo 14: Pedro adverte sobre os falsos profetas 201

PARTE 4
O ENSINO DE JUDAS SOBRE A FALSIFICAÇÃO DA REVELAÇÃO VERBAL

Capítulo 15: Judas adverte sobre os falsos profetas 223

PARTE 4
O ENSINO DE JOÃO SOBRE A FALSIFICAÇÃO DA REVELAÇÃO VERBAL

Capítulo 16: João adverte sobre os falsos profetas 241

Capítulo 17: Os nomes do falso profeta final 243

Capítulo 18: A natureza do falso profeta final 277

Capítulo 19: As funções teológicas do falso profeta final.......................281

Capítulo 20: Os "ministérios" do falso profeta final................................287

Capítulo 21: Os sinais operados pelo falso profeta final.......................303

Capítulo 22: A importância dos sinais no ministério profético 351

Capítulo 23: A natureza dos milagres operados pelos
falsos profetas 357

Capítulo 24: Os objetivos do falso profeta na operação dos sinais 363

Capítulo 25: A condenação do falso profeta final......................................373

Capítulo 26: Posturas dos crentes diante dos falsos profetas 393

Capítulo 27: Regras gerais para se livrar do falso ensino.......................409

PREFÁCIO

Eu me lembro do primeiro contato com os escritos do Dr. Heber Carlos de Campos. Foi no ano de 2001, quando iniciei os meus estudos preparatórios para o vestibular em Teologia, com o objetivo de ingressar em um dos seminários da Igreja Presbiteriana do Brasil. Fiquei fascinado com a combinação de simplicidade e profundidade da sua obra *O Ser de Deus e os seus Atributos*. Algum tempo depois, já próximo da conclusão do curso, fiz a leitura de outra obra da sua lavra, *A Providência e sua Realização Histórica*, pois precisava consubstanciar a minha pesquisa para a escrita do meu trabalho de conclusão de curso. Foi o livro que me deixou definitivamente fascinado com a maneira como o Dr. Heber faz Teologia Sistemática, com sua preocupação em trabalhar as passagens da Escritura e, a partir daí, formular o seu pensamento sistemático. Lembro que a exposição do assunto, bem como as aplicações ao final de cada capítulo, sedimentou as minhas convicções acerca do governo, preservação, provisão, retribuição e concorrência realizados pelo Deus soberano.

Tudo isso serviu para fazer crescer em mim o desejo de um dia me tornar seu aluno, o que, pela graça e bondade de Deus, veio a ocorrer a partir de 2010, no mestrado pelo Centro Presbiteriano de Pós-Graduação Andrew Jumper. Lembro do meu primeiro contato com o Dr. Heber. Fui à sua sala, para uma entrevista e planejamento do meu curso. Ele me perguntou por qual motivo eu desejava estudar Teologia Sistemática e a minha resposta foi: "Poder estudar com o senhor!" Foi nesse momento que ele levantou os olhos e os fitou em mim. Sua resposta: "Não vai ser moleza!"

De fato, não foi moleza. Não obstante, posso testemunhar de como tem sido extremamente enriquecedor e abençoador estudar "aos seus pés". A primeira disciplina que estudei com ele foi justamente *Teologia da Revelação*. Mais uma vez, fiquei impactado com a amplitude do assunto e com a abordagem do professor. Lembro-me da apostila compartilhada conosco. Hoje, aquela apostila tem se desenvolvido e se transformado em uma preciosa coleção sobre a Teologia da Revelação.

Um dos conceitos de que mais gosto é o que chamamos de "Progressividade da Revelação", o qual ensina, de modo simples, que Deus não revelou todas as coisas de uma só vez, em um único momento da história da redenção; mas que, aos poucos, à medida que a história foi se desenvolvendo, Deus foi adicionando mais luz, mais informações, visando dar a conhecer mais de si e conduzir o seu povo pactual nos seus santos caminhos. Menciono a progressividade da revelação para fazer um trocadilho com o que eu costumo chamar de "progressividade das publicações". Até alguns anos, não tínhamos quase nada disponível em português sobre revelação. O livro-texto que usei no seminário, por exemplo, não possui o *locus* conhecido como Prolegômenos, que trata das primeiras coisas a serem ditas na Teologia Sistemática, o que envolve o estudo da revelação. Com o passar dos anos, novas Teologias Sistemáticas foram publicadas com excelentes exposições a respeito da revelação divina. E tudo culminou com a publicação da coleção escrita pelo Dr. Heber Campos, que chega agora ao seu quinto volume.

O foco deste volume está na exposição feita pelo Novo Testamento acerca da falsificação da revelação verbal. A relevância desse assunto para a igreja evangélica brasileira está justamente no fato de que ela está inserida dentro do contexto histórico anunciado pelo Novo Testamento: os Últimos Dias. Vivemos no interregno entre a primeira e a segunda vindas de Cristo. O Senhor nos advertiu a respeito do grande perigo dos falsos profetas, pois, de acordo com ele, tais homens "enganarão a muitos" (Mateus 24.5,11). Na verdade, tão insidiosos são os falsos profetas, que o Senhor afirma que mesmo os eleitos, se possível, serão vítimas dos enganos de tais homens (v. 24).

Falsos profetas já são encontrados desde os dias do Antigo Testamento, perturbando o povo de Deus. Eles se multiplicaram a partir do Novo Testamento. Antes mesmo de o período da revelação cessar e o último livro do cânon neotestamentário ser escrito, nós já os encontramos como motivo de grande preocupação por parte dos apóstolos. Paulo, por exemplo, destacou a capacidade dos falsos profetas de se travestirem em "ministros de justiça", capacidade essa compartilhada pelo próprio Satanás, que se traveste em "anjo de luz" (2 Coríntios 11.13-15). Em sua despedida dos presbíteros da igreja de Éfeso, Paulo apontou o dedo para eles mesmos e falou sobre como do meio deles se levantariam "homens falando coisas pervertidas para arrastar os discípulos" (Atos 20.30). Semelhantemente, o apóstolo João advertiu os leitores das suas duas primeiras cartas, a respeito de como "muitos falsos profetas têm saído pelo mundo fora", que "não confessam Jesus Cristo vindo em carne" (1 João 4.1; 2 João 7).

Impressiona-me a maneira como nós, com frequência, não damos a devida importância a tais advertências do Novo Testamento. Vivemos em uma época em que falsos profetas são celebrados como "irmãos em Cristo" e convidados para pregar em muitos púlpitos. Muitos membros de nossas igrejas assistem a programas de televisão nos quais falsos mestres inoculam o seu veneno em seus lares, mentes e corações. Eles também estão presentes na internet. Tudo isso coopera para que os pastores tenham de lidar com inúmeras dificuldades para apascentarem as ovelhas do Grande Pastor.

Por todas as razões elencadas acima, a presente obra se reveste de importância monumental. O Dr. Heber discorre de modo didático e profundo, destacando, primeiramente, as advertências feitas pelo próprio Senhor Jesus Cristo e pelos apóstolos, como falsos profetas surgem tanto fora quanto dentro da própria igreja, como produzem apostasia e provocam desordem na igreja. De modo especial, o capítulo 7, que trata de como os falsos profetas se apresentam disfarçados, me impactou muito. Ele me fez pensar no heresiarca Marcião, que, de acordo com Justin Holcomb, chegou a Roma por volta do ano 140 d.C. e foi recebido por aquela igreja, inicialmente, de braços abertos, provavelmente por logo ter doado uma grande quantia em dinheiro, além de um edifício. Somente quatro anos depois, em 144 d.C., foi que os ensinamentos de Marcião o levaram à excomunhão.[1] A mesma coisa tem ocorrido em inúmeras igrejas cristãs ao longo da história. Talvez você, que tem este livro em mãos, já tenha vivenciado alguma dificuldade dessa natureza em sua igreja local.

Atente, então, para a exposição feita aqui a respeito de como os crentes precisam tomar cuidado com o erro, de como precisamos ser advertidos constantemente sobre o perigo dos falsos mestres e de como devemos vigiar, uma vez que nós mesmos estamos sujeitos a cair em erro teológico A fim de nos ajudar, o Dr. Heber oferece uma detalhada descrição das características dos falsos mestres: sua abundância, rebeldia, falatório doentio, engano e conexões religiosas. Por fim, de modo peremptório, porém necessário, somos admoestados a calá-los, a fazer o possível para que os falsos profetas sejam silenciados e não mais tenham acesso às ovelhas de Cristo.

Na parte final da obra, o autor nos instrui a respeito do falso profeta final, com destaque para seus nomes, natureza, funções teológicas, ministérios, sinais por ele operados e sua condenação final.

Como se proteger de tudo isso? Seguindo a Escritura Sagrada, enchendo-se de conhecimento da verdade de Deus, não tolerando o falso ensino, reservando tempo para o exercício espiritual e ouvindo atentamente a pregação da Escritura, enxergando-a como um verdadeiro meio de graça.

Leitor, você não tem em mãos meramente um livro de teologia. Diante dos seus olhos você tem uma lente diáfana, que permite enxergar as coisas como elas realmente são. Junto aos seus ouvidos você tem o soar de uma trombeta, para que se

---

1 Justin S. Holcomb. *Know the Heretics*. Grand Rapids, MI: Zondervan, 2014. p. 45.

mantenha desperto e atento, orando e vigiando. É com grande alegria, entusiasmo e senso de urgência que lhe recomendo a leitura e o estudo detido da presente obra.

Que o Senhor abençoe a sua vida!

Alan Rennê Alexandrino Lima
Pastor efetivo da Igreja Presbiteriana do Cruzeiro do Anil, em São Luís-MA
Bacharel em Teologia pelo Seminário Teológico do Nordeste, em Teresina-PI e pela Escola Superior de Teologia da Universidade Presbiteriana Mackenzie, em São Paulo-SP
Mestre em Teologia Sagrada (*Sacrae Theologiae Magister*), com concentração em Estudos Histórico-Teológicos e linha de pesquisa em Teologia Sistemática, pelo Centro Presbiteriano de Pós-Graduação Andrew Jumper, em São Paulo-SP
Doutorando em Ministério pelo Centro Presbiteriano de Pós-Graduação Andrew Jumper/Reformed Theological Seminary, Jackson, Mississipi

Abril de 2022

INTRODUÇÃO

A falsificação da revelação verbal está presente não apenas no ensino do Antigo Testamento — tema abordado no livro anterior —,² como também no ensino do Novo Testamento. Esse período, denominado, em geral, de "Últimos Dias", é incerto, situando-se entre a primeira e a segunda vindas de Cristo, com duas especificações: "era presente" e "era futura".

Por *era presente*, entendem-se os dias que têm início na época do Novo Testamento, incluindo o período que vivemos hoje, até o tempo dos últimos dias.

Por *era futura*, compreendem-se os eventos que terão lugar nos dias finais, antes da volta de Jesus, e que culminarão com a manifestação do falso profeta final.

Ao longo da história, os falsos profetas nunca deixaram de perturbar o povo de Deus. Eles existiram no Antigo Testamento e também não ficaram ausentes por ocasião do Novo Testamento.

---

2 Se você quiser conhecer mais sobre essa matéria, leia meu livro *A falsificação da revelação verbal no ensino do Antigo Testamento*. São José dos Campos: Fiel, 2019.

Todavia, nesse último período, a autoridade do profeta não era a mesma, pois o ofício profético já havia cessado, porém a tentativa de engano permaneceu e se fez presente já nos dias iniciais do Novo Testamento.

> Anos atrás, um professor de seminário disse à sua turma, no início do período letivo, que, juntos, trabalhariam em um grande projeto ao longo do semestre. Eles percorreriam, sistematicamente, o Novo Testamento, com o propósito de categorizar cada área da verdade e determinar quantas vezes cada uma delas é mencionada. Seu objetivo seria encontrar quais áreas têm mais ênfase que outras no Novo Testamento. *Quando eles completaram o projeto, ficaram surpresos ao ver que a advertência contra a falsa doutrina é enfatizada mais do que qualquer outra, mais ainda que o amor, a unidade e a experiência.*[3]

Esse excerto mostra a importância que Deus dá às advertências contra a falsa profecia e o falso ensino. É espantoso observar em que medida os escritores do Novo Testamento lidam com a questão da falsificação da revelação verbal.

Neste livro, você vai ler sobre a ênfase dispensada contra a falsa profecia e o falso ensino por cinco personagens do Novo Testamento: Jesus Cristo, Paulo, Pedro, Judas e João.

É preciso que os leitores da igreja evangélica brasileira acordem para a (triste) realidade da deturpação do evangelho verdadeiro. Creio que a apostasia final, ou a denominada "grande apostasia", decorrerá do desenvolvimento de teologias que não

---

[3] "A Final Warning: Beware of False Teachers!", de Steven Cole. Disponível em: https://bible.org/seriespage/lesson-107-final-warning-beware-false-teachers-romans-1617-20. Acesso em: fev. 2018.

atribuem à Escritura Sagrada o valor que lhe é devido. Muitas igrejas evangélicas têm trilhado caminhos que não são de fidelidade aos ensinos da *Tota Scriptura*. Se Deus nos conceder vida mais longa, teremos a grande tristeza de ver alguns evangélicos no caminho da apostasia — caminho que culminará na "grande apostasia", nos anos imediatamente precedentes à vinda de nosso *Redentor*.

Busca-se, portanto, despertar o povo de Deus para essa situação caótica em que o mundo teológico está imerso e para que aqueles que pertencem realmente a Deus venham a conhecer cada vez mais e melhor sua verdade — a verdade que está registrada na Escritura Sagrada.

PARTE I

O ENSINO DE JESUS SOBRE A FALSIFICAÇÃO DA REVELAÇÃO VERBAL

CAPÍTULO 1

JESUS ADVERTE SOBRE OS FALSOS PROFETAS

Jesus Cristo prenunciou que, na igreja dos séculos seguintes, até o final do mundo, muitos haveriam de se levantar, no meio do povo de Deus, contra o evangelho verdadeiro e falsear seus ensinamentos.

Nesse contexto, a apostasia é um assunto que se faz presente nos ensinamentos de Jesus, o Redentor dos filhos de Deus, ainda que não seja um tema ministrado com a mesma frequência nos escritos de Paulo, Pedro, Judas e João — apóstolos para quem os ensinamentos de Jesus serviram de fundamento.

Em seguida, passemos à análise de Mateus 7.15-20.

Mt 7.15-20 — "Acautelai-vos dos falsos profetas, que se vos apresentam disfarçados em ovelhas, mas por dentro são lobos roubadores. Pelos seus frutos os conhecereis. Colhem-se, porventura, uvas dos espinheiros ou figos dos abrolhos? Assim, toda árvore boa produz bons frutos, porém a árvore má produz frutos maus. Não pode a árvore boa produzir frutos maus, nem a árvore má produzir frutos bons. Toda árvore que não produz bom fruto é cortada e lançada ao fogo. Assim, pois, pelos seus frutos os conhecereis".

Jesus ensina muitas coisas preciosas sobre a falsificação da revelação verbal. A todas essas coisas, o leitor deveria prestar bastante atenção, pois Jesus é o Profeta por excelência, aquele que fala a verdade de Deus!

1. OS FALSOS PROFETAS
TÊM UM MINISTÉRIO DE DISSIMULAÇÃO

Mt 7.15a — "Acautelai-vos dos falsos profetas, *que se vos apresentam disfarçados em ovelhas*"

No volume 4 desta série — *A falsificação da revelação verbal no ensino do Antigo Testamento* —, já nos referimos a essa característica dos falsos profetas. Logo no início, eles não anunciam seus reais objetivos e se ocultam entre os cristãos genuínos, comungando as mesmas crenças. Entretanto, quando conquistam a confiança dos crentes, os falsos profetas começam a mostrar sua real intenção de ensinar coisas diferentes, enganando. E, assim que conseguem imiscuir-se entre o povo de Deus, assemelham-se a cordeiros (ou ovelhas), caracterizando-se por aparente mansidão, por não criarem confusão, por não atacarem outras pessoas, e assim por diante. Entretanto, assim que conquistam a simpatia dos crentes, começam a expor suas crenças de engano — crenças que eles próprios têm como corretas.

2. OS FALSOS PROFETAS TÊM UM MINISTÉRIO DE GANÂNCIA FINANCEIRA

Mt 7.15b — "mas por dentro *são lobos roubadores*".

É importante lembrar que Jesus usa imagens do mundo natural para expressar verdades do reino espiritual. Por isso, recorre à expressão *lobos roubadores* para ilustrar o que os falsos profetas representam para as ovelhas de Deus ou para aqueles que estão prestes a pertencer espiritualmente a Deus. Essa expressão pode ser compreendida como *animais predadores* — aqueles que roubam a presa e passam a privá-la de tudo que ela possui.

A palavra *roubadores* também sugere que eles têm muita ganância e não fazem nada que não seja por dinheiro. Eles investem contra o bolso (e a bolsa) dos crentes, os quais, então, dominados pelo engano, contribuem, de forma liberal, para o enriquecimento dos líderes espirituais, na esperança de eles próprios ficarem ricos — essa é a promessa dos falsos profetas. Foi assim no passado e continua a ser assim no presente. Eles exploram a "boa-fé" daqueles que, ingenuamente, confiam nas promessas de riqueza e prosperidade que os falsos profetas anunciam.

A igreja chamada "evangélica" é abundante em falsos profetas, pessoas que distorcem o evangelho de Deus, pregando outro evangelho para enganar o povo. Muitos já foram — e são — vítimas desses *lobos roubadores*. Após tirarem tudo que os "fiéis" têm, a falsa promessa de prosperidade nunca é cumprida. No entanto, algumas pessoas ainda buscam, com bastante avidez, esse tipo de falso profeta, que as alimenta com falsas esperanças.

3. OS FALSOS PROFETAS TÊM UM MINISTÉRIO DE ENGANO

Mt 24.11 — "levantar-se-ão muitos *falsos profetas* e *enganarão a muitos*".

O prenúncio de Jesus está se tornando cada vez mais claro nos tempos em que vivemos. Ainda que esses falsos profetas não tenham consciência de que são enganadores, eles, de fato, o são. Pensam estar com a verdade, mas eles próprios estão sendo enganados por doutrinas de demônios. Cada vez mais vemos falsos profetas se levantando no meio do povo e proclamando sua própria autoridade para enganar outras pessoas. O texto citado diz que são "muitos falsos profetas" que se levantam para enganar. O número de enganados é proporcional ao número de enganadores. A igreja evangélica é vasta no Brasil e no mundo, e são muitos os forjados na escola do engano e da extorsão. Com frequência, eles se apresentam piedosamente, mas, de fato, são homens de engano desviando as pessoas do verdadeiro evangelho.

4. OS FALSOS PROFETAS DISPÕEM DE INSTRUMENTOS PARA ENGANAR

Mt 24.24-25 — "porque surgirão falsos cristos *e falsos profetas operando grandes sinais e prodígios* para enganar, se possível, os próprios eleitos. Vede que vo-lo tenho predito."

Via de regra, os falsos profetas se servem de habilidades espetaculares para enganar até mesmo os eleitos de Deus. Era algo típico dos profetas do Antigo Testamento realizar milagres e prodígios. Não existem instrumentos mais poderosos para o engano do que esses! Em geral, tudo que apela para o sobrenatural atrai as pessoas. E, ainda que seus prodígios venham a se realizar (cf. Dt 13.1-3), o intento dos falsos profetas é conduzir o povo ao erro, afastando todos da verdade de Deus e de seu amor por ele.

Os sinais e os prodígios que acontecem são para o engano do povo. Essa é a profecia de Jesus Cristo. Portanto, a realização de um milagre ou de um prodígio não atesta a veracidade de um profeta. Até mesmo o último dos falsos profetas, chamado "Besta da Terra" ou "Falso Profeta", aparecerá com poderes para realizar sinais e prodígios de engano. Por essa razão, os cristãos devem estar atentos à real Palavra de Deus — a Palavra que está registrada na Escritura Sagrada —, e não à palavra atraente e criativa dos falsos profetas.

Nós, os que vivemos nos chamados "Últimos Dias", presenciamos, com bastante frequência, o dano que esses homens causam à Igreja de Deus, conduzindo-a a descaminhos. E não são poucos os que fazem isso. À medida que o tempo do fim vai se aproximando, o número de falsos profetas aumenta. Não é difícil perceber a presença e a influência deles em nossa geração. Eles pregam ao povo de Deus o que dizem ser a palavra do Senhor e em nome do Senhor, enganam muitos do povo de Deus, ainda que temporariamente. Deus, contudo, também tem levantado homens que corrigem seu povo, alertando seus filhos da presença dos falsos profetas. Não se esqueça de que Jesus predisse o aparecimento dessa categoria. Não há desculpa para dar ouvidos a eles!

5. OS FALSOS PROFETAS PODEM SER IDENTIFICADOS

Mt 7.16-20 — "Pelos seus frutos os conhecereis. Colhem-se, porventura, uvas dos espinheiros ou figos dos abrolhos? Assim, toda árvore boa produz bons frutos, porém a árvore má produz frutos maus. Não pode a árvore boa produzir frutos maus, nem a árvore má produzir frutos bons. Toda árvore que não produz bom fruto é cortada e lançada ao fogo. Assim, pois, pelos seus frutos os conhecereis".

Quando a Igreja de Deus começa a estudar a Escritura, muitos de seus líderes tornam-se capazes de discernir, com maior prontidão, quem são os falsos profetas. A Igreja não fica por muito tempo sem reagir correta e adequadamente ao ensino do falso profeta.

Os crentes instruídos na Escritura percebem que os falsos profetas não são uma árvore boa, por causa dos frutos que produzem. Os frutos tardam a aparecer, pois tem de haver semeadura, crescimento e florescimento. Somente mais tarde, o fruto surge. Então, nesse momento, os crentes instruídos podem, passo a passo, traçar a jornada dos falsos profetas na igreja, até se darem conta de eventuais irregularidades e os repelirem.

Hoje, a capacidade de discernir espiritualmente é uma necessidade premente no meio do povo de Deus. Não é difícil perceber quão carente a Igreja está da manifestação do Espírito de que a Escritura fala. Se pudéssemos contar com mais homens e mulheres capacitados, ainda que apenas em determinados momentos, muitos enganos poderiam ser evitados, identificando-se, com maior precisão, quem é o falso profeta e o que a falsa profecia significa.

Jesus alertou seu povo, direta e pessoalmente, para a falsa profecia e o falso ensinamento. Entretanto, o ensino de Jesus sobre a falsa profecia é visto no ensino de seus apóstolos, já que foi Jesus quem lhes revelou essas coisas. Vejamos, então, o que ele ensinou por intermédio de Paulo, Pedro, Judas e João.

PARTE II

O ENSINO DE PAULO SOBRE A FALSIFICAÇÃO DA REVELAÇÃO VERBAL

CAPÍTULO 2

PAULO ADVERTE SOBRE OS FALSOS PROFETAS

Existem vários textos na Escritura que apontam para o apóstolo Paulo advertindo o povo de Deus a respeito da falsa profecia e do falso ensino.

É significativo o fato de que a primeira advertência de Paulo foi feita aos presbíteros. Afinal de contas, eles eram os pregadores (profetas), pastores, mestres e administradores da Igreja de Deus. Portanto, preste atenção à análise do texto que se segue, para compreender a seriedade da advertência aos presbíteros de Éfeso.

At 20.28-31 — "Atendei por vós e por todo o rebanho sobre o qual o Espírito Santo vos constituiu bispos, para pastoreardes a igreja de Deus, a qual ele comprou com o seu próprio sangue. Eu sei que, depois da minha partida, entre vós penetrarão lobos vorazes, que não pouparão o rebanho. E que, dentre vós mesmos, se levantarão homens falando coisas pervertidas para arrastar os discípulos atrás deles. Portanto, vigiai, lembrando-vos de que, por três anos, noite e dia, não cessei de admoestar, com lágrimas, a cada um".

O ponto importante nessa passagem é que Paulo, em seu ministério apostólico, chama os presbíteros da igreja de Éfeso e os alerta a respeito dos falsos profetas daquela época, a quem ele chama de *lobos vorazes*. Eles vêm para destruir o rebanho, ainda que, na visão de Jesus, pareçam inocentes como cordeiros.

De uma forma surpreendente, o que Paulo mostrou aos presbíteros de Éfeso é que, logo após sua partida, os lobos vorazes entrariam no meio do rebanho. Paulo também ensina, de modo categórico, que, do meio do corpo presbiterial, sairiam pessoas com heresia. Esse ensino de Paulo é perspicaz. Ele conseguiu enxergar, pela luz do Espírito de Deus, uma futura apostasia entre os líderes daquela congregação. Não se esqueça de que a apostasia sempre acontecerá no interior da própria igreja, especialmente entre a liderança da igreja local.

Paulo disse: "*atendei por vós*" e por todo o rebanho de Deus". Em outras palavras, Paulo está advertindo os presbíteros acerca do que haveria de acontecer teologicamente na igreja. Por isso, ele diz: "Cuidem de vocês mesmos", ou seja, "não se envolvam com ensino estranho. Vocês podem ser engodados pelos que já estão contaminados dentro da própria igreja."

Paulo queria a pureza doutrinária primariamente dos presbíteros. Porque, se os ministros da palavra não se cuidam teologicamente, eles não terão cuidado com o povo de Deus. E acrescenta: "atendei por vós e *por todo o rebanho de Deus*". Além de sua posição de apóstolo, Paulo tinha preocupação pastoral. Ele queria ver o povo da igreja bem ensinado pelos presbíteros, os quais deveriam ter seu coração firmado nas ovelhas de Deus. Essas ovelhas não poderiam ficar largadas, entregues ao acaso. Todo presbítero da Igreja de Deus deve cuidar de si mesmo e cuidar, não menos, do rebanho que Deus lhe deu.

CAPÍTULO 3

OS FALSOS PROFETAS/ MESTRES PODEM VIR DE FORA DA IGREJA

At 20.29 — "Eu sei que, depois da minha partida, entre vós penetrarão lobos vorazes, *que não pouparão o rebanho*".

Se essa passagem fala que os falsos profetas penetrarão no meio do povo de Deus, devemos entender que eles podem vir de fora, ou seja, de outra comunidade denominada cristã, de uma estranha denominação ou de um movimento religioso supostamente cristão.

Paulo estava certo de que, quando saísse de alguns lugares, os falsos profetas de fora invadiriam o aprisco das ovelhas de Deus. Paulo sabia que, por trás da semeadura verdadeira, Satanás haveria de semear mentira e confusão.

1. A ANALOGIA A RESPEITO DOS FALSOS PROFETAS/MESTRES

At 20.29 — "Eu sei que, depois da minha partida, entre vós penetrarão *lobos vorazes*..."

Paulo descreveu os falsos mestres como *lobos vorazes*. Certamente ele aprendeu de Jesus Cristo essa analogia. Referindo-se aos mesmos falsos mestres, nosso Senhor disse:

> Mt 7.15 – "Acautelai-vos dos falsos profetas que se vos apresentam disfarçados em ovelhas, mas por dentro são *lobos roubadores*".

Por causa do perigo que os lobos sempre oferecem às ovelhas, Jesus disse ao seu rebanho: "Eis que eu vos envio como ovelhas para o meio de lobos [...]" (Mt 10.16). Os discípulos de Jesus estavam conscientes de que haveriam de enfrentar lobos roubadores de ovelhas, mas que esses lobos viriam disfarçados de ovelhas. Com isso, Jesus quis dizer que os falsos profetas não se apresentariam como falsos profetas, pois seu intuito sempre seria enganar as próprias ovelhas e os pastores.

Não estou certo de que todos eles sabem quem realmente são. Alguns, sem dúvida, creem que estão com a verdade. Por isso, fazem o possível para que as pessoas creiam neles. Eles próprios, porém, estão enganados.

2. O OPORTUNISMO DOS FALSOS MESTRES

> At 20.29b — "Eu sei que, *depois da minha partida*, entre vós penetrarão lobos vorazes [...]".

Os falsos profetas, em geral, não têm coragem de debater com os verdadeiros e fiéis ministros da Palavra. Eles não têm coragem de enfrentar o ensino da totalidade das Escrituras. O que, então, fazem? Esperam que os ministros se afastem, que não estejam atentos; que se descuidem do rebanho, para que, nesse momento, eles possam invadir o aprisco. Pois, quando os falsos profetas mais atingem as igrejas? Quando não existem os guardiões da fé, que são os presbíteros. Observe se, numa igreja que conta com pastores e mestres verdadeiros, a heresia entra. Os falsos profetas não penetram onde há homens verdadeiros que "batalham pela fé que, uma vez por todas, foi entregue aos santos" (Jd 3), aqueles que "lutam pela fé evangélica" (Fp 1.27).

Os falsos profetas são oportunistas. Eles tiram vantagem de igrejas fracas ou de congregações em que seus ministros da palavra estão ausentes ou não ensinam da forma devida. Esse devia ser o caso da igreja de Éfeso. Paulo precisava partir e, então, advertiu-os acerca dessa grande realidade da presença oportunista dos falsos mestres.

3. A ESTRATÉGIA DOS FALSOS MESTRES

> At 20.29c — "Eu sei que, depois da minha partida, entre vós *penetrarão* lobos vorazes [...]."

Paulo advertiu os presbíteros de que os falsos mestres viriam — e, certamente, eles vieram para a igreja de Éfeso, pois o texto de Apocalipse 2 confirma isso.

Os falsos mestres têm uma estratégia bem interessante: imiscuem-se no meio do povo de Deus de modo sorrateiro. O texto diz que eles penetrarão, uma forma diferente de dizer que eles se infiltrariam no meio do povo de Deus, a princípio, de modo imperceptível, mas depois eles revelam suas crenças e seus propósitos.

Paulo menciona que alguns "penetram sorrateiramente" no meio do povo para aliciá-lo com seus ensinos e práticas.

4. A SUBJUGAÇÃO DOS FALSOS MESTRES

At 20.29d — "Eu sei que, depois da minha partida, entre vós penetrarão lobos vorazes *que não pouparão o rebanho*".

Após a saída de Paulo, os obreiros fraudulentos penetraram nas igrejas da Ásia Menor: Esmirna (Ap 2.9): Pérgamo (Ap 2.14); e Tiatira (Ap 2.20). A igreja de Éfeso, igualmente, não foi poupada (veja Ap 2.2-3). Os falsos mestres e profetas invadiram as igrejas nascentes do primeiro século.

Os falsos ensinos que vinham de fora trouxeram muitos estragos para as igrejas da Ásia Menor — e ainda trazem a toda parte em que entram. Uma igreja pode até ser vitoriosa sobre os falsos ensinos que penetraram nela, mas, em geral, ocorrem perdas — e, em alguns casos, perdas importantes. Algumas, inclusive, são irreparáveis, por causa da voracidade dos falsos obreiros.

5. A CERTEZA DE PAULO A RESPEITO DOS FALSOS MESTRES

At 20.29a — "*Eu sei que*, depois da minha partida, entre vós penetrarão lobos vorazes que não pouparão o rebanho".

Paulo disse: "*Eu sei que...*". Isso é o mesmo que dizer: "Tenho a forte convicção de que os falsos mestres que vêm de fora, aproveitando minha ausência, haverão de invadir o rebanho, seduzi-lo e subjugá-lo". Não era apenas um pressentimento de Paulo, mas uma forte convicção! E ele não estava errado, pois, após a sua partida, muitos falsos mestres penetraram na Igreja de Deus.

Como Paulo sabia disso? Paulo conhecia muito bem a obra satânica de disseminar o erro. Ao escrever aos ministros jovens, muitas vezes ele os advertia do perigo que o Maligno traz por meio do falso ensinamento. Onde o verdadeiro evangelho era pregado, logo atrás vinham obreiros fraudulentos para disseminar o erro, especialmente quando os ministros fiéis saíam para realizar outras tarefas, como era o caso de Paulo.

Os lobos atacam, em geral, quando a casa está desguarnecida. E Paulo precisou advertir as pessoas da presença próxima e constante dos lobos devoradores.

CAPÍTULO 4

OS FALSOS PROFETAS/MESTRES PODEM VIR DE DENTRO DA PRÓPRIA IGREJA

At 20.30-31 — "E que, *dentre vós mesmos*, se levantarão homens falando coisas pervertidas para arrastar os discípulos atrás deles. Portanto, vigiai, lembrando-vos de que, por três anos, noite e dia, não cessei de admoestar, com lágrimas, a cada um".

1. PAULO NOS ENSINA QUE OS FALSOS MESTRES/PROFETAS PODEM NASCER NO INTERIOR DA LIDERANÇA DA IGREJA

At 20.30a — "E que, *dentre vós mesmos*, se levantarão homens [...]."

Paulo faz uma afirmação espantosa a respeito da procedência dos falsos profetas (ou falsos mestres). Ele faz uma profecia (ou predição) sobre o que haveria de acontecer na igreja de Éfeso. Ele afirma, com muita convicção, que os perigos viriam de fora, mas especialmente que viriam de dentro do próprio círculo de presbíteros daquela igreja local. Eles eram crentes confessantes, mas teriam suas ideias mudadas e começariam a pregar falsa profecia e falso ensino.

Paulo foi um verdadeiro profeta de Deus porque disse exatamente o que haveria de acontecer. Logo após a sua partida, a igreja de Éfeso começou a ter problemas com a liderança. Eram homens que estavam dentro do conselho presbiterial.

2. PAULO NOS ENSINA QUE OS FALSOS MESTRES/PROFETAS TÊM A VER COM A PERVERSÃO DA VERDADE

> At 20.30b — "E que, dentre vós mesmos, se levantarão homens *falando coisas pervertidas*".

Tanto os falsos mestres que vieram de fora como aqueles que tiveram origem na própria liderança de Éfeso começaram a perverter o ensino que Paulo havia deixado. Isso significa que os falsos profetas cometeriam perversão da revelação verbal de Deus. Eles haveriam de distorcer aquilo em que antes criam, ainda que nominalmente. Somente depois da saída de Paulo, os falsos profetas e mestres tiveram coragem de ensinar outro evangelho. Então, a heresia penetrou na igreja de Éfeso.

É importante lembrar que a heresia não entra de uma só vez. O trabalho é feito sorrateira e paulatinamente. Se os falsos profetas e mestres "abrissem totalmente o jogo", até mesmo os crentes mais ignorantes poderiam detectar as distorções praticadas no evangelho. A Escritura diz que o engano tem a ver com "anjos de luz", que ensinam uma mentira que tem a aparência de verdade, mas, no final, a distorção sempre aparece. Eles vão ensinando em doses homeopáticas, até que, finalmente, não conseguem mais perceber a diferença entre o certo e o errado, entre a verdade e a mentira. Por isso, a Escritura diz que os falsos mestres trabalham sorrateiramente.

3. PAULO NOS ENSINA QUE OS FALSOS MESTRES/PROFETAS ARRASTAM MUITOS CONSIGO

At 20.30c — "para arrastar os discípulos atrás deles".

Os falsos profetas e os falsos mestres têm um propósito do qual não abrem mão. Eles não se contentam em pregar e ensinar o engano; eles querem ver o resultado de seu trabalho maligno. Eles querem tirar discípulos dentre o povo de Deus para arrastá-los consigo. A palavra "arrastar" significa retirar pessoas do lugar em que se encontram para levá-las a um lugar no qual nunca imaginariam estar.

Por essa razão, os verdadeiros profetas e mestres devem ser duros contra os falsos profetas e mestres. Não se engane: o ensino falso sempre vem acompanhado de alguma verdade e, quando ensinado e pregado por gente que tem convicção, arrasta as pessoas em um redemoinho de engano.

4. PAULO NOS ENSINA QUE DEVEMOS ESTAR ATENTOS

At 20.31 — "Portanto, *vigiai*, lembrando-vos de que, por três anos, noite e dia, não cessei de admoestar, com lágrimas, a cada um".

O verbo grego traduzido como "vigiai" é *gregoreo*,[1] que significa, literalmente, "manter-se acordado" ou "não dormir". Com bastante

---
1 Veja Mateus 26.38; Lucas 12.37.

frequência, esse termo é traduzido como "tenha cuidado", "abra os olhos" ou "não durma".

Não se esqueça de que esse verbo está num imperativo no tempo presente, alertando-nos, portanto, para que estejamos constantemente prontos para a ação. Ele sugere um esforço da mente para ver incessantemente o perigo que nos ronda.

5. PAULO NOS DÁ SEU EXEMPLO PESSOAL DE VIGILÂNCIA

At 20.31 — "Portanto, vigiai, lembrando-vos de que, por três anos, noite e dia, não cessei de admoestar, com lágrimas, a cada um".

Paulo apresenta um grande exemplo de cuidado pastoral com seu rebanho. Ele advertiu os crentes de Éfeso porque não queria que caíssem em engano teológico. O termo grego para "admoestar" é *noutheteo*, que significa advertir, aconselhar, dar força. As palavras de advertência servem como corretivo para as pessoas que as recebem. No texto em exame, o verbo "admoestar" envolve a instrução aos presbíteros para que deem a devida importância ao problema da falsa pregação e do falso ensino na igreja.

Hoje, esse tipo de trabalho dos pastores [presbíteros] deve ser muito cuidadoso. Não se esqueça de que os bispos [ou presbíteros] são os verdadeiros pastores da igreja. Paulo afirmou isso com muita clareza [At 20.28].

5.1. A ADVERTÊNCIA AOS PRESBÍTEROS FOI LONGA

At 20.31b — "lembrando-vos de que, por *três anos*, noite e dia, não cessei de admoestar".

Lucas registra três ocasiões em que Paulo dedicou-se a ensinar a verdade de Deus ao seu povo: em Atos 19.8, ele ensinou na sinagoga durante três meses; em Atos 10.10, ensinou por dois anos na Escola de Tirano, a judeus e gregos; em Atos 20.31, ele menciona um período de três anos em que admoestou os crentes de Éfeso a não darem ouvidos aos falsos mestres e falsos profetas que haveriam de aparecer no meio da igreja, provenientes de fora e de dentro da própria igreja.

Paulo sempre insistiu na pregação e no ensino da verdade aos seus leitores. Ele sabia da importância de uma doutrina correta. Então, de forma incansável, ele orou e advertiu os crentes de Éfeso sobre o perigo dos falsos profetas e mestres.

5.2. A ADVERTÊNCIA AOS PRESBÍTEROS FOI INCESSANTE

At 20.31c — "lembrando-vos de que, por três anos, *noite e dia*, não cessei de admoestar".

A advertência cheia de lágrimas durou três anos, mas essa passagem enfatiza que tal prática admoestadora era ininterrupta. Paulo não se esquecia, dia e noite, de sua tarefa de velar pela saúde espiritual dos presbíteros da igreja. Esse é o maior exemplo de dedicação no ensino sobre a falsa profecia na vida de uma igreja. Paulo falou muitas coisas aos presbíteros da igreja — os responsáveis pela pregação e pelo ensino. Eles tiveram Paulo "no cangote" deles, *noite e dia*, sem cessar, o que mostra a grande preocupação teológica e o amor de Paulo por eles.

Paulo foi um vigilante fiel e leal da vida dos presbíteros. Ele sabia que a saúde espiritual deles dependia de não serem enganados pelos falsos profetas e falsos mestres. Por essa razão, Paulo foi incansável nesse tema.

5.3. A ADVERTÊNCIA AOS PRESBÍTEROS FOI CHEIA DE SENTIMENTOS

At 20.31d — "lembrando-vos de que, por três anos, noite e dia, não cessei de admoestar, *com lágrimas* (...)."

As advertências de Paulo aos presbíteros foram regadas de lágrimas. Não foram advertências de raiva ou de ira, mas, sim, cheias de sentimento, por causa do amor que ele lhes dedicava.[2] Sua compaixão pelo povo de Deus era grande a ponto de ele não se conter. Paulo dedicava uma grande afeição que se manifestava em sentimentos profundos pelos presbíteros e pela própria igreja! E, sim, Paulo derramava lágrimas porque sabia dos grandes danos que a falsa profecia e o falso ensino causariam na vida da igreja.

5.4. A ADVERTÊNCIA AOS PRESBÍTEROS FOI INDIVIDUAL

At 20.31e — "lembrando-vos de que, por três anos, noite e dia, não cessei de admoestar, com lágrimas, *a cada um*".

Além das advertências públicas de Paulo enquanto esteve em Éfeso, também o fez de modo ainda mais específico, dirigindo-se à liderança da igreja.

---

2 Essa não foi a única ocasião em que Paulo chorou por causa da verdade (veja At 20.19 e Fp 3.18).

Certamente, a expressão "a cada um" não se refere a cada membro particular da igreja de Éfeso, pois era impossível advertir cada um a distância, mas a cada membro do corpo de presbíteros — o guardião espiritual da igreja. Assim, a admoestação pessoal foi, ao mesmo tempo, inclusiva [dirigida a todos os presbíteros] e exclusiva [feita somente aos presbíteros].

Hoje, os presbíteros mais experientes deveriam exercer esse cuidado pastoral com os presbíteros mais inexperientes. As forças espirituais do mal ainda rondam todo o rebanho. Se os pastores [presbíteros] do rebanho não estiverem atentos, a Igreja toda será induzida a um erro que pode chegar ao ponto da apostasia.

CAPÍTULO 5

OS FALSOS PROFETAS/MESTRES PRODUZEM APOSTASIA

Paulo usa o termo "apostasia" para fazer referência ao falso ensino ou à falsa profecia.

1Tm 4.1-3 — "Ora, o Espírito afirma expressamente que, nos últimos tempos, alguns *apostatarão da fé*, por obedecerem a espíritos enganadores e a ensinos de demônios, pela hipocrisia dos que falam mentiras e que têm cauterizada a própria consciência, que proíbem o casamento e exigem abstinência de alimentos que Deus criou para serem recebidos, com ações de graças, pelos fiéis e por quantos conhecem plenamente a verdade [...]".

A apostasia é o mal que surgiu já no princípio dos tempos, ainda está presente em nosso meio e se tornará pior nos tempos futuros. Diz respeito ao abandono da verdade revelada nas Escrituras. A apostasia não deve ser confundida com desinteresse pela Palavra, pois envolve a aceitação intelectual das Escrituras. Tampouco deve ser confundida com erro, pois não é necessariamente a crença numa doutrina falsa. Um apóstata pode reconhecer que certas doutrinas são verdadeiras, mas não crê nelas em seu coração. Um apóstata pode reconhecer Cristo sem crer nele de todo o coração. Por outro lado, um cristão verdadeiro pode cair em erro doutrinário, o que, contudo, não é apostasia.

Os apóstatas recebem algum entendimento da verdade, mas não têm vida. Eles conheceram a Palavra escrita, mas nunca se encontraram com Cristo, a Palavra Viva. Provavelmente, você conhece pessoas assim. Há pessoas assim na igreja que frequentam a adoração o tempo todo, ouvem a verdade, mas nunca se comprometem com ela. A apostasia é uma rejeição deliberada da verdade após tê-la conhecido. Portanto, é um dos pecados mais condenáveis (veja Hb 10.29). Quem conhece a verdade e não se compromete com ela merece punição mais severa do que quem não a conhece.

1. A APOSTASIA SURGE DOS ESPÍRITOS ENGANADORES

> 1Tm 4.1a — "*por obedecerem a espíritos enganadores* e a ensinos de demônios".

Esse é um grande perigo que muitos cristãos têm dificuldade de compreender. Eles não sabem que, assim como a fé vem pela pregação da Palavra de Cristo, também a apostasia vem por ouvir a pregação de espíritos enganadores.

A questão do "ouvir" é crucial. Aquilo que você ouve sempre tem influência sobre os crentes. Portanto, não dê ouvido a falsos profetas/mestres, pois você poderá, sem perceber, abraçar o que dizem. Você precisa saber a quem ouvir. Você precisa dar ouvido àqueles que falam verdadeiramente da parte de Deus. Isso porque, do seu ouvir, depende aquilo em que você crê.

Não se esqueça de que os "espíritos enganadores" estão presentes na igreja cristã, não importando o rótulo denominacional. Eles atingem o máximo possível de pessoas e têm causado grande estrago na igreja dos confessantes, pois há muitos que não têm um relacionamento pessoal significativo com Cristo.

2. A APOSTASIA TEM SUA FONTE ÚLTIMA NOS DEMÔNIOS

1Tm 4.1b — "por obedecerem a espíritos enganadores *e a ensinos de demônios* [...]".

Por outro lado, sabemos que os "espíritos enganadores" (que são os falsos mestres e os falsos profetas) também são, eles mesmos, enganados. Os demônios estão por trás de seus ensinos e pregações. Toda a pregação falsa tem a ver, em última instância, com a obra demoníaca dentro das congregações cristãs espalhadas pelo mundo. Quanto mais houver bons mestres e verdadeiros profetas na igreja, menos os espíritos enganadores influenciarão os crentes em geral. Se a igreja estuda a Escritura com seriedade, terá mais facilidade de repelir os que pregam ensinos de demônios.

3. A APOSTASIA VEM POR INTERMÉDIO DAQUELES QUE FALAM MENTIRAS

1Tm 4.2a – "[...] pela hipocrisia *dos que falam mentiras*".

Os falsos profetas são hipócritas mentirosos. Quando querem ganhar as pessoas que os ouvem, assumem uma posição hipócrita. Algumas pessoas multimilionárias, para ganhar a atenção ou a aprovação do mundo, fazem discursos em favor dos pobres. Em sua hipocrisia, defendem aquilo que, verdadeiramente, não são.

John Lennon, o famoso componente da banda "The Beatles", era um homem multimilionário que vivia imerso em luxo e luxúria num dos edifícios mais famosos de Nova York, mas, em sua música *Imagine*, ele cantava a respeito dos benefícios daqueles que não tinham posse alguma. Imagine um multimilionário passar por uma calçada de Nova York e ver mendigos dormindo sob um frio intenso e dizer-lhes: "Vocês são favorecidos por não possuírem nada".[1] Essa é uma atitude hipócrita que algumas pessoas têm, pois falam de um comportamento que elas próprias não exibem e de verdades que não são a expressão de sua realidade.

Falsos profetas são hipócritas e mentirosos quando falam uma coisa e vivem de acordo com outra. Já vimos que eles são, via de regra, imorais. E acabam desapontando outras pessoas com sua hipocrisia. Estamos cercados de mentirosos e hipócritas em nossa sociedade, especialmente dentro do ministério chamado "profético". Há muita mentira por aí sendo pregada e ensinada por homens e mulheres com suas atitudes hipócritas.

---

1 Citação retirada do sermão de Geoffrey Thomas. Disponível em: http://www.alfredplacechurch.org.uk/sermons/1tim16.htm, acessado em julho de 2018.

4. A APOSTASIA VEM DAQUELES QUE TÊM A CONSCIÊNCIA CAUTERIZADA

1Tm 4.2 – "[...] pela hipocrisia dos que falam mentiras e *que têm cauterizada a própria consciência*".

Os falsos mestres e os falsos profetas não somente agem com hipocrisia e falam mentira, como também têm a consciência cauterizada. Uma consciência cauterizada tem a ver com extrema insensibilidade, pois se encontra amortecida e não consegue perceber o erro.

Uma consciência cauterizada tem a ver com endurecimento, com a impossibilidade de enxergar o erro. O cautério é o ferro quente que torna a pele rígida e dura, morta para a sensibilidade. Nesse contexto, uma consciência cauterizada pode conviver perfeitamente com a mentira e a hipocrisia, porque é calosa e não tem mais qualquer tipo de percepção do que é a verdade. A consciência é a esfera de nossa alma que normalmente mostra sensibilidade, mas, por causa da mentira e da hipocrisia, torna-se insensível em relação às coisas santas.

A consciência cauterizada caminha de mãos dadas com a mentira e a hipocrisia. Assim como a fé e a boa consciência estão unidas (1Tm 1.5), a hipocrisia (que é incredulidade — Mt 24.5; 24.51; Lc 12.46) está associada a uma consciência cauterizada. Por essa razão, temos de cuidar bem de nossa consciência, obedecendo ao que, original e primordialmente, ela nos manda fazer; caso contrário, com o passar do tempo, vamos nos tornar insensíveis às coisas santas.

5. A APOSTASIA É O ABANDONO DA FÉ, O AFASTAMENTO DA VERDADE

2Tm 4.3 — "Pois haverá tempo em que não suportarão a sã doutrina; pelo contrário, cercar-se-ão de mestres segundo as suas próprias cobiças, como que sentindo coceira nos ouvidos".

Ao se apartarem da verdade, as pessoas vão encontrar somente o que é falso. Satanás está ativo neste mundo, buscando levar o falso profeta à ação. Em 1Timóteo 4.2, eles são chamados de "hipócritas e mentirosos", aqueles que, em consequência, "têm a própria consciência cauterizada".

Não haverá somente falsos mestres, mas também falsas congregações criadas pelos falsos mestres (2Tm 4.3). Há uma apostasia no púlpito e uma apostasia nos bancos das igrejas. Ela inclui cada pessoa que um dia ouviu o evangelho, mas que virou as costas à revelação de Deus.

Por que muitos hoje abandonam a fé? Porque não creem na inspiração das Escrituras, na concepção virginal de Cristo, em sua ressurreição literal e em seu retorno literal. Isso já começou há bastante tempo, nas últimas gerações. E não podemos esperar muito de quem pensa dessa forma.

CAPÍTULO 6

OS FALSOS PROFETAS/MESTRES PROVOCAM DESORDEM NA IGREJA

Rm 16.17-20 — "Rogo-vos, irmãos, que noteis bem aqueles que provocam divisões e escândalos em desacordo com a doutrina que aprendestes; afastai-vos deles, porque esses tais não servem a Cristo, nosso Senhor, e sim a seu próprio ventre; e, com suaves palavras e lisonjas, enganam o coração dos incautos. Pois a vossa obediência é conhecida por todos; por isso, me alegro a vosso respeito; e quero que sejais sábios para o bem e símplices para o mal. E o Deus da paz, em breve, esmagará debaixo dos vossos pés a Satanás. A graça de nosso Senhor Jesus seja convosco".

O verbo grego para "*rogo-vos*" é *parakalo*, que pode ser traduzido como "eu vos encorajo" ou "eu vos exorto". Paulo se esforça ao máximo para que os crentes tenham seus olhos voltados atentamente ao perigo dos semeadores da falsa doutrina e da falsa profecia.

EU SOU | A FALSIFICAÇÃO DA REVELAÇÃO VERBAL NO ENSINO DO NOVO TESTAMENTO

1. OS FALSOS PROFETAS DEVEM SER CUIDADOSAMENTE OBSERVADOS

Rm 16.17a — "Rogo-vos, irmãos, *que noteis bem* aqueles que provocam divisões e escândalos [...]."

A exortação é para que os ministros da Palavra "notem bem", ou "observem cuidadosamente", "observem atentamente", aqueles que provocam divisões e escândalos na igreja. Em outras palavras, "não tirem os olhos deles"; "observem os movimentos dos inimigos da fé".[1] "Mantenham-se de guarda em relação a eles."

Em muitos casos, as divisões aparecem pela semeadura da falsa doutrina, assim como os escândalos que aparecem no meio do povo de Deus. Você não deve desviar os olhos daqueles que podem causar divisões e escândalos. A consequência da ação deles é nefasta! Ame sua igreja e mantenha-se vigilante com respeito aos que não amam a fé que nos foi entregue.

2. OS FALSOS PROFETAS PROVOCAM DESARMONIA NA IGREJA

Rm 16.17b — "Rogo-vos, irmãos, que noteis bem aqueles que *provocam divisões e escândalos* [...]."

No texto em exame, podemos ver que Paulo tem uma grande preocupação com a unidade da igreja. A unidade é altamente prejudicada quando há divisões e escândalos no meio do povo de Deus. Por isso, os líderes da igreja de Roma tinham de estar de olho nos falsos profetas e mestres, pessoas que causavam desarmonia na igreja.

---
1 Paulo faz uma advertência similar em Filipenses 3.17.

Paulo menciona dois termos: divisões e escândalos. Eles não significam a mesma coisa. As divisões têm a ver com os vários partidos ou facções na igreja, pelas mais variadas razões;[2] os escândalos têm a ver com o curso da vida que levava outras pessoas a atitudes de desarmonia na igreja. É possível que os "partidos" tivessem mais a ver com os crentes judaizantes e que os escândalos estivessem mais ligados aos crentes gentios.

De qualquer forma, qualquer pessoa responsável por divisões ou escândalos deveria ser evitada. Paulo não tolera a permanência dessas pessoas no meio do povo de Deus, pois elas causam desarmonia no corpo e tiram a unidade e a paz da igreja.

2.1. A DESARMONIA SE MANIFESTA NAS DIVISÕES

Via de regra, as divisões na igreja surgem quando os falsos profetas e falsos mestres anunciam um evangelho diferente e distorcem a Palavra de Deus. Esses falsos profetas e mestres se encontravam na igreja gálata.[3] Por isso, é possível que essa expressão de Paulo esteja se referindo à entrada dos mestres com mentalidade judaica. Eles insistiam na necessidade de os crentes gentios praticarem os ritos de Moisés, e consideravam isso uma espécie de santidade. Se não observassem os ritos, não seriam santos. Os judaizantes causaram muito dano na igreja dos gentios.

Além dos gálatas, a igreja de Corinto mostrava as constantes divisões mencionadas por Paulo — divisões que, de alguma forma, estavam ligadas ao falso ensino e à falsa profecia.[4]

---

2 Veja Romanos 4.15.
3 Veja Gálatas 3.1; 5.1-8; Atos 15.1, 24.
4 Veja 1Coríntios 3.3; Gálatas 5.20.

Entretanto, não pense que Paulo estivesse falando que os crentes verdadeiros não deveriam entrar em controvérsia. Jesus provocou divisão nas pessoas por causa da verdade. Em algum sentido, podemos dizer que a verdade causa divisão.[5] Paulo provocou e participou de controvérsias, inclusive com um dos pilares da Igreja (Pedro), falando das divisões que havia na Igreja.[6]

Os líderes cristãos não devem temer controvérsia teológica, ainda que isso possa causar divisões. Devemos pregar a verdade da Palavra de Deus, ainda que nossa verdadeira profecia e nosso verdadeiro ensino causem divisão. Paulo não se opunha à controvérsia quando a verdade de Deus estava em questão! Por isso, ele sempre "combateu o bom combate da fé" (1Tm 4.7). A preocupação de Paulo era que os cristãos de Corinto não tivessem partidos entre si, quebrando a unidade da igreja, por causa de um ensino falso ou de uma falsa profecia.

2.2. A DESARMONIA SE MANIFESTA NOS ESCÂNDALOS

A desarmonia acontece quando alguns irmãos geram obstáculos ou representam pedras de tropeço para outras pessoas. Como os falsos profetas e mestres abandonam a verdade, ou misturam a verdade com o erro, cometem pecados que trazem escândalo para a igreja, produzindo, assim, intensa desarmonia na congregação.

Já vimos, no volume 4 desta série, que os falsos profetas frequentemente caem em pecado moral e geram intenso mal-estar no meio do povo de Deus. Portanto, é importante recordar esse assunto para que não venhamos a ser pegos em desastre moral.

---

5 Veja Mateus 10.34-36; 23.1-36.
6 Veja Gálatas 2.11-15.

3. OS FALSOS PROFETAS NÃO VIVEM EM CONSONÂNCIA COM A DOUTRINA DE DEUS

Rm 16.17c — "em *desacordo com a doutrina* que aprendestes".

Paulo já estivera em Roma por algum tempo, ensinando à congregação a verdadeira doutrina de Deus. Muitas pessoas haviam aprendido com Paulo desde a sua conversão a Cristo. Portanto, todas essas estavam bem firmadas na doutrina correta.

Como a passagem em foco remete a falsa profecia ou falso ensino, Paulo teme pelos crentes de Roma. Ele não queria que o ensino *em desacordo com a doutrina* encontrasse abrigo em seus corações. Por causa da inclinação pecaminosa que ainda permanece em nós, não é difícil aceitarmos a falsa profecia, quando não observamos atentamente aqueles que causam desarmonia teológica na igreja.

A doutrina *em desacordo* com o ensino apostólico não pode ser acolhida pela igreja. Não deve haver inovação doutrinária que os crentes venham a acolher. Não se esqueça de velar pela segurança do conteúdo da palavra profética. A boa profecia, a exemplo da boa doutrina, é vital para a saúde da igreja de Deus.

4. OS FALSOS PROFETAS DEVEM SER REPELIDOS

Rm 16.17d — "*afastai-vos* deles".

Os crentes fiéis de Roma não poderiam ter comunhão com os que ensinavam uma nova (outra) doutrina em desacordo com o que Paulo havia ensinado. Os falsos mestres e os falsos profetas deveriam, portanto, ser evitados.

É como se Paulo dissesse a eles: "Não comam com eles"; "Não participem das reuniões deles"; "Não os convidem para vir às suas casas"; "Fiquem longe deles"; "Apartem-se deles"; "Vocês devem virar as costas a eles".[7] Esse é o sentido de "Afastai-vos deles". Paulo queria que os grupos de estudo dos falsos profetas e mestres fossem esvaziados. Ele não os queria na casa dos irmãos de Roma. Uma das maneiras de mostrar o descontentamento com o falso ensino é afastando-se dos que promovem o "desacordo com a doutrina de Deus", ou dos que ensinam contrariamente à verdade de Deus.

Se aplicarmos essa verdade ao nosso tempo, podemos afirmar que Paulo está ordenando aos crentes de Roma que condenem os falsos mestres e os falsos profetas à excomunhão!

5. OS FALSOS PROFETAS SERVEM A SI MESMOS

Rm 16.18a — "porque esses tais não servem a Cristo, nosso Senhor, e sim a seu próprio ventre".

5.1. OS FALSOS MESTRES NÃO SÃO ESCRAVOS DE CRISTO

"porque esses tais *não servem a Cristo*"

Os falsos mestres não têm como alvo o serviço a Cristo Jesus. O termo usado por Paulo para servir é δουλεύουσιν (*douleuousin*), compreendido como os falsos mestres não estarem à disposição de Cristo, pois não são escravos de Cristo. Eles não pregam Cristo, mas falam de si mesmos; eles não procuram as coisas de Cristo, mas suas próprias coisas; eles não procuram a glória de Cristo, mas

---

[7] Veja 2Tessalonicenses 3.6 e 2João 1.10.

sua própria glória; eles não procuram o aumento do reino de Cristo, mas o aumento de suas próprias paixões; eles não procuram a honra de Cristo, mas aplauso para si mesmos; eles não procuram agradar a Cristo, mas aplauso para si mesmos; eles não procuram a riqueza de Cristo, mas sua própria riqueza.

Os falsos mestres ensinavam sobre a observância de comidas e receitas que eles próprios indicavam para o povo.

5.2. OS FALSOS MESTRES SÃO ESCRAVOS DE SEUS PRÓPRIOS APETITES

"e sim a seu próprio ventre"

A tradução literal de κοιλία (*koilia*) é ventre ou barriga. Já vimos que os falsos profetas têm como alvo o ganho financeiro e, com recursos provenientes de seu engano, satisfazem seus apetites físicos, caindo em uma comilança desmedida. Os banquetes eram comuns nas religiões da época para agradar aos deuses. Os falsos mestres e profetas tinham o vício de se afundar em comida. Paulo os chama de "*cães*" (Fp 3.2), apontando para a voracidade e a violência com que comiam. Os falsos profetas do tempo de Paulo lembravam os falsos profetas dos tempos de Isaías.

> Is 56.11 — "*Tais cães são gulosos, nunca se fartam*; são pastores que nada compreendem, e todos se tornam para o seu caminho, cada um para a sua ganância, todos sem exceção".

No tempo do Novo Testamento, essas pessoas escravas de seus apetites eram os "devoradores das casas das viúvas", que, hipocritamente, faziam longas orações para justificar seu comportamento ímpio (Mt 23.14). A respeito deles, Paulo disse que eram como "cretenses [...] de ventres preguiçosos", ou seja, pessoas indolentes, que não gostavam de trabalhar. Eles exploravam outras pessoas.

6. OS FALSOS PROFETAS PARECEM SER "GENTE BOA"

Rm 16.18b — "[...] *e, com suaves palavras e lisonjas*, enganam o coração dos incautos".

Em geral, os falsos profetas apresentam duas características a respeito das pessoas que lhes interessam:

6.1. ELES FALAM "SUAVES PALAVRAS" COM AQUELES A QUEM DESEJAM ENGANAR

A palavra grega χρηστολογίας (*xrestologias*), traduzida como "palavras suaves", também pode ser entendida como "palavras escorregadias" ou "linguagem agradável e plausível". Eles querem ter ouvintes à custa de um discurso plausível à mente dos ouvintes. Em qualquer tipo de relacionamento, uma palavra "suave" sempre produz os efeitos esperados para conquistar os ouvintes. Essa é uma estratégia inteligente que os falsos profetas e mestres adotam. Por isso, a princípio, eles não são duros com seus ouvintes, mas, ao contrário, muito amáveis. Em última instância, para enganar seus ouvintes, eles falam o que muitos deles querem ouvir.

6.2. ELES FALAM *"LISONJAS"* ÀQUELES A QUEM DESEJAM ENGANAR

A palavra grega εὐλογίας (eulogias), traduzida como "lisonjas", pode ser traduzida como "elegia", "louvor" ou "falsa eloquência".

De qualquer modo, eles gostam de agradar às pessoas que lhes são interessantes, a fim de conquistá-las para o erro.

O intento dos falsos mestres e profetas consiste em atrair pessoas, e não afastá-las. Eles querem ser ouvidos, de modo que recorrem a palavras suaves, praticando bajulação. Portanto, os falsos mestres e falsos profetas não são antipáticos, mas amáveis e lisonjeiros. Todos os que os ouvem imaginam que são "gente boa"!

7. OS FALSOS PROFETAS ENGANAM O CORAÇÃO DOS CRENTES

Rm 16.18c — "[...] e, com suaves palavras e lisonjas, *enganam o coração dos incautos*".

Por serem "gente boa", os falsos mestres e profetas ludibriam seus ouvintes, os quais, segundo essa passagem, têm seus corações enganados. E, ainda que eu acredite que os falsos profetas são sinceros no que creem, devo admitir que são desonestos na maneira como se portam para conquistar simpatizantes para sua doutrina. Quando se tornam bajuladores, falando de forma lisonjeira, têm intenções absolutamente impuras em suas almas. Não são ingênuos; eles têm o mal encravado em suas almas. Proclamam uma mensagem, seja como ensino, seja como pregação, para tirar os homens de suas crenças corretas, causando-lhes prejuízos, inclusive a pessoas que são crentes.

Como os falsos profetas sabem que a maioria dos cristãos é composta de gente simples e ignorante de muitas coisas acerca da Escritura, enganam seus corações. Há muita gente no meio do povo de Deus que não sabe distinguir entre o certo e o errado, e não conseguem explicar por que fazem ou deixam de fazer algo. O Pregador, do Livro de Provérbios, disse sabiamente: *"O simples dá crédito a toda palavra, mas o prudente atenta para os seus passos"* (Pv 14.15).

Pela palavra *"simples"*, devemos entender as pessoas que não têm discernimento espiritual, que são como meninos levados por qualquer vento de doutrina. Sabedores dessa realidade, os falsos profetas e os falsos mestres tiram proveito da situação de fraqueza teológica e os enganam, trazendo grande prejuízo à vida espiritual deles.

Não se esqueça de que os falsos mestres e os falsos profetas têm o costume de se mostrar amáveis, de bom-trato, atraentes, "gente boa", conquistando a simpatia dos crentes simples. Além disso, eles são bons de retórica. Então, quando ganham o coração dos "simples", semeiam, em seu interior, que a mentira é a verdade e que a verdade de Deus é mentira.

O engano do coração é algo muito sério, pois atinge o ponto mais íntimo do ser humano. Se uma pessoa é enganada em seu próprio coração, torna-se presa da mentira e [exceto Deus] ninguém é capaz de demovê-la da nova posição teológica assumida. Estou dizendo que ninguém pode fazer a pessoa enganada voltar-se para o que é correto porque, quando se atinge seu coração (e o coração é a sede das intelecções, afeições e volições), sua situação se torna irreversível, pois já não tem mais acesso e domínio sobre seu próprio coração. Então, os simples que são enganados passam a entender, a sentir e a crer que a mentira é a verdade. Nesse momento, eles decidem fazer coisas que correspondem à "nova verdade" assumida.

8. OS FALSOS PROFETAS SÃO CONTRASTADOS COM A OBEDIÊNCIA DOS CRENTES DE ROMA

Rm 16.19 — *"Pois a vossa obediência é conhecida por todos; por isso, me alegro a vosso respeito; e quero que sejais sábios para o bem e símplices para o mal".*

Os falsos profetas e mestres eram exatamente tudo que os crentes de Roma não eram. Sua desobediência era patente aos olhos dos verdadeiros filhos de Deus, os quais, por sua vez, eram o reverso. Por isso Paulo faz um elogio que contrasta os dois grupos: os infiéis e os fiéis à verdadeira doutrina.

8.1. PAULO RECONHECEU A OBEDIÊNCIA DA IGREJA DE ROMA

Rm 16.19a — "Pois a vossa obediência é conhecida por todos"

Parece-me que as recomendações de Paulo foram bem acolhidas pela igreja de Roma. Paulo reconheceu que, ao contrário dos falsos profetas, os crentes de Roma eram pessoas obedientes. E a evidência última de fé é a obediência inquestionável aos preceitos de Deus. Por essa razão, todos os crentes de outras igrejas enalteciam e recomendavam o comportamento obediente dos crentes de Roma, os quais acatavam a verdade apostólica paulina. Esse comportamento deles já era conhecido de muitas pessoas no primeiro século.

8.2. PAULO SE ALEGROU COM A OBEDIÊNCIA DOS CRENTES DE ROMA

Rm 16.19b — "por isso, *me alegro a vosso respeito*".

John Gill afirma que as versões arábica e etíope desse verso traduzem a expressão em itálico como "a fama" dos crentes de Roma por sua obediência de fé.[8] Paulo disse o mesmo aos tessalonicenses e à igreja de Roma (1Ts 1.8).

No começo de sua carta, Paulo já havia elogiado a obediência de fé dos crentes de Roma (Rm 1.8). Por onde Paulo passava, havia notícia da obediência de fé da igreja de Roma. Todos testemunhavam essa grande virtude dos irmãos de Roma. Portanto, era uma alegria para Paulo ter uma igreja conhecida internacionalmente por sua obediência de fé. Então, ele manifesta seu gozo com o comportamento obediente deles. Isso significa que eles haviam abraçado pronta e firmemente o evangelho de Cristo. A doutrina de Deus havia impactado suas vidas e, portanto, eles permaneciam firmes, sem o engano no coração deles.

8.3. PAULO ACONSELHOU OS CRENTES OBEDIENTES DE ROMA

Rm 16.19c — "e quero que sejais sábios para o bem e símplices para o mal".

Após reconhecer a obediência dos crentes de Roma, e de se alegrar com eles, Paulo traz esse conselho tão importante que todos

---

8 Em seu comentário online do texto em estudo. Disponível em: https://www.biblestudytools.com/commentaries/gills-exposition-of-the-bible/romans-16-19.htm. Acesso em: jul. 2018.

nós deveríamos seguir. Paulo os aconselha a serem sábios com respeito ao bem. Pela palavra "bem", devemos entender aquilo que é a verdade, que é o discernimento para as coisas boas. O que Paulo lhes diz é que tenham o inverso do comportamento natural dos não regenerados, que eram sábios para o mal e ignorantes do bem.

Esse conselho de Paulo parece refletir alguma coisa que ele havia aprendido com Jesus Cristo e que está registrado no evangelho: "Eis que vos envio como ovelhas para o meio de lobos; sede, portanto, prudentes como as serpentes e símplices como as pombas" (Mt 10.16). A palavra grega usada por Paulo e Jesus, traduzida como "símplices" é ἀκέραιοι (*akepaloi*), que aponta para a ideia de alguém que é puro, que não tem conhecimento ou que ignora o mal. Paulo está dizendo que a melhor maneira de vencer a corrupção e o pecado é manter-se puro na sabedoria do bem, que é a obediência ao puro evangelho.

9. OS FALSOS PROFETAS RECEBERÃO PUNIÇÃO DIVINA

Rm 16.20 — "E o Deus da paz, em breve, *esmagará debaixo dos vossos pés a Satanás*. A graça de nosso Senhor Jesus seja convosco".

Obviamente, não aparece aqui a expressão "falsos profetas", mas todos os falsos profetas (incluindo o falso profeta final), estão debaixo do poder de Satanás, o príncipe das trevas, que é o responsável final pelo engano. Os falsos profetas serão esmagados no esmagamento de Satanás, pois são "filhos" do Maligno.

Entretanto, creio que, aqui, Paulo não está falando da derrota de Satanás na cruz (Cl 2.15), nem mesmo do cumprimento da promessa de Deus — de que Satanás haveria de ter sua cabeça esmagada pelo descendente da mulher (Gn 3.15), que também deu a si mesmo na cruz. Paulo está falando da derrota final de Satanás diante dos crentes na segunda vinda de Jesus, quando, então, ele será lançado nas profundezas da punição divina (Ap 20.10). Com esse verso de Romanos 16.20, Paulo está ensinando aos crentes de Roma que, no dia determinado por Deus, a verdade triunfará sobre a mentira. Nunca mais o bem sofreria derrota diante do mal. Nunca mais a sã doutrina seria atacada pela falsa doutrina.

Como Paulo acreditava que a vinda do Senhor estava próxima, usa o verbo "esmagar" no tempo futuro, pois esperava a derrota final do Inimigo diante dos olhos e dos pés dos crentes a quem ele estava escrevendo. Quando o responsável último do engano, Satanás, for derrotado, todos os falsos profetas enganados por ele também serão esmagados nele e com ele.

CAPÍTULO 7

OS FALSOS PROFETAS/MESTRES APRESENTAM-SE DISFARÇADOS

2Co 11.3-15 — "Mas receio que, assim como a serpente enganou Eva com a sua astúcia, assim também seja corrompida a vossa mente e se aparte da simplicidade e pureza devidas a Cristo. Se, na verdade, vindo alguém, prega outro Jesus que não temos pregado, ou se aceitais espírito diferente que não tendes recebido, ou evangelho diferente que não tendes abraçado, a esse, de boa mente, o tolerais. Porque suponho em nada ter sido inferior a esses tais apóstolos. E, embora seja falto no falar, não o sou no conhecimento; mas, em tudo e por todos os modos, vos temos feito conhecer isto. Cometi eu, porventura, algum pecado pelo fato de viver humildemente, para que fôsseis vós exaltados, visto que gratuitamente vos anunciei o evangelho de Deus? Despojei outras igrejas, recebendo salário, para vos poder servir, e, estando entre vós, ao passar privações, não me fiz pesado a ninguém; pois os irmãos, quando vieram da Macedônia, supriram o que me faltava; e, em tudo, me guardei e me guardarei de vos ser pesado. A verdade de Cristo está em mim; por isso, não me será tirada esta glória nas regiões da Acaia. Por que razão? É porque não vos amo? Deus o sabe. Mas o que faço e farei é para cortar ocasião àqueles que a buscam com o intuito de serem considerados iguais a nós, naquilo em que se gloriam. Porque os tais são falsos apóstolos, obreiros fraudulentos, transformando-se em apóstolos de Cristo. E não é de admirar, porque o próprio Satanás se transforma em anjo de luz. Não é muito, pois, que os seus próprios ministros se transformem em ministros de justiça; e o fim deles será conforme as suas obras".

Creio que é interessante analisar essa passagem longa, a fim de que possamos compreender a importância do verdadeiro ensino e da verdadeira profecia. Uma igreja será sadia somente quando atentar para o perigo teológico que a ronda constantemente. Veja, a seguir, o ensino paulino de forma mais detalhada.

1. PAULO ADVERTE PARA QUE A IGREJA NÃO SEJA ENGANADA

2Co 11.3 — "Mas receio que, assim como a serpente enganou a Eva com a sua astúcia, *assim também seja corrompida a vossa mente* e se aparte da simplicidade e pureza devidas a Cristo".

Paulo remonta aos primórdios da existência humana para apresentar o assunto do engano. Ele recorda o engano que aconteceu com Eva. Ele entendia que, assim como acontecera com Eva, também poderia acontecer com os crentes de Corinto. Eles poderiam ser enganados e cair na artimanha enganosa de Satanás. E, quando o engano acontece, a mente começa a raciocinar de modo diferente.

Esse é o grande efeito noético[1] do pecado. O engano torna a mente, outrora santa, corrompida, além de distorcer o modo como raciocinamos. Paulo lembra, em Romanos 1.21, que, por causa do pecado de negligenciar o Deus verdadeiro na criação, a mente dos homens tornou-se obscurecida de entendimento, e o raciocínio deles tornou-se insensato.

O temor de Paulo era que a igreja de Corinto caísse na mesma situação de nossos primeiros pais, que se afastaram de seu Criador. Da mesma forma, a igreja de Corinto mostrava uma inclinação que os "afastava da simplicidade e da pureza devidas a Cristo". O temor de Paulo não era desprovido de fundamento. Paulo sabia que alguns crentes dessa igreja tinham tendência doutrinária errônea por causa dos efeitos noéticos do pecado sobre a mente deles. Quando somos enganados, nossa mente se torna bastante suscetível ao erro teológico. Na verdade, o engano mental [que é o obscurecimento do entendimento] torna-se a base para o comportamento ético/moral de uma igreja. E isso era exatamente o que estava acontecendo em Corinto.

2. PAULO ADVERTE SOBRE A PREGAÇÃO DISTORCIDA DO EVANGELHO

2Co 11.4 — "Se, na verdade, *vindo alguém, prega outro Jesus que não temos pregado*, ou se aceitais espírito diferente que não tendes recebido, ou evangelho diferente que não tendes abraçado, a esse, de boa mente, o tolerais".

Os falsos profetas e mestres sempre estiveram presentes no meio da igreja cristã, anunciando algo inédito, um evangelho que ainda

---
[1] Essa expressão significa o efeito do pecado sobre a *mente* (*nous*).

não foi pregado ou anteriormente abraçado. As novidades heréticas começaram a aparecer já no primeiro século.

Paulo chama essa pregação de "outro Jesus". Jesus Cristo já havia predito que, nos anos subsequentes, haveriam de aparecer falsos cristos. No final do primeiro século do cristianismo, o gnosticismo apareceu apresentando "outro Jesus", um Jesus diferente daquele que ele próprio havia pregado, um Jesus destituído de sua verdadeira e completa humanidade. No meio da igreja de então, algumas pessoas espalhavam que Jesus não viera em carne (1Jo).

Paulo chama a pregação de "outro Jesus" como um "evangelho diferente". O evangelho que corria por algumas igrejas do primeiro século começava a destoar do verdadeiro evangelho que Jesus havia pregado. E o evangelho era diferente porque o Cristo apresentado era diferente.

Paulo afirma que esse evangelho diferente vinha de um "espírito diferente". O "espírito diferente" não procedia do Espírito Santo. O próprio Paulo disse a Timóteo que haveria apostasia (ou seja, abandono do verdadeiro evangelho), pois os falsos profetas haveriam de ser guiados por "espíritos enganadores" e "ensinos de demônios" (1Tm 4.1). Esse espírito diferente é que dominava o pensamento de algumas pessoas das igrejas em que Paulo trabalhava.

Paulo fala sobre a grande possibilidade de os líderes da igreja pregarem um evangelho diferente. A preocupação de Paulo era a distorção sutil do evangelho. Os falsos profetas, falsos pastores, falsos mestres e falsos apóstolos não começam com uma distorção total do evangelho; eles iniciam de forma sutil, aceitando um "espírito diferente" que os crentes não conheceram até então, e a verdade é misturada com o erro. Esse tipo de estratégia não é facilmente percebida. Observe que o que Paulo falou aos crentes gálatas também fora dito por ele aos crentes de Corinto. Veja a reclamação dele com a igreja gálata:

Gl 1.6-7 — "Admira-me que estejais passando tão depressa daquele *que vos chamou na graça de Cristo para outro evangelho, o qual não é outro, senão que há alguns que vos perturbam e querem perverter o evangelho de Cristo*".

A mensagem de Paulo aos coríntios era coerente com sua mensagem aos gálatas, porque ele tinha em mente a pureza doutrinária da igreja.

7.3. PAULO COMPARA O VERDADEIRO PROFETA COM O FALSO PROFETA

2Co 11.5 — "Porque suponho em nada ter sido inferior a esses tais apóstolos. E, embora seja falto no falar, não o sou no conhecimento; mas, em tudo e por todos os modos, vos temos feito conhecer isto".

Paulo estabelece uma comparação entre os falsos apóstolos que estavam trabalhando em Corinto e o próprio ministério deles. Paulo tinha certeza daquele em quem ele havia crido. Por isso, teve a audácia de aferir sua capacidade em relação à deles.

3.1. PAULO RECONHECE SUA SUPERIORIDADE APOSTÓLICA

2Co 11.5 — "Porque suponho em nada ter sido inferior a esses tais apóstolos".

Paulo havia sido vocacionado diretamente por Cristo para ser apóstolo (1Co 1.1) e estava certo de que os falsos apóstolos não haviam sido vocacionados por Deus. A vocação é que faz a diferença tanto nos profetas do Antigo Testamento como nos apóstolos do Novo Testamento. Sua vocação era o que o distinguia daqueles que declaravam a si mesmos apóstolos. Estes não tinham autoridade, mas Paulo tinha, em virtude de sua vocação, que provinha de Cristo. Além disso, Paulo estivera presencialmente com Cristo. Esse é um de seus argumentos para mostrar a própria autenticidade apostólica (1Co 9.1). Por essa razão, ele era capacitado a realizar milagres e curas, o que autenticava seu apostolado. No entanto, os falsos apóstolos que ele menciona eram inferiores porque "se faziam apóstolos a si mesmos", não tendo sido chamados por Deus.

3.2. PAULO RECONHECE SUAS LIMITAÇÕES

2Co 11.6a — "E, embora *seja falto no falar* [...]".

A palavra grega traduzida como "falto" no falar é ἰδιώτης (*idiotes*), que significa uma pessoa leiga em contraste com um especialista no assunto. *Idiotes* também pode significar alguém que não conta com treinamento formal.

Paulo admite essa fraqueza em comparação com alguns que a si mesmos se faziam apóstolos. A expressão grega *idiotes* pode indicar que ele não era formado em retórica, e sua eloquência parecia não ser boa. Ao menos, sua retórica não refletia os moldes acadêmicos em voga naquela época. Além disso, talvez Paulo não tivesse fineza em sua linguagem ou seu linguajar fosse rude. Calvino argumenta que Paulo reconhece a si mesmo como alguém rude e desprovido de polimento em seus discursos; isso, contudo, não significa que ele fosse como mero infante, mas, sim, que não era distinguido por uma eloquência esplêndida.[2]

É provável que Paulo não fosse especialmente instruído na arte de falar. Paulo "não era um erudito na eloquência segundo as regras das escolas de retórica"[3] de sua época. Ou seja, é provável que ele não tenha sido educado na tradição rabínica de retórica. Ele admite esse tipo de "fraqueza" em comparação com alguns homens eruditos de seu tempo que se viram envolvidos com falso apostolado.

3.3. PAULO RECONHECE SEU CONHECIMENTO SUPERIOR

2Co 11.6b — "não o sou no conhecimento".

Ainda que ele admitisse um grau de dificuldade no uso correto de sua retórica na pregação, tinha uma grande vantagem sobre os falsos apóstolos: como nenhum outro em sua época, Paulo detinha conhecimento ímpar. Deus se havia revelado a ele por intermédio de Jesus Cristo. Paulo entendia que sua familiaridade com os assuntos que abordava era muito mais importante do que com os modos de elocução. Portanto, Paulo arrogou para si a condição de apóstolo verdadeiro, em virtude de seu conhecimento. Os falsos apóstolos não têm essa qualidade mencionada por Paulo.

Os falsos apóstolos até poderiam ter uma retórica melhor, mas não tinham, nem de longe, o conhecimento de Paulo. Ele conhecia

---

[2] João Calvino, em seu comentário on-line. Disponível em: http://www.ccel.org/ccel/calvin/calcom40.xvii.i.html. Acesso em: julho de 2018.

[3] *Cambridge Bible for Schools and Colleges*. Disponível em: http://biblehub.com/commentaries/cambridge/2_corinthians/11.htm.

os mistérios que Deus lhe havia revelado, coisas que os homens jamais tinham ouvido e visto na história humana. Veja o que Paulo disse aos coríntios:

> 1Co 2.6-8 — "Entretanto, expomos sabedoria entre os experimentados; não, porém, a sabedoria deste século, nem a dos poderosos desta época, que se reduzem a nada; mas falamos a sabedoria de Deus em mistério, outrora oculta, a qual Deus preordenou desde a eternidade para a nossa glória; sabedoria essa que nenhum dos poderosos deste século conheceu; porque, se a tivessem conhecido, jamais teriam crucificado o Senhor da glória".

Ninguém se comparava a Paulo nesse quesito de conhecimento e sabedoria. Nem mesmo os mais poderosos deste mundo tinham qualquer vantagem sobre Paulo na questão do conhecimento da revelação verbal. Entretanto, ele não se gabava de conhecimento advindo da própria inteligência; ao contrário, ele reconhecia que seu conhecimento vinha da ação reveladora e graciosa de Deus a ele (Ef 3.2-7).

3.4. PAULO RECONHECE A PROPAGANDA EFICAZ DE SEU TRABALHO

2Co 11.6c — "mas, em tudo e por todos os modos, *vos temos feito conhecer isto*".

Paulo não somente tinha conhecimento sobre Deus e sua revelação, como também foi capaz de transmitir essas verdades aos seus leitores. Ele, de fato, não era um orador exímio (de acordo com os padrões de seu tempo), mas era um comunicador honesto e transparente, alguém que falava a respeito de todo o conselho de Deus. Além disso, Paulo recorreu a diversos meios para convencer seus leitores da verdade. De qualquer modo, ele tornou conhecido o verdadeiro evangelho de Cristo a muitas igrejas (inclusive a de Corinto), mas sempre se mostrava dependente da graça de Deus na fidelidade de sua palavra, em sua irrepreensibilidade de caráter e em seu sustento.

4. PAULO RECONHECE SUAS VIRTUDES

2Co 11.7-9 — "Cometi eu, porventura, algum pecado pelo fato de viver humildemente, para que fôsseis vós exaltados, visto que gratuitamente vos anunciei o evangelho de Deus? Despojei outras igrejas, recebendo salário, para vos poder servir, e, estando entre vós, ao passar privações, não me fiz pesado a ninguém; pois os irmãos, quando vieram da Macedônia, supriram o que me faltava; e, em tudo, me guardei e me guardarei de vos ser pesado".

Ao mesmo tempo que reconhece suas limitações, Paulo também admite que tem muitas virtudes na compararão que faz de si mesmo em contraste com os falsos apóstolos. Paulo faz alguns apelos que não deveriam ser esquecidos — apelos que servem para mostrar suas virtudes ministeriais.

4.1. ELE APELA PARA SUA "FICHA LIMPA"

2Co 11.7 — "Cometi eu, porventura, algum pecado pelo fato de viver humildemente, para que fôsseis vós exaltados, visto que gratuitamente vos anunciei o evangelho de Deus?".

Nessa passagem, Paulo está afirmando que não havia nada em sua vida que o desabonasse. Ele estava limpo, era irrepreensível em sua vida e ninguém poderia fazer qualquer acusação à sua função profética ou mesmo à sua vida pessoal. Isso significa que ele tinha uma "ficha limpa" e que ninguém poderia apontar o dedo contra ele. Ele foi corajoso ao se afirmar isento de culpa em relação à igreja de Corinto. Certamente, a autoridade de Paulo vinha não somente de sua vocação apostólica, mas também de seu comportamento ilibado.

Na verdade, Paulo falava de si mesmo para que a igreja de Corinto aprendesse acerca de sua própria vulnerabilidade. A igreja de Corinto tinha muitos pecados e era, por essa razão, fortemente atacável. Todavia, Paulo se portava de um modo que impossibilitava qualquer pessoa de acusá-lo de pecado em relação à igreja e ao seu próprio apostolado.

4.2. ELE APELA PARA A LISURA EM SUA VIDA FINANCEIRA

2Co 11.8 — *"Despojei outras igrejas, recebendo salário, para vos poder servir".*

Além de apelar para a integridade de sua vida espiritual, Paulo aborda um problema delicado que tem a ver com o comportamento de muitos obreiros nos tempos modernos — os "roubadores" do rebanho.

O verbo traduzido como *"despojei"*, no grego clássico, era usado com o sentido de privar alguém do que lhe pertence; de roubar os bens de um soldado morto; de retirar a roupa de um morto. Era um verbo muito frequente nas questões militares, por causa das batalhas e dos despojos constantes.

Paulo defende a si mesmo porque, provavelmente, alguém o acusou de deslize financeiro. É provável que sua argumentação seja uma reação a comentários desairosos a respeito de seu sustento. Então, ele pergunta: "Despojei outras igrejas?". Em outras palavras, "Acaso mexi no cofre da igreja?" ou "Para poder servir a vocês, recebi algum salário?". Desde os primórdios, a questão do sustento do obreiro sempre foi problemática na igreja cristã.

Essas questões ainda se fazem presentes nos dias de hoje. Muitos ministros da Palavra sofrem por causa da mesquinhez de algumas igrejas, enquanto outros sofrem por agir de forma imprudente em relação a dinheiro em sua própria família. Paulo, então, descarta qualquer acusação a respeito dessa matéria. Ele está totalmente "limpo".

4.3. ELE APELA PARA SUA NÃO DEPENDÊNCIA DE SUSTENTO

2Co 11.9 — "e, estando entre vós, ao passar privações, *não me fiz pesado a ninguém*; pois os irmãos, quando vieram da Macedônia, supriram o que me faltava; e, em tudo, me guardei e me guardarei de vos ser pesado".

Não se esqueça que Paulo, ainda que tenha recebido auxílio de outras igrejas, nunca dependeu dos coríntios para se sustentar. Ninguém podia acusá-lo de explorar o povo de Deus em Corinto. Ele ficou ali por muito tempo, e era irrepreensível nessa matéria. Para evitar comentários desairosos, inclusive, ele "fazia tendas" para se sustentar. Ele não era um aproveitador da boa-vontade dos crentes. Ele ganhava o próprio dinheiro com seu trabalho paralelo ao apostolado.

Paulo tinha direito ao sustento das igrejas em que trabalhava, mas encontrava objeção de alguns crentes de Corinto, que tentavam impedi-lo em relação a isso. Veja o que ele diz aos coríntios em sua primeira carta:

> 1Co 9.3-4 — "A minha defesa perante os que me interpelam é esta: não temos nós o direito de comer e beber?"

Na igreja de Corinto, havia alguns adversários que negavam a Paulo o que lhe era devido, porque entendiam que os obreiros não deviam ser sustentados por seu trabalho. Um mal ensino na igreja tenta roubar deles esse direito de sustento. É uma pena que, ainda hoje, há pessoas que interpelam os ministros da Palavra quanto ao seu "direito" de viver do evangelho.

> 1Co 9.5 — "E também o de fazer-nos acompanhar de uma mulher irmã, como fazem os demais apóstolos, e os irmãos do Senhor, e Cefas?".

Paulo até apela para uma questão que, aparentemente, está fora de contexto. Certamente questionavam sobre se Paulo e Barnabé poderiam ter uma esposa, como os demais apóstolos tinham. Ele toma o argumento do casamento dos apóstolos que tinham esse privilégio conjugal, colocando-os na necessidade de ser provedores para suas famílias.

O falso ensino e a falsa profecia haviam ofuscado a mente dos coríntios sobre essas necessidades — a de ter esposa e sobre o dever de sustentar a própria família. Paulo, então, defende o direito de casamento e de ser provedor. Entretanto, parece-me que ele abriu mão desse direito e permaneceu sem família. Ele não queria ser um fardo para aquela igreja tão crítica para seu trabalho apostólico.

1Co 9.6 — "Ou somente eu e Barnabé não temos direito de deixar de trabalhar?".

Paulo argumenta que ele, assim como Barnabé, tinha o "direito" de deixar de trabalhar em outra profissão para viver unicamente do evangelho. O mau ensino dos falsos mestre e falsos profetas havia contaminado a vida dos coríntios, de modo que eles contestavam essa prerrogativa apostólica. Eles não admitiam que Paulo e Barnabé vivessem da verdadeira profecia. Então, Paulo combate os interpeladores chamando seu sustento de "direito".

1Co 9.7 — "Quem jamais vai à guerra à sua própria custa? Quem planta a vinha e não come do seu fruto? Ou quem apascenta um rebanho e não se alimenta do leite do rebanho?".

Paulo compara a pregação do verdadeiro evangelho a uma batalha espiritual. Ele tinha o encargo de trazer a luz aos gentios por meio de uma boa palavra profética. Ele também entendia que, em benefício de seu trabalho profético, tinha o direito de ser sustentado pela igreja. Então, Paulo recorre a um argumento irretorquível: "Quem jamais vai à guerra à sua própria custa?". Aqueles que vai à guerra tem de ser sustentado por quem o envia! Outro argumento: o lavrador tem direito a comer do fruto de seu trabalho; e mais um: o pastor de ovelhas tem o direito de beber do leite de seu rebanho.

Ora, se Paulo era um guerreiro do evangelho, um vinhateiro, um pastor, ele tinha o direito de receber pelo que fazia.

No entanto, quando numa igreja se levantam falsos profetas, eles distorcem a verdade, trocando-a pela mentira. Esse é o ponto que Paulo quer combater: os cristãos de corinto haviam sido ensinados por aqueles que "a si mesmos se faziam apóstolos", profetizando erroneamente para o povo de Deus.

1Co 9.8 — "Porventura, falo isto como homem ou não o diz também a lei?"

Paulo está argumentando que seu ensino e sua pregação sobre essa matéria não eram apenas um pensamento seu. Esse ensino não nascera na cabeça de Paulo. O fundamento era o que já fora ensinado e pregado no passado histórico de sua própria nação.

1Co 9.9 — "Porque na lei de Moisés está escrito: Não atarás a boca ao boi, quando pisa o trigo. Acaso, é com bois que Deus se preocupa?".

Então, Paulo argumenta que aquele que trabalha tem direito ao seu sustento com o exemplo do boi. Os profetas de Deus têm o direito de viver de seu glorioso trabalho. O fato de Paulo renunciar ao sustento, ou seja, de não depender de igreja alguma, não significa que o obreiro não tenha direito ao sustento. Por fim, ele conclui seu raciocínio dizendo que Deus está mais preocupado com os verdadeiros profetas do que com os bois. Portanto, se Deus providencia o sustento daqueles com quem menos se preocupa, mais ainda providencia em relação àqueles com quem mais se preocupa.

1Co 9.10-11 — "Ou é, seguramente, por nós que ele o diz? Certo que é por nós que está escrito; pois o que lavra cumpre fazê-lo com esperança; o que pisa o trigo faça-o na esperança de receber a parte que lhe é devida. Se nós vos semeamos as coisas espirituais, será muito recolhermos de vós bens materiais?".

O raciocínio de Paulo é perfeito, partindo do menor para o maior, do menos importante para o mais importante, do que semeia coisas materiais para o que semeia coisas espirituais. Se o que semeia trigo deve ter esperança de receber seu sustento, quanto mais aqueles que semeiam coisas que não perecem. Esses últimos têm a prerrogativa dada por Deus de receber bens materiais por causa do trabalho espiritual que realizam.

5. PAULO DECLARA-SE DETENTOR DA VERDADE

2Co 11.10-11 — "*A verdade de Cristo está em mim*; por isso, não me será tirada esta glória nas regiões da Acaia. Por que razão? É porque não vos amo? Deus o sabe".

Em sua luta contra os falsos profetas que distorciam a mensagem divina, Paulo sustenta outra característica importante em sua defesa. Ele está absolutamente certo de ter a verdade de Cristo, seu redentor. Nenhum falso profeta tinha o direito de tirar dele a glória de ser verdadeiro nas regiões em que trabalhava. E quem detém a verdade tem supremacia sobre todos os que não a detêm. Ele está se colocando em contraste com os falsos profetas, mostrando que a glória da verdade é muito mais do que a pregação de um evangelho falsificado.

Na época em que vivemos, a verdade não é algo muito importante, exceto para alguns. Agora, a verdade está sendo privatizada. Cada um tem a sua própria. Entretanto, Paulo apela para a verdade que ele havia recebido de Jesus Cristo. Por essa verdade, ele daria a própria vida!

6. PAULO PROMETE BARRAR OS FALSOS APÓSTOLOS

2Co 11.12 — "Mas o que faço e farei é para cortar ocasião àqueles que a buscam com o intuito de serem considerados iguais a nós, naquilo em que se gloriam".

Esse verso mostra o desconforto de Paulo ao abordar o assunto dos falsos apóstolos. Esses arrogavam para si os mesmos direitos de Paulo, afirmando-se iguais a Paulo em sua apostolicidade.

Paulo percebia claramente que seus inimigos sempre buscariam oportunidades de acusá-lo, com o propósito de arruinar seu caráter e reduzir sua influência sobre a igreja. Os falsos apóstolos buscavam uma oportunidade para justificar a si mesmos em sua falsa trajetória cristã.

Paulo não se contém e afirma que se esforçaria para retirar a influência deles do meio do povo. Paulo iria "cortar ocasião", ou seja, faria o possível para impedir que os falsos apóstolos tivessem a mesma glória dos verdadeiros apóstolos. Quando contestado sobre a razão pela qual fora convertido após a subida de Jesus ao céu, Paulo afirmou que ele havia visto ao Senhor (1Co 9), enquanto os falsos apóstolos não o tinham visto nem haviam sido vocacionados por ele. Os falsos apóstolos jactavam-se daquilo que não eram.

7. PAULO CHAMA OS FALSOS APÓSTOLOS DE OBREIROS FRAUDULENTOS

2Co 11.13 — "Porque os tais são *falsos apóstolos, obreiros fraudulentos*, transformando-se em apóstolos de Cristo".

7.1. OS OBREIROS SÃO CHAMADOS DE FALSOS APÓSTOLOS

Alguns obreiros que estavam em Corinto desejavam ter a glória do apostolado. Afinal de contas, ser apóstolo era uma grande honra! Ser apóstolo significava — como significa — ser vocacionado por Deus para uma tarefa gloriosa: a de ser profeta da justiça e a glória de ser o alargador das fronteiras do reino.

Entretanto, os obreiros que trabalhavam em Corinto não contavam com as mesmas credenciais apostólicas de Paulo, o qual alegava, com veemência, ter a verdade de Jesus, com quem estivera presencialmente. Alguns obreiros em Corinto eram chamados de "falsos apóstolos" porque eram apóstolos que vieram de baixo, enquanto os verdadeiros apóstolos vinham de cima. Ou seja, Deus vocacionava os verdadeiros apóstolos, enquanto os obreiros de Corinto "transformavam a si mesmos em falsos apóstolos". Eles afirmavam ser o que não eram! Eles tinham ascendência judaica e tentavam adequar a religião aos preceitos dos homens. Não era legítima a alegação apostólica deles. Eles viviam enganando os incautos crentes de Corinto e, contra eles, Paulo vociferou fortemente!

7.2. OS OBREIROS SÃO CHAMADOS DE FRAUDULENTOS

Como eles se passavam por apóstolos, são chamados por Paulo de "obreiros fraudulentos" — e a palavra grega correspondente é ψευδαπόστολοι [*pseudoapostoloi*]. Literalmente, eles eram falsos apóstolos, pois apresentavam a mentira revestida de algumas verdades. Já mencionei que o erro sempre aparece travestido de engano.

A fraude é um mal terrível, especialmente no meio de um povo ignorante das Escrituras, o que era o caso dos crentes de Corinto. É possível que eles tenham observado os privilégios que os verdadeiros apóstolos recebiam e, então, quiseram também para si. Havia muita vantagem em ser apóstolo.

A fraude dos falsos pregadores estava no fato de eles se autoproclamarem apóstolos quando não haviam sido vocacionados por Jesus Cristo. A fraude era apresentar mentira travestida de verdade. Não é diferente do que acontece em nossos dias. Basta ligar a televisão e ver quantas pessoas enganam, especialmente os necessitados, em relação a finanças e doenças. Então, nessa situação, muitos crentes buscam a solução para esses problemas que só os obreiros fraudulentos se atrevem a apresentar — uma solução que não existe, à parte da bondosa graça de Deus.

7.3. OS OBREIROS SE AUTOPROMOVEM A APÓSTOLOS DE CRISTO

Em geral, a promoção atinge aqueles que recebem a honraria de alguém que lhes é superior. Por exemplo, quando alguém, dentro do sistema presbiteriano, torna-se presbítero, recebe a autoridade de um concílio que está sobre ele e, então, pode exercer o ofício presbiteral. O próprio Paulo apela para alguém que lhe é superior: Deus, que o havia vocacionado, por sua vontade soberana.

Os falsos obreiros, contudo, afirmavam ser aquilo que sonhavam ser: pessoas reconhecidas pela congregação. Mas Paulo pulou na frente e impediu que eles continuassem naquela autopromoção.

Os obreiros fraudulentos tinham de ser expulsos do meio da congregação. Tem de haver punição para os falsos obreiros que estão trabalhando no meio do povo de Deus. Nós, os que somos da verdade, não podemos nos calar diante de tamanha falsificação em nosso meio. Temos de exercer disciplina sobre eles. Não deixe que essa verdade passe despercebida!

8. PAULO CONSIDERA DISSIMULADOS OS FALSOS APÓSTOLOS

2Co 11.14-15 — "E não é de admirar, porque o próprio *Satanás se transforma em anjo de luz*. Não é muito, pois, que os seus próprios ministros se transformem em ministros de justiça; e o fim deles será conforme as suas obras".

8.1. O ENGANADOR PRINCIPAL É DISSIMULADO, APRESENTANDO-SE COMO ANJO DE LUZ

2Co 11.14 — "E não é de admirar, porque o próprio *Satanás se transforma em anjo de luz*".[15]

Por ser um anjo apóstata, Satanás é o responsável maior pelo engano que há no mundo teológico. Ele é o que "inspira" os pseudoapóstolos. Ele é quem está por trás do falso ensino e da falsa pregação. Paulo fala, em outro lugar, que os ensinos dos falsos apóstolos e profetas procedem dos demônios (1Tm 4.1). Para enganar os obreiros (que se tornam fraudulentos), Satanás se "transforma em anjo de luz". É possível que Paulo "tivesse diante de seus olhos casos em que Satanás adquiriu aparência falsa com o propósito de enganar ou aparência de grande santidade e reverência, como se fosse Deus".[4]

Satanás, o principal e o primeiro enganador, apresentou-se no Éden (Gn 3.16) e na tentação de Jesus (Mt 4) com a autoridade e o poder de Deus. Conquanto ele tenha conseguido enganar Eva, não enganou o Filho do Homem. Em ambos os casos, o "anjo de luz" falsificou a revelação verbal de Deus. Ele distorceu as palavras de Deus para Eva e fez uma exegese bem equivocada de textos bíblicos no caso da tentação de Jesus. A perversão e a falsificação da revelação verbal são típicas de todo enganador!

Aqui, na passagem em estudo, a expressão "anjos de luz" significa um anjo puro e santo — sendo luz o emblema de pureza e santidade. Os verdadeiros anjos de luz habitam no céu; e a ideia é que Satanás assume essa forma, adquirindo a aparência de um santo anjo, porque também veio do céu.[5] E assume essa aparência para enganar os obreiros, os quais, então, falsificam a revelação verbal. Satanás se traveste de luz porque ele é trevas! Somente quem é trevas é capaz de trapacear dessa forma. Aliás, não poderia haver engano se não houvesse uma apresentação da mentira com ares de verdade.

Quando Satanás entra na presença de Deus, apresenta-se como Satanás, porque sabe que Deus não é tolo e não pode ser enganado, mas, quando ele se apresenta aos homens, não tem a aparência de Satanás. Ele sempre desempenha papel bem diferente, de modo que as pessoas, se não tiverem uma manifestação de discernimento da parte de Deus, serão enganadas de forma absoluta.

---

4 Disponível em: http://classic.studylight.org/com/bnn/view.cgi?book=2co&chapter=011. Acesso em: ago. 2018.

5 Ibid.

8.2. OS ENGANADORES SECUNDÁRIOS TRANSFORMAM-SE EM MINISTROS DA JUSTIÇA

2Co 11.15 — "Não é muito, pois, que os seus próprios ministros *se transformem em ministros de justiça*".

O pai do engano, Satanás, faz uma obra extraordinária com aqueles que Paulo chama de "obreiros fraudulentos" (ψευδαπόστολοι — *pseudoapostoloi*) ou falsos profetas. Ora, se o próprio Satanás se transforma em anjo de luz, não causa estranheza que seus obreiros se vistam de engano, afirmando-se ministros. Os falsos profetas são os que estão a serviço de Satanás. O termo grego para "ministros" é διάκονοι (*diaconoi*), ou seja, eles são servos ou ministros que estão a serviço de Satanás. Eles não se apresentam como enganadores, mas como pessoas que estão do lado da retidão, do lado de Deus. Eles sempre tentam as pessoas com alguma coisa desejável, de maneira sutilmente enganosa. Afinal de contas, são especialistas na arte da camuflagem. Entretanto, eles sempre tentarão desviar sua atenção de Jesus Cristo.

Os líderes espirituais das igrejas locais são os favoritos de Satanás e dos falsos profetas. Se eles conseguirem enganá-los, causarão grande estrago na vida da igreja, afastando-os do caminho santo. Jesus advertiu os líderes religiosos do seu tempo, dizendo: "Vede que ninguém vos engane. Porque virão muitos em meu nome, dizendo: Eu sou o Cristo, e enganarão a muitos" (Mt 24.4-5). Esse engano dos falsos profetas e mestres, que a si mesmos chamam "ministros da justiça", serão cada vez mais abundantes à medida que se vai aproximando o tempo do fim.

Além de serem *ministros* (*diaconoi*), o texto os classifica como "ministros da justiça" (διάκονοι δικαιοσύνης). A expressão "ministros da justiça" aponta para uma característica peculiar dos rivais dos apóstolos. Eles fingem ser apóstolos, mas se opõem às doutrinas da graça, ainda que tentem dar a ideia de que creem nelas. Os "ministros da justiça" querem que os crentes comuns pensem o melhor a seu respeito, para que tenham acesso a eles.

A palavra *dikaousunes* qualifica esse tipo de "ministro". Eles se apresentam exatamente como aquilo que não são. Como foram enganados por Satanás, os falsos profetas e os falsos mestres apresentam-se de forma enganadora, com o propósito de arrastar para o erro os cristãos nominais e alguns cristãos incautos.

8.3. TANTO O ENGANADOR PRINCIPAL COMO OS SECUNDÁRIOS SERÃO PUNIDOS

2Co 11.15b — "e o fim deles será conforme as suas obras".

Entretanto, não se esqueça de dizer aos falsos profetas/apóstolos que eles haverão de receber a justa retribuição de Deus. O destino final deles será muito duro. Haverá consequências eternas. A aplicação das penas decorre, em parte, da impossibilidade de Deus ser enganado. Eles podem enganar os homens, mas Deus, não.

Em nossa geração, não temos o direito legal de punir com a morte os falsos profetas, mas Deus exercerá sua justiça com eles e com o mestre deles. Os falsos profetas fazem toda a sua pregação de conteúdo falso, e a justiça humana falha na aplicação de penalidades, mas a justiça de Deus, não. Nenhuma pessoa que pratica o ensino enganoso escapará da espada da Justiça!

A punição divina sobre eles será conforme suas obras. Não se esqueça de que a manifestação da ira divina não será expressão de sua soberania, mas de seu atributo essencial de justiça. Por isso, afirma-se que a razão da punição deles será relativa às obras que praticaram.

LIÇÕES
1) NÃO DEVEMOS TOLERAR QUEM DISTORCE O EVANGELHO

2Co 11.4 — "a esse, de boa mente, *o tolerais*".

O que Paulo encontrou na Galácia a respeito da falsificação da revelação verbal também estava observando em Corinto. Por essa razão, ele exibe, com tanta intensidade, sua preocupação teológica. Ele sabia do grande prejuízo que recairia sobre aqueles que dão abrigo a um evangelho distorcido.

Os crentes da Galácia e de Corinto estavam sendo enganados de tal forma que não conseguiam perceber o caminho teológico que estavam trilhando. Paulo fala que eles toleravam os falsos mestres/profetas "de boa mente". Isso significa que alguns crentes estavam dando boas-vindas aos falsos mestres em suas igrejas.

Como a igreja da Galácia, a igreja de Corinto estava sendo permissiva e tolerante com os falsos apóstolos. E estava abrindo a guarda para a entrada do evangelho falsificado.

2) NÃO DEVEMOS TOLERAR QUEM DISTORCE O EVANGELHO "EM NOME DO AMOR"

Hoje, esse mal é frequente. Em nome de um amor que não é lícito, alguns crentes mostram-se tolerantes com aqueles que distorcem o evangelho em algumas igrejas de nossa geração. Eles anunciam um evangelho diferente daquele ensinado nas Escrituras.

Se amamos as pessoas a quem o evangelho é pregado, não devemos permitir que assimilem um evangelho destituído de seu significado verdadeiro. Temos de agir duramente contra os falsos profetas/mestres que trabalham a favor do engano nesta geração. Mas, se amamos as pessoas que distorcem o evangelho, temos de discipliná-las de várias maneiras, a fim de que se voltem do erro. O verdadeiro amor tem a ousadia de repreender. Ficar silente em meio a essa invasão de "evangelho diferente" implica rechaçar a verdade de Deus!

Entretanto, quando as pessoas da igreja se desviam do verdadeiro evangelho, nós temos o dever de nos afastar delas, não as ouvindo, ignorando seus ensinamentos e castigando-as inapelavelmente. Quem ama corrige!

3) NÃO DEVEMOS TOLERAR AQUELES QUE DISTORCEM O EVANGELHO EM NOME DO "POLITICAMENTE CORRETO"

Em nossa geração, o ensino exclusivo da verdade de Deus é proibido. A nenhum de nós, é permitido atacar o pensamento teológico de outra pessoa, porque todos igualmente detêm a verdade. A verdade é privatizada, e nós não temos o direito de ofender as pessoas dizendo que nossa pregação corresponde à verdade e a deles, não.

É fato que não devemos ofender as pessoas que pensam de forma diferente, mas não podemos nos calar quando o evangelho de Jesus é distorcido. Devemos ter sabedoria para distinguir entre o que devemos ou não fazer. Certamente, não devemos tolerar os que distorcem o evangelho, pois a Escritura diz que devemos "batalhar diligentemente pela fé [o conjunto da revelação verbal] que, uma vez por todas, foi entregue aos santos" (Jd 3).

Portanto, não tenha medo de lutar pela verdade, de fazer o que é certo, ainda que isso seja dolorido. Ademais, você não precisa atacar pessoas, mas, sim, o pensamento delas. Entendo que, eventualmente, é difícil separar uma coisa da outra. No entanto, se você tiver de escolher [o que sempre deve acontecer] entre a tolerância em relação àqueles que distorcem o evangelho e o amor por condescender, seja intolerante, pois a verdade de Deus tem primazia sobre a mentira dos homens!

CAPÍTULO 8

OS CRENTES PRECISAM DO CONFORTO DE DEUS EM MEIO À PREGAÇÃO DOS FALSOS PROFETAS/MESTRES

Cl 2.1-5 — "Gostaria, pois, que soubésseis quão grande luta venho mantendo por vós, pelos laodicenses e por quantos não me viram face a face; para que o coração deles seja confortado e vinculado juntamente em amor, e eles tenham toda a riqueza da forte convicção do entendimento, para compreenderem plenamente o mistério de Deus, Cristo, em quem todos os tesouros da sabedoria e do conhecimento estão ocultos. *Assim digo para que ninguém vos engane com raciocínios falazes*. Pois, embora ausente quanto ao corpo, contudo, em espírito, estou convosco, alegrando-me e verificando a vossa boa ordem e a firmeza da vossa fé em Cristo".

1. PAULO ENTENDIA QUE O VERDADEIRO ENSINO EXIGE LUTA ESPIRITUAL

Cl 2.1 — "Gostaria, pois, que soubésseis *quão grande luta* venho mantendo por vós".

A batalha em questão aqui é *agona* [ἀγῶνα], o mesmo termo grego para descrever a luta ou a oposição que dois atletas sustentam agonizantemente numa batalha para que um deles venha a ter vitória. Essa luta também incluía oração em favor da igreja.[1]

A ideia desse tipo de "luta" é encontrada na Epístola aos Efésios, em que Paulo assinala que a luta "é contra os principados, potestades, contra os dominadores deste mundo tenebroso, contra as forças espirituais do mal [...]." (Ef 6.12). A pregação de Paulo era uma espécie de luta contra o engano que estava tentando penetrar na igreja de Colossos. Era uma batalha entre o certo e o errado, entre a verdade e a mentira, entre o bem e o mal. Era uma guerra espiritual da qual só podia participar aquele que estivesse munido de toda a verdade.

2. PAULO PREOCUPAVA-SE COM OS CRENTES EM GERAL

Cl 2.1b — "Gostaria, pois, que soubésseis quão grande luta venho *mantendo por vós, pelos laodicenses* [...]".

Paulo combateu aguerridamente o falso ensino e a falsa profecia em suas cartas. Sua preocupação com as igrejas era intensa, pois ele as amava e não queria vê-las se apartando do evangelho. Essa preocupação com as igrejas, ele chama "grande luta", pois, para ele, eram como filhas amadas. Por isso, ele não cessava de fazer esse precioso serviço de advertência a respeito da falsificação das coisas do reino de Deus. Ele queria que os crentes de Colossos e Laodicea fossem confortados com a verdade de Deus, com um entendimento cheio de convicção da verdade em que haviam sido formados.

---

[1] Veja Sermão Paul's Desire & Struggle. Disponível em: http://gracebibleny.org/paul_s_desire_struggle_colossians_2_1_5.

3. PAULO PREOCUPAVA-SE COM OS CRENTES QUE NUNCA O TINHAM VISTO

Cl 2.1c — "e por quantos não me viram face a face".

Havia pequenas congregações na Ásia Menor que ainda não tinham visto o rosto de Paulo. Algumas dessas pessoas viviam nas regiões da atual Turquia, incluindo os crentes de Hierápolis, que são mencionados em Colossenses 4.13.

Paulo se preocupava com as pessoas que nunca o tinham visto face a face. Na verdade, poderíamos dizer que sua preocupação tinha alcance internacional, atingindo os limites da Ásia Menor. Sua preocupação era com os crentes que estavam geograficamente distantes dos colossenses e dos laodicenses. Paulo tinha uma visão de reino abrangente pois, quando ele escrevia suas cartas, tinha a doce esperança de que gente de toda parte poderia ler o conteúdo de sua mensagem.

4. PAULO PREOCUPAVA-SE EM OFERECER CONFORTO ESPIRITUAL A TODOS

Cl 2.2a — "para que o coração deles seja *confortado* [παρακληθῶσιν] e vinculado juntamente em amor".

O verbo *parakaleo* pode ser traduzido como consolar, confortar, encorajar, animar. Paulo tinha o desejo de que, ao enfrentar os falsos mestres, os crentes não se sentissem desencorajados, mas firmes no Senhor, em sua interioridade. O propósito último do consolo era levar aos crentes entendimento correto — esse entendimento, então, os conduziria a tomar ações corretas diante do falso ensino.

O consolo que Paulo queria para eles deveria situar-se na parte mais interior da vida deles (*kardia*), que era o coração, o lugar de onde provêm todas as intelecções, afeições e volições. Além disso, Paulo queria que os crentes fossem *unidos* [*sumbibazô*] pelo amor [ἀγάπη]. A unidade entre os crentes era fundamental para seu bem-estar. Paulo tinha em vista a união deles, evitando qualquer espécie de desavença. Somente o amor junta as pessoas.

5. PAULO PREOCUPAVA-SE EM TORNÁ-LOS CONVICTOS DE ENTENDIMENTO

Cl 2.2b — "e eles tenham toda a riqueza da forte *convicção do entendimento* [συνέσεως] (...)".

5.1. PAULO QUERIA QUE OS CRENTES DE COLOSSOS TIVESSEM FORTE CONVICÇÃO

Paulo escreveu a pessoas que enfrentavam o ataque do ensino de muitos falsos profetas e mestres. Não se esqueça de que os crentes de Colossos enfrentavam falso ensino a respeito da pessoa e da obra de Cristo (Cl 1.13-23). Sabedor disso, Paulo lhes escreve para que não hesitem quanto à verdade de Deus em Cristo. Paulo travava luta intensa (v. 1) para que seus leitores, a igreja de Laodiceia e aqueles que não o conheciam pessoalmente (v.1b) se livrassem de dúvidas espirituais e se mostrassem firmes no pleno conhecimento da verdade. Por isso, ele usa a palavra grega πληροφορίας [*plerhophoria*] que significa "plena segurança", "forte convicção" ou "certeza" a respeito da verdade do Deus encarnado — Jesus

Cristo. Nenhuma dúvida deveria pairar na vida deles sobre o Redentor que havia morrido por eles.

5.2. PAULO DIZ QUE A FORTE CONVICÇÃO É UMA RIQUEZA

Paulo desejava que os crentes que não haviam visto sua face (v. 1) tivessem algo significativamente rico em suas vidas. E essa riqueza tem a ver com o pleno conhecimento de Cristo.

Paulo usa a palavra grega "πλοῦτον" [*plouton*] para falar da importância da "forte convicção". E Paulo chama essa convicção de "riqueza". A "forte convicção" mencionada por Paulo aponta para algo de valor inestimável na esfera do entendimento espiritual. A "forte convicção" não é alguma coisa completa e perfeita nesta presente existência. Somente no completamento de nossa redenção, na vinda de Cristo, teremos uma convicção absolutamente perfeita. Todavia, essa "forte convicção" deve ser compreendida como extremamente rica quando examinamos a condição na qual vivemos presentemente.

Poucas pessoas têm essa "riqueza" neste mundo. Deus não dá igualmente a mesma convicção a todos e no mesmo grau, mas o desejo de Paulo era para que seus irmãos na fé possuíssem essa riqueza inestimável do conhecimento de Cristo.

5.3. PAULO DIZ QUE A FORTE CONVICÇÃO ESTÁ VINCULADA AO ENTENDIMENTO

A palavra grega συνέσεως [*suneseos*] é a faculdade do entendimento ou da compreensão. A *sunesis* é absolutamente necessária para que haja convicção daquilo em que os crentes creem.

A palavra grega ἐπίγνωσιν [*epignosin*], por sua vez, significa o conhecimento ou o *insight* correto que ganhamos pela experiência, e não pela simples observação de uma fonte externa. Os falsos profetas usavam argumentos lógicos, mas seu conhecimento provinha de suas próprias ideias, e não de revelação divina.

5.4. PAULO DIZIA QUE O ENTENDIMENTO TEM UM PROPÓSITO

Cl 2.2 — "para compreenderem plenamente o mistério de Deus, Cristo (...)".

Todos os cristãos devem ter uma mente que conheça o maior mistério de Deus. Todavia, para ter esse tipo de compreensão, é necessário que adquiramos, pela graça, a mente de Cristo. Cristo só é conhecido pelos cristãos quando eles têm a mente de Cristo. Esse é o mistério de Deus que veio a ser revelado. Aquilo que os crentes do Antigo Testamento não haviam conseguido compreender plenamente era, então, revelado aos crentes do Novo Testamento. Aquilo com que os antigos sonhavam em relação à pregação dos profetas era, então, transformado em realidade na pregação apostólica. E Paulo queria que os colossenses conhecessem o mesmo que ele desejava para os crentes filipenses:

Fp 1.9 — "E também faço esta oração: que o vosso amor aumente mais e mais *em pleno conhecimento e toda a percepção*".

Paulo queria que os crentes de sua época tivessem "pleno conhecimento e toda a percepção" sobre aquilo em que deveriam crer verticalmente, o mistério de Cristo, e sobre o que deveriam fazer horizontalmente, que é o amor pelos irmãos.

Conhecer Cristo corresponde a conhecer o maior mistério de Deus. E você tem o privilégio de conhecer hoje muitas coisas das quais os crentes antigos foram privados! Dedique-se a compreender cada vez mais o grande mistério de Deus. Conheça-o hoje, em sua Palavra!

6. PAULO PREOCUPAVA-SE EM APRESENTAR A BASE DE TODA A VERDADE

Cl 2.2c — "para compreenderem *plenamente o mistério de Deus, Cristo*, em quem todos os tesouros da sabedoria e do conhecimento estão ocultos".

A base de toda a verdade enfrentava forte oposição por parte dos falsos mestres, falsos profetas e falsos apóstolos. Todos esses queriam que os crentes a quem Paulo escreve tivessem dúvidas sobre o *mistério de Deus, que é Cristo*.

A base de toda a verdade se encontrava nessa pessoa que os crentes ainda conheciam pouco, mas que Paulo queria que conhecessem muito. Essa pessoa era um mistério para muitos crentes, mas Paulo queria que eles a conhecessem *plenamente* [plêrophoria].

Jesus Cristo é o mistério de Deus revelado para ser a chave de entendimento da história. Ele é o autor e o condutor da história (Jo 1.3). Quanto mais você conhece Cristo, mais se torna capaz de compreender os planos de Deus na história.

Jesus Cristo é o mistério de Deus para ser o fundamento de tudo o que sabemos e experimentamos espiritualmente, pois os tesouros do maior conhecimento e da mais excelente sabedoria estão nele.

7. PAULO ESTAVA CONVICTO DE QUE O MISTÉRIO DE DEUS ERA O REPOSITÓRIO DE TODO O CONHECIMENTO E DE TODA A SABEDORIA

> Cl 2.3 — "em quem todos os tesouros da sabedoria e do conhecimento estão ocultos".

Paulo argumenta que os crentes devem seguir o padrão de verdade encontrado em Cristo. Eles não deveriam procurar a verdade em alguém fora de Cristo. Por quê? Porque nele "todos os tesouros da sabedoria e do conhecimento estão ocultos".

7.1. O SIGNIFICADO DE SABEDORIA E CONHECIMENTO

Podemos dizer que o *conhecimento* significa apreensão intelectual/interna que os crentes têm da verdade a respeito do mistério de Deus, que é Cristo.

Em relação à *sabedoria*, refere-se à aplicação de conhecimento à vida. A verdade que está no interior de um crente precisa ser aplicada à vida relacional dele com os homens e com o próprio Deus. É essa sabedoria que torna as pessoas mais justas, retas e santas. A sabedoria, via de regra, tem a ver com o conhecimento aplicado. Veja o que diz Moisés:

> Dt 4.5-6 — "Eis que vos tenho ensinado estatutos e juízos, como me mandou o Senhor, meu Deus, para que assim façais no meio da terra que passais a possuir. ⁶ Guardai-os, pois, e cumpri-os, porque isto será a vossa sabedoria e o vosso entendimento perante os olhos dos povos que, ouvindo todos estes estatutos, dirão: Certamente, *este grande povo é gente sábia e inteligente*".

> Os crentes precisam do conforto de Deus em meio
> à pregação dos falsos profetas/mestres

A sabedoria e a inteligência estão intimamente ligadas à Palavra de Deus, que, nos versos de Deuteronômio, são chamadas de "estatutos e juízos". O salmista, por sua vez, diz que o conhecimento da Palavra de Deus traz maturidade ao jovem (Sl 119.97-99). Quanto mais estudamos piedosamente a Palavra de Deus, mais adquirimos inteligência; e, quanto mais a aplicamos em nossa vida e na vida dos outros, mais nos tornamos conhecidos como sábios.

A igreja de Deus precisa urgentemente de bons conhecedores da verdade e aplicadores dela!

7.2. SABEDORIA E CONHECIMENTO SÃO TESOUROS

Sabedoria e conhecimento são os tesouros mais preciosos nos dias de hoje. Com frequência, assinala-se que quem tem conhecimento tem poder. No entanto, bem diferente do conhecimento das coisas deste mundo, o conhecimento da revelação divina torna os crentes mais humildes e submissos a Deus, e não poderosos que exerçam domínio sobre outras pessoas.

Curiosamente, os falsificadores da revelação verbal não têm o que os crentes mais simples têm: o conhecimento e a sabedoria de Deus. Até mesmo os crentes mais simples possuem tesouros que ninguém jamais poderá arrancar deles, porque não são coisas externas ou físicas. Esses tesouros estão dentro das pessoas que se encontram em Cristo. E ninguém pode pôr a mão nesses tesouros!

7.3. SABEDORIA E CONHECIMENTO ESTÃO OCULTOS

A palavra grega traduzida como *ocultos* é ἀπόκρυφοι [*apokrufoi*], que significa alguma coisa "escondida", "velada", "secreta".

Nesses versos em estudo, a palavra *apokrufos*[2] significa algo continuamente guardado em segredo e, por implicação, mantido em oculto ou entesourado.[3]

Em Efésios 3.9, a forma verbal de *apokrupto* é usada em sentido figurativo para descrever o conhecimento que só pode ser adquirido por revelação divina.[4]

Tudo que os crentes podem conhecer de Deus está oculto em Cristo. Ele já revelou algumas coisas acerca da Divindade, mas ainda há muitas coisas de Deus desconhecidas. Um dia, ele vai revelar-nos mais coisas. Por ora, o próprio Cristo é o mistério de Deus, mas existem muitas coisas que o Misterioso esconde de seu povo. Chegará o tempo em que algumas coisas ocultas serão conhecidas.

8. PAULO ADVERTE OS CRENTES DOS RISCOS DO ENGANO

Cl 2.4 — "Assim digo para que ninguém vos engane com raciocínios falazes".

Paulo se dedica a fazer dos crentes de Colossos homens e mulheres perfeitamente doutrinados, pois não queria que vacilassem teologicamente diante de falsos profetas e falsos mestres. Ele sabia que esses são homens perigosos, pois seus argumentos são "falazes", ou seja, persuasivos.

---

2 A palavra *apokrifos* é a raiz da palavra *apócrifo*, que significa escritos ou afirmações de autenticidade dúbia.

3 Disponível em: http://gracebibleny.org/paul_s_desire_struggle_colossians_2_1_5. Acesso em: ago. 2018.

4 Disponível em: http://gracebibleny.org/paul_s_desire_struggle_colossians_2_1_5. Acesso em: ago. 2018.

A heresia sempre se torna um perigo constante para os crentes incautos, pois vem travestida de verdade. Os falsos profetas nunca apresentam o falso ensino absolutamente contrário à verdade de Deus; eles são inteligentes e convidativos. Não sem razão, eles mesmos foram enganados pelos ensinos demoníacos. Portanto, crentes sem uma boa formação teológica frequentemente assimilam muita informação teologicamente ruim, produto da falácia dos deturpadores da verdade.

O que foi prejudicial nos tempos de Paulo também o é nos dias atuais. Ainda existem muitos evangélicos sendo facilmente levados pela falácia de pregadores. Eles enganam por meio de raciocínios *falazes* [*paralogizomai*], revestidos de muita lógica e, por isso, enganosamente plausíveis, ainda que falsos [πιθανολογία — *pithanologia*]. Nenhuma outra época na história da igreja reuniu tantos crentes que caem em engano como em nossa geração!

9. PAULO SE CONGRATULA COM OS CRENTES POR SUA FIRMEZA NA FÉ

Cl 2.5 — "Pois, embora ausente quanto ao corpo, contudo, em espírito, estou convosco, alegrando-me e verificando a *vossa boa ordem e a firmeza da vossa fé em Cristo*".

A igreja de Colossos estava sendo atacada pelos falsos mestres. No entanto, é verdade que muitos permaneciam firmes na fé (o que justifica o regozijo de Paulo), mas sempre debaixo de luta teológica. E, ao mesmo tempo que Paulo, com sua preocupação amorosa, adverte os crentes de Colossos a respeito dos perigos iminentes dos falsos profetas e mestres, reconhece que a igreja de Colossos tem duas virtudes preciosas: boa ordem e firmeza na fé em Cristo.

9.1 A BOA ORDEM

A expressão grega traduzida como "boa ordem" é τάξις [taxis], também traduzida como "boa disciplina". Trata-se de uma expressão militar que aponta para a descrição de soldados alinhados para a batalha.[5] Isso porque, se um exército não estivesse devidamente alinhado, poderia pôr a batalha a perder. Quando atacados, os soldados deveriam mostrar alinhamento correto em suas posições. A disciplina sempre é importante numa batalha.

Como os cristãos são soldados de Cristo, devem estar sempre preparados para combater o erro. A "boa ordem" [*taxis*] é elemento indispensável aos soldados de Cristo. Em sua ausência, eles podem desertar da verdade. Isso, portanto, significa que eles não podem fugir da batalha contra o engano.

9.2. A FIRMEZA DA FÉ EM CRISTO

Em sua averiguação sobre a situação da igreja de Colossos, ainda que estivesse fisicamente ausente, Paulo reconhece que os colossenses estavam bem firmados [στερέωμα — *stereoma*] em sua fé. A palavra *stereoma* descreve algo que é estável, sólido, firme e forte. Uma igreja que conta com *stereoma* enfrenta corajosamente o ataque dos falsos profetas e mestres.

A palavra "fé" [πίστεως] deve ser compreendida como o conjunto de verdades que eles haviam recebido dos ensinamentos de Paulo. Enquanto muitos se mantêm firmes no erro, os crentes de Colossos estavam firmes na fé em Cristo. Esse era o grande consolo de Paulo num período em que o erro já se alastrava por alguns setores da igreja cristã do primeiro século.

---

5 Disponível em: http://gracebibleny.org/paul_s_desire_struggle_colossians_2_1_5.

Nosso presente século [ou geração] tem experimentado muito engano teológico. Não se pode afirmar que a igreja evangélica, em geral, está firme em sua fé em Cristo, pois, em muitos casos, o Cristo sobre o qual ouvem não é necessariamente o Cristo das Escrituras, mas produto do engano dos falsos profetas. Por isso, a Igreja de Cristo precisa estudar muito "a fé que, uma vez por todas, foi entregue aos santos" (Jd 3). Quando a igreja se mantém firme "na fé", não corre o risco de ser levada por "raciocínios falazes".

LIÇÕES

Toda preocupação e toda luta de Paulo envolviam alguns propósitos bastante claros no que diz respeito aos crentes:

1) PAULO QUERIA QUE OS CRENTES ANDASSEM EM CRISTO

Cl 2.6 — "Ora, como recebestes Cristo Jesus, o Senhor, *assim andai nele*"

Os crentes a quem ele escreve já haviam recebido, por meio da fé, a pessoa e a obra de Cristo. Isso não precisava voltar a acontecer. Trata-se de um ato único. Mas, embora a redenção já tivesse iniciado, o recebimento de Cristo não encerra esse processo. Então, Paulo os exorta ao desenvolvimento do processo de salvação. O *"andai"* [περιπατεῖτε do verbo *peripateo*] significa dar passos contínuos, ter uma conduta progressiva. Ele já havia ensinado aos filipenses que a salvação é um processo em desenvolvimento contínuo:

Fp 2.12 — "Assim, pois, amados meus, como sempre obedecestes, não só na minha presença, porém, muito mais agora, na minha ausência, *desenvolvei a vossa salvação* com temor e tremor".

A expressão "desenvolvei a vossa salvação" deve ser compreendida como equivalente a "andai nele". A redenção deve continuar neste mundo, até que se complete com a vinda de Cristo. Segundo Gill, a expressão *andar em Cristo* significa

> andar segundo o Espírito de Cristo, sob sua influência e direção, e através de sua assistência; é andar na doutrina de Cristo, permanecer em Cristo, crescer no conhecimento dele; é andar nas ordenanças de Cristo (...), fazer uso de Cristo como aquele que é o caminho, o único acesso a Deus, o caminho da salvação, o único meio de acesso a Deus (...).[6]

2) PAULO QUERIA QUE OS CRENTES TIVESSEM FIRMEZA EM CRISTO

Cl 2.7a — "nele radicados, e edificados, e confirmados na fé, tal como fostes instruídos, crescendo em ações de graças".

As três expressões, "nele radicados, e edificados, e confirmados na fé", apontam para a ideia de firmeza em Cristo e em sua doutrina. Se um cristão não é radicado em Cristo, edificado nele e confirmado na fé", não pode "andar em Cristo".

John Gill diz que

> os crentes são, algumas vezes, comparados a árvores, e são árvores de justiça, plantadas pelo Senhor; e a raiz deles é Cristo,

---

[6] *John Gill´s Exposition of the Bible*. Disponível em: https://www.biblestudytools.com/commentaries/gills-exposition-of-the-bible/colossians-2-6.html. Acesso em: set. 2018.

de onde surgem e por causa de quem estão cheias de frutos de justiça; nele, elas permanecem, guardadas nele e andando nele; derivam toda a sua vida dele, e são nutridas e frutíferas [...] estão enraizadas nele; algumas vezes, os crentes são comparados a um edifício, uma casa, um templo, uma habitação de Deus.[7]

Assim, os crentes podem firmar-se nele, de modo que ninguém pode tirá-los dele. Essa firmeza está no fato de eles estarem intrinsecamente ligados à raiz; eles crescem como um prolongamento da raiz e permanecem seguros para todo o sempre nela, pois estão "confirmados na fé". Não se esqueça: a palavra "fé" denota mais o conjunto de doutrinas do que simplesmente confiança pessoal em Cristo e está vinculada à pessoa e ao ensinamento de Cristo.

Por fim, não se deve perder de vista que essas coisas mencionadas por Paulo já eram conhecidas de seus destinatários. Provavelmente, eles já haviam sido ensinados por Epafras, ministro da Palavra. Mais uma razão, portanto, para que não desprezassem tal aprendizado.

3) PAULO QUERIA QUE OS CRENTES CRESCESSEM EM GRATIDÃO

Cl 2.7b — "nele radicados, e edificados, e confirmados na fé, tal como fostes instruídos, *crescendo em ações de graças*".

A bênção de os crentes serem radicados em Cristo, edificados nele e confirmados na fé deveria gerar um senso de gratidão. Da mesma forma que deveriam crescer no *conhecimento de Cristo*,

---
[7] Ibid.

também deveriam crescer na *virtude da ação de graças* —princípio que deve ser desenvolvido na vida do cristão.

O verbo grego traduzido como "crescendo" é περισσεύοντες [de περισσεύω — *perisseuo*] e pode ser traduzido como abundante, transbordante, portador de excelência! As ações de graças devem manifestar-se copiosamente na vida dos cristãos firmados em Cristo. Não há possibilidade de crescimento continuado em Cristo se não houver crescimento em ação de graças. Todos nós, beneficiários da obra de Cristo por causa de nosso vínculo com ele, devemos crescer na virtude da ação de graças.

Matthew Henry, célebre comentarista bíblico, disse que, certa vez, foi roubado enquanto caminhava por uma rodovia. Posteriormente, disse a seus amigos que havia quatro coisas pelas quais era grato. Em primeiro lugar, por nunca ter sido roubado antes, em tantos anos de vida. Em segundo, porque, embora eles "tivessem levado meu dinheiro, não levaram tudo o que eu tinha". Isso era algo pelo que ele dava graças. Em terceiro, porque, "embora tivessem tomado meu dinheiro, não tiraram minha vida, e sinto-me grato por isso". E, por derradeiro, " estou grato porque fui eu o roubado, e não eu o que roubei".[8]

Henry, sem dúvida, aprendeu a virtude da ação de graças que deve permear a vida de todos os crentes. Nessa experiência, Matthew Henry aprendeu a ser transbordante em ação de graças!

---

8 Disponível em: https://www.preceptaustin.org/colossians_24-71#2:7.

CAPÍTULO 9

OS CRENTES PRECISAM TOMAR CUIDADO COM O ERRO

Cl 2.8 — "Cuidado que ninguém vos venha a enredar com sua filosofia e vãs sutilezas, conforme a tradição dos homens, conforme os rudimentos do mundo e não segundo Cristo".

1. PAULO ADVERTE OS CRENTES PARA QUE SE CUIDEM TEOLOGICAMENTE

Cl 2.8a – "*Cuidado* que ninguém vos venha a enredar com sua filosofia e vãs sutilezas"

Você já deve ter percebido com que frequência Paulo se dedicava a lidar com os problemas teológicos que invadiam a igreja apostólica! Paulo usa bastante a palavra "cuidado", advertindo para o risco que correm aqueles que enveredam pelo caminho da falsificação da verdade.

O verbo grego traduzido como "cuidado" é *blepo*, que pode ser traduzido como "tome cuidado, examine, veja, observe" o que está acontecendo teologicamente na igreja. Em toda a história da redenção, o povo de Deus é, muitas vezes, confrontado com erros que trazem prejuízo ao crescimento do reino. E esse cuidado se justifica porque os pervertedores da verdade costumavam "sequestrar" os crentes incautos da igreja, enganando-os. Desde o princípio da igreja cristã, essa prática era constante. Paulo queria que a igreja de Colossos tivesse a mesma preocupação expressa pela igreja de Bereia, a qual examinava cuidadosamente o que ali se pregava, recorrendo às Escrituras (At 17.11).

Especialmente os irmãos mais experientes devem ter espírito de discernimento para distinguir entre o certo e o errado no meio do povo de Deus. Dizem alguns que não deve haver *espírito crítico* na igreja, porque essa tendência destrói; deve haver, sim, *espírito de discernimento*, o qual constrói. Essa é uma diferença crucial.[1]

Lembre-se, por fim, de que o verbo *blepo* está no modo imperativo. Isso significa que a advertência de Paulo não é uma sugestão, mas uma ordenança voltada ao bem-estar da igreja.

2. PAULO ADVERTE OS CRENTES PARA QUE NÃO SEJAM ENGANADOS

Cl 2.8b–Cl 2.8a — "Cuidado que *ninguém vos venha a enredar*".

A palavra grega traduzida como "enredar" é συλαγωγῶν [*silagogon*], que também pode ser traduzida como "tornar cativo". Em todo o Novo Testamento, esse termo é usado somente aqui. Paulo está advertindo a igreja de Colossos para que os irmãos não sejam dominados pelo erro teológico daqueles que falsificam a revelação verbal. Literalmente, em português, enredar significa ficar preso na

---

1 Disponível em: http://www.preceptaustin.org/colossians_28-15. Acesso em: nov. 2019.

rede. Os crentes devem tomar cuidado para não se tornar imóveis, cativados e amarrados pela rede do erro.

O verbo grego *silagogeo* "é uma descrição figurativa dos efeitos destrutivos dos falsos mestres, que procuram roubar, dos crentes de Colossos, as riquezas disponíveis em Cristo".[2] Quando ocorre esse roubo da verdade, as pessoas se apartam de Cristo. Se os colossenses haviam sido libertos, não mais poderiam deixar-se levar pelo erro.

3. PAULO ADVERTE OS CRENTES PARA QUE REAJAM À FILOSOFIA VIGENTE

Cl 2.8c — "Cuidado para que ninguém vos venha a enredar *com sua filosofia e vãs sutilezas*".

Filosofia, literalmente, significa ter amor à sabedoria. No entanto, a filosofia a que Paulo se refere é a sabedoria dos homens, e não de Deus. Essa filosofia estava em contraste com a cosmovisão cristã que era ensinada pelos apóstolos. Um exemplo de filosofia da época é o pensamento dos epicureus e dos estoicos (At 17). O ensino gnóstico começava a se espalhar, chocando-se com a teologia cristã da época, pois refletia conceitos bastante equivocados sobre a pessoa de Cristo.

Spurgeon assinala que "a história da ignorância humana, que chama a si mesma de 'filosofia', é absolutamente idêntica à história dos tolos, exceto nos pontos em que diverge em loucura".[3] O modo de vida pregado pelos homens difere grandemente do *modus vivendi* pregado pelo cristianismo genuíno. É nesse sentido que a

---

2 Disponível em: http://www.preceptaustin.org/colossians_28-15. Acesso em: ago. 2018.
3 Ibidem.

filosofia humana deve ser rejeitada. Tudo que a filosofia cristã preconiza está vinculado à obra de redenção em Cristo. Entretanto, a filosofia vigente no tempo de Paulo era o pensamento de homens que se rebelavam contra o fundamento da fé cristã, que é o derramamento do sangue de Cristo.

A filosofia do mundo não corresponde aos anseios mais profundos do homem. Ela não serve nem mesmo de paliativo aos cristãos, pois carece de aplicabilidade pessoal. J. I. Packer diz que "os filósofos são pessoas que falam a respeito de alguma coisa que não entendem e fazem você pensar que a falha é sua". A filosofia dos filósofos mundanos não tem uma resposta às grandes perguntas do mundo e não é capaz de explicar nada sobre a razão da morte ou mesmo da própria vida; tampouco conhece algo a respeito do princípio ou do fim. Packer, em alusão a terceiros, afirma que "a filosofia diz que todo mundo conhece na linguagem aquilo que ninguém consegue entender".[4] E acrescenta que "uma definição mais dignificada de filosofia é a tentativa do homem de se fazer incapaz de pensar com clareza".[5]

4. PAULO ADVERTE OS CRENTES PARA QUE NÃO SE APEGUEM ÀS VÃS SUTILEZAS

Cl 2.8d — "Cuidado que ninguém vos venha a enredar com sua filosofia *e vãs sutilezas*".

No início do verso 8, Paulo adverte os cristãos de Colossos: "Cuidado", ou seja, "estejam atentos" à filosofia dos homens e às suas sutilezas.

---

4 Ibid.
5 Ibid.

A expressão "*vãs sutilezas*" [κενῆς ἀπάτης] pode ser traduzida como "enganos que não levam a nada". Não causa espanto que Bertrand Russell, famoso filósofo do século passado, no final de sua vida, aos 90 anos, tenha dito: "A filosofia tem-se mostrado dispensável a mim".[6]

A filosofia humana é cheia de enganos que não levam a nada. Trata-se, em verdade, de um engano vazio, pois não fornece o que se espera dela. É uma espécie de anzol que fisga aqueles que não estão firmes na Palavra. Quando o peixe morde a isca, não sabe que está sendo fisgado. A filosofia tem o mesmo papel do anzol, escondendo as reais intenções, e o resultado final é inútil para quem a abraça. Quando a filosofia é ensinada, aqueles que a absorvem não têm consciência do engano que estão abraçando. A filosofia é vã porque traz desapontamento aos que se servem dela, não trazendo respostas às questões últimas da vida.

5. A ADVERTÊNCIA DE PAULO É PARA QUE OS CRENTES NÃO ANDEM CONFORME AS TRADIÇÕES DOS HOMENS

Cl 2.8e — "*conforme a tradição dos homens*, conforme os rudimentos do mundo, e não segundo Cristo".

Na história do mundo, a grande maioria das ideias filosóficas nasce na mente de homens desprovidos do entendimento de Deus. Em todos os filósofos, a tradição dos homens tem prevalência sobre os pensamentos de Deus. No pensamento dos filósofos, a tradição dos homens suplanta a revelação divina! Aliás, isso é o

---

6 John MacArthur Jr., em seu sermão sobre essa passagem. Disponível em: https://www.gty.org/library/sermons-library/2141. Acesso em: ago. 2018.

que acontece com todos os seres humanos que ainda andam em trevas espirituais. Eles preferem a tradição dos homens à verdade de Deus.

Quando o Filho de Deus encarnou, viu como os judeus haviam desprezado a Palavra de Deus e passado a seguir a tradição dos homens. Seus princípios religiosos estavam mais ligados às tradições dos homens do que à verdade de Deus. Veja o que Jesus disse deles:

> Mc 7.6-9 — "Respondeu-lhes: Bem profetizou Isaías a respeito de vós, hipócritas, como está escrito: Este povo honra-me com os lábios, mas o seu coração está longe de mim. E em vão me adoram, *ensinando doutrinas que são preceitos de homens*. Negligenciando o mandamento de Deus, *guardais a tradição dos homens*. E disse-lhes ainda: Jeitosamente rejeitais o preceito de Deus *para guardardes a vossa própria tradição*".

Esse comportamento dos líderes judeus aponta claramente para o repúdio da revelação divina e para a aceitação da filosofia humana. Por isso Paulo adverte contra a sabedoria dos homens. Ela engana, trapaceia e, no final das contas, acaba desapontando, pois não resolve as questões mais cruciais da vida humana. A tradição dos homens é inútil quando se trata das coisas relacionais entre homens e homens, e entre os homens e Deus. A tradição dos homens não resolve as questões horizontais porque, igualmente, não resolve as questões verticais. O fato é que, hoje, a tradição dos homens tem tido primazia sobre a Palavra de Deus na vida de muitos cristãos.

Quando alguém estiver estudando filosofia, não deve se esquecer de onde ela procede. Faz toda a diferença quando temos uma visão correta sobre a tradição dos homens, o que está intrinsecamente relacionado com a falsificação da revelação verbal. Busque conhecer a revelação divina antes da tradição dos homens, porque os filósofos sempre construíram sobre o pensamento de outros filósofos! Não despreze os valores de Deus ao aceitar os valores dos homens! Os cristãos não podem, ao mesmo tempo, ficar com a tradição dos homens e a Palavra de Deus — ambas são mutuamente excludentes!

6. PAULO ADVERTE PARA QUE OS CRENTES NÃO SE CONFORMEM SEGUNDO OS RUDIMENTOS DO MUNDO

Cl 2.8f — "conforme a tradição dos homens, *conforme os rudimentos* do mundo, e não segundo Cristo".

O que essa expressão significa? Não é fácil compreendê-la.

A palavra grega traduzida como "rudimentos" é στοιχεῖα (*stoikeia*), que aponta para o sentido literal dos elementos básicos do aprendizado. Assim como as crianças recebem um ensino rudimentar básico em sua instrução, mas não uma instrução de adultos,[7] as pessoas em geral podem assimilar os elementos básicos ensinados no mundo — elementos que não servem ao seu amadurecimento. Quando o cristão se volta exclusivamente para a filosofia, caminha para o aprendizado das coisas rudimentares do mundo, o que dificulta seu entendimento acerca das coisas espirituais que o fazem realmente amadurecer.

---
7 John MacArthur Jr. Disponível em: https://www.gty.org/library/sermons-library/2141. Acesso em: ago. 2018.

O ensino de Paulo sobre os "rudimentos do mundo" aponta para a ideia de uma pessoa que não amadurece em Cristo. Em sua carta as gálatas, Paulo refere-se aos tempos de imaturidade como os tempos da escravidão aos princípios do abecedário espiritual.

> Gl 4.3 — "Assim, também nós, quando éramos menores, estávamos servilmente sujeitos aos *rudimentos do mundo* [στοιχεῖα τοῦ κόσμου]".

Esses princípios rudimentares não fazem o cristão crescer espiritualmente, porque tratam apenas das coisas dos homens. Os crentes judaizantes da Galácia não eram pessoas amadurecidas, pois se encontravam sob a servidão dos rudimentos do mundo, ou seja, dos princípios elementares estabelecidos pelos homens, e não por Deus. Por isso, a religião deles é imatura e não tem proveito para o desenvolvimento espiritual.

O escritor aos hebreus usa a mesma palavra *stoikeia* (rudimentos) para falar da imaturidade dos cristãos de origem judaica a quem ele se dirige.

> Hb 5.12 — "Pois, com efeito, quando devíeis ser mestres, atendendo ao tempo decorrido, tendes, novamente, necessidade de alguém que vos ensine, de novo, quais são os *princípios elementares* [στοιχεῖα] dos oráculos de Deus; assim, vos tornastes como necessitados de leite e não de alimento sólido".

Os crentes de origem judaica não eram pessoas amadurecidas. Muitos ficavam apenas nos rudimentos do aprendizado. Esse é o significado de "leite". Esses crentes não possuíam o devido crescimento espiritual, mesmo com o passar dos anos. Os princípios elementares podem até ser tomados até certa altura da vida, mas não para sempre. Esse é o sentido do "alimento sólido" que lhes faltava.

Em Colossenses 2.8, Paulo fala de algo muito mais amplo e, consequentemente, mais grave. Não era simplesmente falta de maturidade, mas a intromissão de coisas erradas inclusive nos princípios elementares da fé cristã. Os crentes de Colossos estavam sendo atacados por erros teológicos. Era uma espécie de leite azedo que os transformava em doentes espirituais, pois eles conheciam os princípios elementares sem qualquer noção de pureza espiritual. A expressão "rudimentos do mundo", surgida em Colossenses, aponta para a ideia de ausência ou de falsificação da verdade.

Quando não existe maturidade espiritual, ou seja, um crescimento constante sobre a pessoa de Cristo, a tendência é assimilar as "tradições dos homens". Quando não há um aprendizado correto, ao longo dos anos os erros tornam-se "tradições de homens", suas "filosofias e vãs sutilezas".

Da mesma forma, hoje, temos em nossas igrejas pessoas imaturas, que nunca crescem, pois se agarram às tradições dos homens. Esse tipo de "tradição dos homens" tem sido uma constante na igreja contemporânea. Muitos desses crentes têm recebido um evangelho falsificado, deturpado, o que atrapalha seu crescimento na fé. Por essa razão, em muitos casos, a *stoikeia* é a causa da imaturidade espiritual.

7. PAULO ADVERTE PARA QUE OS CRENTES DEVEM AMOLDAR-SE UNICAMENTE À FILOSOFIA DE CRISTO

Cl 2.8g — "conforme a tradição dos homens, conforme os rudimentos do mundo, *e não segundo Cristo*".

Paulo complementa seu ensinamento no versículo 8, mostrando claramente o caminho a seguir, o qual deve ser conformado segundo Cristo. Não há alternativa para o crescimento espiritual!

Por essa razão, Paulo, ao longo do texto, move-se para a ideia da verdadeira natureza divina de Jesus Cristo, pois o apóstolo fala que, "nele, habita corporalmente toda a plenitude da Divindade" (v. 9). Em Cristo, alguns dos crentes de Colossos "estavam aperfeiçoados" (v. 10), pois Cristo era tudo neles!

O crescimento espiritual acontece quando temos uma noção bem clara sobre a pessoa do Redentor. Eis a base e a motivação de toda a nossa fé. Tudo está vinculado a Cristo. Não há como escapar dessa verdade, se quisermos ser pessoas amadurecidas na fé, pessoas que não se limitam a ter apenas "os rudimentos do mundo". A maturidade em Cristo é o alvo final de toda a teologia cristã.

A "filosofia e as vãs sutilezas", que são o conteúdo da "tradição dos homens", devem ser desprezadas por aqueles que querem tornar-se semelhantes a Cristo e crescerem nele.

CAPÍTULO 10

OS CRENTES PRECISAM SER GRANDEMENTE ADVERTIDOS

1Tm 4.1-2 — "Ora, o Espírito afirma expressamente que, nos últimos tempos, alguns apostatarão da fé, por obedecerem a espíritos *enganadores e a ensinos de demônios, pela hipocrisia dos que falam mentiras e que têm cauterizada a própria consciência,* que proíbem o casamento e exigem abstinência de alimentos que Deus criou para serem recebidos, com ações de graças, pelos fiéis e por quantos conhecem plenamente a verdade (...)".

As cartas pastorais de Paulo trazem advertências abundantes contra os falsificadores da revelação verbal. Esse texto de Paulo a Timóteo é apenas um exemplo das muitas passagens em que ele aborda tal assunto.

1. A ADVERTÊNCIA DO ESPÍRITO SANTO VEM DE FORMA "EXPRESSA"

1Tm 4.1a — "Ora, o Espírito afirma *expressamente*".

Além de sua função de conselheiro, encorajador e consolador, o Espírito Santo adverte os cristãos em relação aos tempos difíceis de apostasia no meio da igreja.

A palavra grega ῥητῶς [*retos*], traduzida como "expressamente", também é compreendida como "em palavras simples, claras e explícitas". Paulo alude às profecias que o Espírito Santo lhe dava a conhecer naquela época. Em outras palavras, o Espírito não se limitava a sugerir o que poderia acontecer em um futuro próximo ou remoto, mas afirmava, com toda a clareza, que as coisas anunciadas se passariam por determinação divina.

Ninguém pode ignorar o que Paulo disse. Os eventos relativos à apostasia serão tão nítidos que todos serão capazes de percebê-los. Esse é o sentido de "expressamente" nessa passagem.

2. A ADVERTÊNCIA DO ESPÍRITO É PARA O TEMPO DOS "ÚLTIMOS DIAS"

1Tm 4.1b — "Ora, o Espírito afirma expressamente que, *nos últimos tempos*".

Paulo tinha uma nítida compreensão de que "os últimos dias" eram o período no qual eles estavam vivendo. Isso porque a expressão não significa apenas os dias que precedem imediatamente a vinda de Cristo, mas também o período indefinido entre a primeira e a segunda vinda do Senhor. Esse será um tempo muito difícil para os cristãos, um tempo não somente de abandono da fé, como também de manifestação de muitos pecados por parte dos homens (2Tm 3.1).

3. A ADVERTÊNCIA DO ESPÍRITO É SOBRE A APOSTASIA

1Tm 4.1c — "nos últimos tempos, *alguns apostatarão da fé*, por obedecerem a espíritos enganadores e a ensinos de demônios".

O termo grego para apostasia é ἀποστήσονταί [*apostesontai*], significando que as pessoas, nos últimos dias, se apartarão do conjunto de verdades em que um dia creram. O tempo da apostasia será de muito engano, um tempo no qual muitas pessoas falsificarão a revelação verbal de Deus. Nesse período da história da igreja cristã, algumas pessoas farão um movimento de retração quanto à fé, abandonando aquilo que um dia aceitaram como a verdade.

A apostasia sempre existiu, mas, à medida que o tempo do fim se aproxima, o número de apóstatas será ainda maior. A chamada "Grande Apostasia" terá lugar nos anos que precederem imediatamente a volta de Cristo (2Ts 2.3).

3.1. A APOSTASIA ENVOLVE SUA MENTE

A apostasia envolve a mente porque os demônios trabalham com o propósito de enganar as pessoas. A luta exige raciocínio para ludibriar os obreiros, que, por serem enganados, acabam por se tornar fraudulentos. Os demônios usam sua própria mente para enganar os pregadores, os quais, por sua vez, enganam as pessoas.

Nesse contexto, tanto os demônios como os obreiros fraudulentos usam o raciocínio falaz para enganar. Eles apresentam uma doutrina que soa como bíblica, mas sua intenção real é a falsificação da revelação verbal. Eles conseguem levar seus "discípulos" a crerem que a mentira deles supera a verdade de Deus. Esse engano vem do processo mental dos demônios e dos falsos obreiros.

Os espíritos enganadores, portanto, por meio de um raciocínio falaz, induzem a mente a pensar de um modo diferente do modo de Deus. Steven Cole afirma:

> num extremo, há um amplo movimento na igreja americana que minimiza a verdade. Esse lado diz: "Eles saberão que somos cristãos por nosso amor", de modo que adotam "a paz a qualquer custo", posição que dilui e, por fim, acaba destruindo a verdade cristã. Eles enfatizam a tolerância e a diversidade doutrinária. Se você fala contra o erro, acusam-no de não ter amor e causar divisão.[1]

Assim, se você seguir nessa direção, acabará por admitir a mentira e já não lutará mais tão ferozmente em prol da verdade. Steven Cole, contudo, acrescenta que, "no outro extremo, podemos ser tão zelosos em relação à verdade que [...] acabamos caindo em orgulho espiritual, pois 'sustentamos a verdade'".[2] Ambos os extremos podem ser perigosos, e é preciso evitarmos o engano pela mentira em nome da verdade.

Portanto, tenha sua mente afiada para que você não seja enganado nem por um lado nem por outro. Mantenha sua mente sintonizada com a Palavra de Deus, para que o engano não seja uma realidade também em você.

3.2. A APOSTASIA ENVOLVE SUAS AFEIÇÕES

Quando mudamos nossos pensamentos, nossas afeições também mudam. Não há independência nas faculdades humanas. Ao contrário, uma ideia afeta as demais. Portanto, a mudança não é

---

[1] Steven Cole. Disponível em: http://www.fcfonline.org/content/1/sermons/041094.pdf. Acesso em: ago. 2018.

[2] Ibidem.

somente de ideias, mas também de amores. Nossos gostos mudam quando nossos pensamentos mudam. A Escritura proíbe os crentes de ouvir a pregação e o ensino dos falsos profetas e mestres, pois, do contrário, isso pode levá-los a amar o erro. E a Escritura bem reconhece o poder de encantamento que o ensino errôneo pode exercer sobre a mente de seus ouvintes.

Quando há apostasia, nós simplesmente mudamos do amor pela sã doutrina para um amor por outro tipo de doutrina. Todas as faculdades da alma estão envolvidas no processo de apostasia. Portanto, fuja de ouvir pregações que não o aproximem de Deus. Se você continuar a ouvir os falsos profetas, Deus exercerá juízo sério sobre sua vida. Se você quiser amar somente a doutrina de Deus, não ouça aqueles que pregam outras doutrinas. Ouça a Palavra de Deus e aqueles que a pregam com fidelidade, de modo que sua afeição por Deus não seja alterada.

3.3. A APOSTASIA ENVOLVE SUA VOLIÇÃO

A mente e as afeições têm grande poder sobre o tipo de moral que decidimos seguir. O processo mental e nossos sentimentos afetam seriamente o comportamento que temos, pois nos levam a alterar as decisões que tomamos na vida. Então, aquilo que julgávamos como correto passa a não mais ser; e deixamos de amar aquilo ou aqueles que amávamos no passado. Assim, nossos valores e nossa moral são alterados. E, quando nossos princípios morais mudam, passamos a fazer coisas inimagináveis.

Quando Demas deu ouvido às coisas do presente século, desistiu de andar com Paulo. A volição dos homens está entretecida com seus pensamentos e afeições. A vontade humana faz apenas aquilo que o pensamento quer e a afeição estimula. As volições são servas dos pensamentos e das afeições. Portanto, nunca dê ouvidos à teologia que ensina que a vontade humana é independente das outras faculdades da alma. Esse tipo de pensamento o leva a caminhar em sentido oposto às coisas que Deus ama.

LIÇÕES

1. NÃO SE SURPREENDA COM O FATO DE HAVER APÓSTATAS NO MEIO DE SUA IGREJA LOCAL.

Paulo disse que, na igreja de Éfeso, algumas pessoas entre os presbíteros haveriam de apostatar (At 20.29-31). Pessoas que cantaram com você, que oraram com você e por você, que ouviram a Palavra em sua companhia e até mesmo que pregaram ou ensinaram a você podem cair da verdade. Não ignore que isso pode acontecer.

2. NÃO SE SURPREENDA COM O FATO DE QUE O ESPÍRITO SANTO DISSE QUE ISSO HAVERIA DE ACONTECER.

Se o Espírito Santo "expressamente" diz que a apostasia acontecerá, não duvide disso.

3. NÃO SE SURPREENDA COM A PRESENÇA DE APÓSTATAS NO MEIO DA IGREJA, POIS O FILHO DE DEUS ENCARNADO DISSE ESSA TRISTE VERDADE DE MANEIRA BEM CLARA:

Mt 24.24-25 — "porque surgirão falsos cristos e falsos profetas operando grandes sinais e prodígios para enganar, se possível, os próprios eleitos.[25] Vede que vo-lo tenho predito".

4. NÃO SE SURPREENDA COM A PRESENÇA DE APÓSTATAS NO MEIO DE SUA IGREJA.

Paulo não diz que os crentes regenerados eventualmente perderão o que Cristo conquistou por eles, mas que as pessoas que assumem o cristianismo podem abandonar as verdades de Cristo. Elas podem até ter professado a fé, mas vir a se encantar com alguns ensinamentos que não correspondem à verdade de Deus. Lembre-se do que João disse a respeito dessas pessoas:

> 1Jo 2.19 — "Eles saíram de nosso meio; entretanto, não eram dos nossos; porque, se tivessem sido dos nossos, teriam permanecido conosco; todavia, eles se foram para que ficasse manifesto que nenhum deles é dos nossos".

João é o único escritor da Escritura que menciona os "Anticristos", ou seja, os falsificadores da revelação verbal. Eles já existiam naquele tempo e existirão até o fim dos tempos, quando o Anticristo [falso profeta] final aparecer. Entretanto, somente aqueles que receberam a graça regeneradora permanecerão firmes na fé, porque contam com "a unção", que é a Palavra de Deus! Se você foi "ungido" de Deus com sua Palavra, permanecerá para sempre crente" (veja 1Jo 2.27-29).

4. A ADVERTÊNCIA DO ESPÍRITO SOBRE A APOSTASIA ENVOLVE ANJOS E HOMENS

> 1Tm 4.1d — "Ora, o Espírito afirma expressamente que, nos últimos tempos, alguns apostatarão da fé, por obedecerem a *espíritos enganadores e a ensinos de demônios*".

Existem dois tipos de influenciadores que fazem as pessoas abandonarem suas crenças: (i) os seres criados celestes caídos e (ii) os seres humanos caídos. Trata-se de uma cadeia de autoridade. Em primeiro lugar, os anjos caídos (demônios) estão em posição de autoridade sobre os falsos profetas e mestres. Em segundo lugar, os falsos profetas e mestres estão em posição de autoridade sobre muitos na igreja de Deus. A apostasia tem início no mundo celestial e culmina no mundo terreal.

4.1. A INFLUÊNCIA DOS DEMÔNIOS SOBRE OS FALSOS OBREIROS

Demônios são espíritos sedutores cuja tarefa consiste em preparar os profetas, mestres e apóstolos para que ministrem heresias. São espíritos de erro que contrastam com o Espírito da verdade — esse, sim, fala aos verdadeiros mestres, profetas e apóstolos.

O termo "demônios" é sinônimo de "espíritos enganadores". Sua obra não é executada diretamente junto aos crentes da igreja, mas, sim, junto aos seus líderes espirituais. A função precípua dos demônios é enganar os obreiros, que acabam revelando-se falsos obreiros. Eles os seduzem com coisas espantosas que são capacitados a fazer; e, por causa dos sinais que são capacitados a fazer, produzem encantamento. Por essa razão, o tempo da apostasia será de guerra espiritual entre verdade e erro. Com muita frequência, o erro prevalecerá em detrimento da verdade, pois as pessoas se verão envolvidas com seres espirituais caídos e com homens que caíram da verdade. Nesse contexto, o período de retração da fé tem a ver com a ação dos demônios na vida de pessoas em posição de liderança na pregação e no ensino da igreja. Esses são os falsos profetas e os falsos mestres.

Em Efésios, Paulo disse que nossa luta maior não é contra os homens, mas, primariamente, contra "os principados e as potestades", aqueles que dominam como "forças espirituais do mal". Eles têm o controle sobre seus agentes, que são os falsos profetas, os falsos mestres e até mesmo os falsos apóstolos. Todos esses são cativos dos demônios que pervertem a verdade de Deus! Em geral, não vemos esses demônios porque são seres espirituais, mas nenhum de nós pode negar sua ação na vida de muitos pregadores, mestres e apóstolos de nossa geração! Esses demônios, portanto, estão debaixo da autoridade de Satanás, o maioral deles. Veja novamente o que Paulo disse a esse respeito:

2Co 11.13-15 — "Porque os tais são falsos apóstolos, *obreiros fraudulentos*, transformando-se em apóstolos de Cristo. E não é de admirar, porque o próprio Satanás se transforma em anjo de luz. Não é muito, pois, que os seus próprios ministros se transformem em ministros de justiça; e o fim deles será conforme as suas obras".

Todos os obreiros fraudulentos, que afirmam, sobre si mesmos, estar a serviço de Cristo, são pervertedores da verdade, falsificando a revelação verbal divina. Portanto, é de importância basilar que a igreja cristã esteja bem firmada na Escritura, para que não tenha seus membros enganados e caindo em apostasia.

4.2. A INFLUÊNCIA DOS FALSOS OBREIROS SOBRE O POVO

O conteúdo das mensagens dos falsos obreiros revela o que eles aprenderam com os espíritos enganadores e o *ensino* [*didaskalia*] de demônios. Os obreiros só podem dar o que receberam. Se eles próprios foram enganados pelos demônios, o que vão produzir no povo também é engano.

Os falsos obreiros são enganados pelos demônios e acabam influenciando sobremaneira os que prestam atenção ao que dizem. A igreja será teologicamente dizimada nos dias precedentes à vinda de Cristo. A apostasia será um fenômeno mundial, afetando todos os recantos da terra, e os demônios se servirão da atividade dos falsos obreiros para influenciar negativamente o povo de Deus.

Não é difícil perceber a apostasia crescente em nossa geração! Muitos que são conhecidos como "evangélicos" têm absorvido bastante deturpação da verdade de Deus. Temos uma grande quantidade de falsos profetas em nosso meio. Em geral, eles estão em evidência nas mídias sociais e na mídia tradicional. Eles pregam uma mensagem travestida de verdade, mas cheia de erro. Como muitos crentes não têm discernimento, facilmente dão ouvidos àquilo que os obreiros fraudulentos dizem. Aqueles de nós que conhecem melhor a verdade de Deus têm a obrigação de vociferar contra esses obreiros fraudulentos que têm dizimado o rebanho de Deus em nossa geração.

5. A ADVERTÊNCIA DO ESPÍRITO EM RELAÇÃO AOS OBREIROS FRAUDULENTOS VEM ACOMPANHADA DE ALGUMAS CARACTERÍSTICAS

> 1Tm 4.2-3 — "pela hipocrisia dos que falam mentiras e que têm cauterizada a própria consciência, que proíbem o casamento e exigem abstinência de alimentos que Deus criou para serem recebidos, com ações de graças, pelos fiéis e por quantos conhecem plenamente a verdade".

5.1. OS OBREIROS FRAUDULENTOS SÃO CONSIDERADOS HIPÓCRITAS E MENTIROSOS

1Tm 4.2a — "pela *hipocrisia* dos que falam *mentiras*"

A palavra grega traduzida como "*hipocrisia*" é ὑποκρίσει [*hipocrisei*] e diz respeito a uma ação dissimulada, equivalente à incredulidade diante da verdade de Deus. Assim como "a fé e a boa consciência" andam juntas (1Tm 1.5), também a hipocrisia [que é incredulidade] e a consciência cauterizada caminham lado a lado (Mt 24.5, 51).

A palavra grega traduzida como "mentiras" é ψευδολόγων [*pseudologon*], ou seja, recorrer a palavras que não são verdadeiras — literalmente, "palavras falsas".

Os obreiros que falsificam a revelação divina são chamados pelas palavras que caracterizam suas vidas: hipócritas e mentirosos. "As palavras gregas aqui deveriam ser traduzidas como hipocrisia dos homens que falam mentiras [...]. A hipocrisia deles consiste em suas próprias concepções de uma máscara de santidade, que eles consideram derivar de seu falso ascetismo e de sua abstinência [...]".[33]

Nesse contexto, como a mente afeta a moral, os maus obreiros passam a se comportar como os demônios, exibindo atitudes hipócritas e mentirosas. Isso porque a hipocrisia se evidencia pelo fato de alguém manter uma aparência exterior que não se coaduna com suas crenças interiores.

---

3 [3] *Ellicot´s Commentary for English Readers*. Disponível em: https://biblehub.com/commentaries/1_timothy/4-2.htm. Acesso em: ago. 2018.

EU SOU | A FALSIFICAÇÃO DA REVELAÇÃO VERBAL NO ENSINO DO NOVO TESTAMENTO

5.2. CONSIDERA-SE QUE OS OBREIROS FRAUDULENTOS TÊM A CONSCIÊNCIA CAUTERIZADA

1Tm 4.2b — "pela hipocrisia dos que falam mentiras *e que têm cauterizada* [κεκαυτηριασμένων] *a própria consciência*".

A tradução mais literal dessa expressão deveria ser "consciência cauterizada com ferro quente que marca", pois o verbo grego καυτηριάζω [*xauteriazo*] aponta para essa ideia. Quando as pessoas cometem constantemente os mesmos pecados, suas consciências tornam-se cauterizadas "ou insensíveis, da mesma forma que a pele de um animal marcado a ferro em brasa torna-se insensível a mais dor. Para os seres humanos, ter a consciência cauterizada é resultado do pecado contínuo e impenitente".[44] Os falsos mestres, falsos profetas e falsos apóstolos pretendiam conduzir outras pessoas à santidade, mas, como suas próprias consciências estavam cauterizadas, eles estavam enganados sobre seus próprios ensinamentos.

Quando o mau obreiro torna-se hipócrita, luta contra a própria consciência, violando-a, porque crê em uma coisa e faz outra. Eventualmente, qualquer pecado sem arrependimento adormece o senso moral do que é certo ou errado, e o pecador impenitente torna-se insensível aos avisos da consciência que Deus colocou dentro de cada um de nós para nos guiar (Rm 2.15).

A princípio, a consciência dói, mas essa dor não dura para sempre. E, enquanto os falsos obreiros continuam em sua hipocrisia, vão matando sua consciência. Assim, quando os falsos obreiros não se arrependem de seus pecados, caminham para a derrocada

---

4 [4] "O que significa ter uma consciência cauterizada". Disponível em: https://www.gotquestions.org/Portugues/consciencia-cauterizada.html. Acesso em: ago. 2018.

de sua consciência. Se você não se arrepende, sua consciência se tornará endurecida e calosa. E, quanto mais tempo gasta na batalha contra a verdade de Deus, menos vai perceber a gravidade de sua própria situação.

Não se pode confiar cegamente na consciência. Ela não é um guia infalível, pois talvez esteja habituada a pensar de modo equivocado por muito tempo. Portanto, não confie em sua consciência, a menos que ela esteja em sintonia com a verdade da Palavra de Deus.

6. A ADVERTÊNCIA DO ESPÍRITO TAMBÉM É SOBRE O ENSINO ERRÔNEO DOS OBREIROS FRAUDULENTOS

Os obreiros que têm suas consciências afetadas pela "hipocrisia e pela mentira" tendem ao moralismo e ao legalismo. Quem abandona a fé [apostasia] torna-se legalista ou licencioso.

6.1. OS OBREIROS FRAUDULENTOS DISTORCEM A VERDADE DE DEUS SOBRE A FAMÍLIA

1Tm 4.3a — "*Que proíbem o casamento* e exigem abstinência de alimentos que Deus criou para serem recebidos, com ações de graças, pelos fiéis e por quantos conhecem plenamente a verdade".

A licenciosidade está vinculada ao casamento

O texto diz que os falsificadores da revelação verbal vão "*proibir o casamento*". A essa altura, os obreiros fraudulentos se separam da verdade de Deus no ensino sobre família. Assim, contrariando a verdade de Deus, no sentido de que a união entre um homem e uma mulher é algo bom, os falsificadores da verdade desacreditam a instituição da família, e o casamento acaba por cair em descrédito pela nova moralidade que caminha a passos largos rumo à libertinagem moral!

Quanto mais os homens se afastam da doutrina de Deus, mais se voltam para um conceito libertino de família. Nos tempos da apostasia mencionada por Paulo, muitos já não mais haverão de crer no casamento e na família. Mais do que nunca na história humana, os conceitos de casamento e família têm sido contestados. A célula *mater* da sociedade está sendo grandemente desafiada. O casamento, que é a célula básica para o início de uma família, está em queda acentuada.

Quando uma geração nega os fatos narrados pelo livro de Gênesis, ou seja, a criação, acaba negando toda a noção de família. Essa proibição de casamento é uma nítida afronta ao Deus Criador! É a negação do que Deus estabeleceu desde o princípio e para sempre!

6.2. OS OBREIROS FRAUDULENTOS DISTORCEM A VERDADE DE DEUS SOBRE O ALIMENTO

1Tm 4.3b — "*exigem abstinência de alimentos* que Deus criou para serem recebidos, com ações de graças"

Seu legalismo está vinculado aos alimentos

Essa passagem diz que os falsificadores da revelação verbal também exigem um procedimento legalista que era bastante comum entre alguns judeus dos tempos bíblicos, quando o consumo de determinados alimentos era proibido.

No tempo de Paulo, havia a ideia de que, se você se abstivesse de relações sexuais e da comida de animal, seria capaz de alcançar uma espiritualidade maior. Esse era o pensamento gnóstico presente já no primeiro século. Assim, as coisas da matéria (ou da carne) eram prejudiciais ou inferiores às coisas do espírito (ou imateriais). Essa era a visão que alguns deturpadores da verdade transmitiam. Nesse sentido, de acordo com Albert Barnes,

> como a comida animal era particularmente proibida sob o código judaico, e como as questões sobre essa matéria entre os cristãos correspondem às mesmas espécies de proibição, é provável que o termo tenha o mesmo significado limitado aqui, significando a mesma coisa que a palavra *carne* significa para nós. Aqui, portanto, proibir o uso de determinadas carnes é uma das características daqueles que instruíam a igreja no tempo da Grande Apostasia.[55]

Portanto, não podemos dar atenção a esses ensinamentos sobre casamento ou proibição de alimentos. Trata-se de ensinamentos errôneos à luz da fé cristã. Os obreiros fraudulentos, contudo, tentarão provar que são verdadeiros e que os cristãos autênticos estão errados no consumo desses alimentos. Portanto, Paulo deixa absolutamente claro que todos os alimentos são dados por Deus para nosso sustento e devem ser recebidos com o coração agradecido. Desse modo, ninguém deve abster-se de consumi-los por questões religiosas.

É curioso que aqueles que não são legalistas tendem a conhecer plenamente a verdade a esse respeito, participando de todas as refeições disponibilizadas por Deus, sempre com o coração agradecido. Eles não são escravos de regras a respeito dos alimentos;

---

5 Albert Barnes. Disponível em: http://classic.studylight.org/com/bnn/view.cgi?book=-1ti&chapter=004. Acesso em: ago. 2018.

devem, sim, dar graças pelas bênçãos alimentares recebidas de Deus.

CAPÍTULO 11

OS CRENTES TAMBÉM PODEM CAIR EM ERRO TEOLÓGICO

2Tm 4.1-4 — "Conjuro-te, perante Deus e Cristo Jesus, que há de julgar vivos e mortos, pela sua manifestação e pelo seu reino: prega a palavra, insta, quer seja oportuno, quer não, corrige, repreende, exorta com toda a longanimidade e doutrina. *Pois haverá tempo em que não suportarão a sã doutrina*; pelo contrário, cercar-se-ão de mestres segundo as suas próprias cobiças, como que sentindo coceira nos ouvidos; e se recusarão a dar ouvidos à verdade, entregando-se às fábulas".

Nessa passagem, Paulo está exortando Timóteo para que faça o que for necessário em relação àqueles que se afastam da doutrina de Deus, como consequência dos ensinos dos falsificadores da revelação verbal.

1. MUITOS CRENTES PRECISAM SER TEOLOGICAMENTE ADVERTIDOS

2Tm 4.1-2a — "Conjuro-te, perante Deus e Cristo Jesus, que há de julgar vivos e mortos, pela sua manifestação e pelo seu reino: *prega a palavra, insta, quer seja oportuno, quer não, corrige, repreende*"

Uma palavra aos pregadores: Não sejam pregadores apenas das grandes ocasiões. Não esperem contar sempre com um grande auditório ou com pessoas importantes para ouvi-los. O texto fala que o ministro fiel deve instar seus ouvintes, corrigindo-os, repreendendo-os e exortando-os, "*quer seja oportuno, quer não*" (v. 2). O sentido dessas palavras é "a tempo e fora de tempo". Em suma, não percam a franca oportunidade de exercer fielmente sua função de pregadores.

Nosso Senhor vivia constantemente praticando o bem. Ele fazia disso sua comida e sua bebida. Paulo disse aos presbíteros de Éfeso: "Por três anos, dia e noite, não cessei de admoestá-los, nem de derramar lágrimas por vós" (At 20). Paulo nunca deixava passar uma oportunidade sequer de pregar a Palavra de Deus. Portanto, ministro do evangelho, pregue a verdade de Deus a tempo e fora de tempo. Use as pequenas oportunidades que Deus lhe dá a cada dia para atuar como porta-voz de sua verdade!

2. MUITOS CRENTES PRECISAM SER PACIENTEMENTE ADVERTIDOS

1Tm 4.2b — "exorta com toda a *longanimidade* e doutrina".

Os pregadores e mestres têm de prestar atenção à necessidade de advertir o povo contra a apostasia que se avizinha.

2.1. EXORTE COM PACIÊNCIA

O texto traz a palavra *longanimidade*, que significa paciência e resignação contínuas. Não há graça tão necessária no ministério cristão quanto essa.

A pregação da Palavra é para corrigir, repreender e exortar, *"com toda a longanimidade"* (v. 4). Devemos aprender com Deus essa virtude, pois a Escritura diz que ele "é longânimo e assaz benigno" (Sl 103). Os ministros de Deus devem ser pacientes para corrigir, repreender e exortar. Vez ou outra, você vai encontrar pessoas obstinadas e endurecidas em seus pecados. Em casos tais, você se sentirá tentado a lhes dar um ultimato, ou perder a paciência com eles, como aqueles discípulos que pediram a Jesus que fizesse descer fogo do céu. Mas você, formando ou ministro de Deus, deve ter outro espírito quando estiver corrigindo, repreendendo e exortando. Lembre-se de que a "ira dos homens não opera a justiça divina".

2.2. EXORTE COM A DOUTRINA

Como ministro fiel, você deve educar as pessoas segundo a Palavra. Não há outra saída. A doutrina é o único meio que Deus usa para colocar as pessoas no caminho da retidão. Os apóstolos sempre pregaram a sã doutrina. Paulo sempre agiu assim. E é isso que ele insta seu discípulo Timóteo a também fazer.

A Escritura é "útil para o ensino e para a educação na justiça" (2Tm 3.16). Use-a como instrumento de ensino, para que as pessoas sejam encaminhadas na seara da retidão. Todos que recebem repreensão, correção e exortação devem contar com o ensino da sã doutrina.

3. MUITOS CRENTES PRECISAM SER ADVERTIDOS PORQUE ENFRENTARÃO TEMPOS DIFÍCEIS

1Tm 4.3a — "Pois *haverá tempo* [καιρὸς] em que não suportarão a são doutrina"

3.1. O SIGNIFICADO DE *TEMPO*

O termo grego usado por Paulo não é *cronos*, mas *kairós*. Paulo usa a palavra *tempo* não no sentido de sucessão de minutos, horas e dias (o significado de *kronos*), mas, sim, em relação a uma época decisiva, um tempo definitivo no qual os eventos provocarão uma crise. O *kairós* refere-se a um tempo estratégico no calendário de Deus em que os eventos têm seu ápice.[1]

Esse tempo não aponta para uma contagem cronológica, mas para os eventos que se darão em determinada época, também conhecida como "Últimos Dias". Portanto, o termo *kairós* (traduzido como "tempo") significa "ocasião oportuna", "estação", "momento apropriado", "oportunidade", "tempo favorável". *Kairós* é um termo usado para uma situação específica, sem dar ênfase à cronologia exata. Portanto, não é igual a *cronos* (que se refere a um relógio ou a um calendário); trata-se de um momento em que alguma coisa específica acontece.

3.2. A DURAÇÃO DO *TEMPO*

Esse é um período indefinido que se situa nos chamados "Últimos Dias".

A oposição à verdade de Deus sempre apareceu, com maior ou menor intensidade, na história do povo de Deus. Pode-se até

---

[1] Disponível em: https://www.preceptaustin.org/2_timothy_43-4#4:3. Acesso em: set. 2018.

mesmo afirmar que nunca houve um tempo em que a falsificação da revelação verbal estivesse ausente. Entretanto, temos a convicção de que esse *kairós* terá sua manifestação mais aguda nos dias que antecederem a vinda do Filho de Deus, ou seja, no final do período dos "Últimos Dias".

3.3. A MANIFESTAÇÃO DO *TEMPO*

Certamente, Paulo refere-se a algo que ainda está por acontecer, porque fala de um tempo no futuro ("Pois haverá um tempo..."). Esse tempo será crítico, um período que marcará época e já determinado de antemão por Deus. E nós sabemos que todos os acontecimentos da história são determinados por Deus, porque ele é o Senhor da história. Entretanto, existem alguns vaticínios de Deus que ele designa de antemão. Esse é um deles. Pelas coisas que estão acontecendo em nossa geração, podemos dizer que esse *kairós* se avizinha. A oposição humana à verdade de Deus caminha a passos largos para o cumprimento dessa profecia.

Como já mencionamos, sempre houve oposição à verdade, mas essa oposição de que Paulo fala está por vir em dias futuros, não necessariamente distantes no tempo. Entretanto, a manifestação mais violenta desse tempo de oposição à verdade há de se dar antes da volta do Redentor.

3.4. AS DIFICULDADES DO *TEMPO*

Na mesma carta, Paulo menciona que esses serão "tempos difíceis" (2Tm 3.1). Assim, os cristãos que estiverem vivendo naquele *kairós* enfrentarão muita oposição ao que eles creem acerca da revelação verbal. Nesse "tempo" por vir, a revelação verbal sofrerá grande oposição. Os homens tentarão distorcê-la, enganando os crentes desinformados e teologicamente despreparados. Muitos crentes haverão de ficar esfomeados por "novidades" na teologia e receberão grande influência dos falsos profetas, dos falsos mestres e dos falsos apóstolos.

Os cristãos fiéis enfrentarão tempos muito difíceis e serão mais perseguidos que nunca na história da igreja. Está aumentando a oposição à verdade revelada, porém a maior oposição ocorrerá num tempo designado por Deus que precederá imediatamente a vinda do Senhor.

A expressão *kairoi chalepoi* ("tempos difíceis", em 2Tm 3.1) é encontrada em várias passagens do Antigo Testamento e do Novo Testamento. Essa expressão tem sido traduzida de várias formas: "tempos violentos", "tempos terríveis", "tempos de opressão", "tempos perigosos", "tempos duros de suportar", "tempos problemáticos" e "tempos aterrorizantes".

Calvino observa que "a dureza [ou o perigo] desse tempo é, na visão de Paulo, não em relação a fome ou doença, tampouco a quaisquer outras calamidades ou enfermidades que recaem sobre o corpo, mas, sim, a respeito dos modos ímpios e depravados dos homens..."[2] Calvino está falando da imoralidade violenta que campeará abertamente nos últimos dias. Ele ainda diz que a "igreja será sujeita a doenças terríveis, que exigirão dos ministros uma fidelidade incomum, diligência, prudência e constância."[3] Serão tempos difíceis de suportar!

Não quero tornar esse ensino uma aula de terror, mas também não quero que vocês ignorem o que a Escritura diz acerca dos

---

2 Disponível em: http://www.preceptaustin.org/2_timothy_31-5#3:1. Acesso em: fev. 2017.

3 Ibidem.

tempos finais. Não quero que ninguém se apavore pensando que, àquela altura, Deus terá perdido o controle do mundo, mas tão somente que confie na santa providência de Deus para cuidar das famílias que lhe são fiéis.

Paulo está tentando mostrar a nós e a Timóteo que os tempos que precedem a volta de Cristo serão muito difíceis, em virtude do aumento da pecaminosidade no mundo. Esse será um tempo no qual Deus soltará os homens, entregando-os a si mesmos, e eles serão muito maus, especialmente em relação aos cristãos. E essa situação atingirá o ápice no que a Bíblia chama de "Grande Tribulação".

Paulo sugere que a expressão *chalepoi* (difíceis) está associada a uma ação demoníaca por trás dos atos maus dos homens de quem os demônios se servem. A violência dos Últimos Dias, seja verbal, seja física, estará ligada a uma energização que procede dos demônios.

> 1Tm 4.1 — "Ora, o Espírito afirma expressamente que, nos últimos tempos, alguns apostatarão da fé, por obedecerem *a espíritos enganadores e a ensinos de demônios*"

Não se esqueça de que os "Últimos Tempos" equivalem à expressão "Últimos Dias" no Novo Testamento.[4] Nos tempos difíceis, o povo de Deus terá dificuldade de se manter no caminho da retidão. Será um período de grande tentação e inimizade. Paulo adverte Timóteo (e os crentes) de que esses seriam tempos crescentemente violentos, tempos difíceis de suportar, perigosos e maus, tempos de sofrimento e de dureza! Serão dias de anarquia moral, de apostasia religiosa e de violência física e verbal.

---

4 Daniel 7:8; 7:20-25; 11:36-45; 12:1, 7, 11; 2Tessalonicenses 2:3-12; 1Tm 4:1-3.

1Tm 3.12-13 — "Ora, todos quantos querem viver piedosamente em Cristo Jesus serão perseguidos. Mas *os homens perversos e impostores irão de mal a pior*, enganando e sendo enganados".

Haverá uma súbita progressão de maldade nos homens à medida que o tempo final for se aproximando. Os ímpios serão entregues a si mesmos e farão tudo que sua potencialidade para o mal permitir. A maldade estará presente entre eles contra todos os cristãos genuínos.

4. MUITOS CRENTES NÃO TERÃO CONSIDERAÇÃO PELA SÃ DOUTRINA

2Tm 4.3b — "Pois haverá tempo em que *não suportarão a* sã doutrina"

4.1. O SIGNIFICADO DE "NÃO SUPORTARÃO"

Nesse tempo, os homens, em sua maioria, não apreciarão a sã doutrina, sentindo, inclusive, ódio dela! É fácil chegar a essa conclusão observando as palavras empregadas por Paulo: *não suportarão*. O verbo grego usado por Paulo, ἀνέξομαι (*anechomai*), precedido pela partícula οὐκ [*não*], pode ser traduzido como "não tolerar", "não suportar" ou "não aguentar".

Os ímpios não terão nenhum tipo de indulgência para com os cristãos fiéis. Em outras palavras, os ímpios que estiverem vivendo nesse *kairós* sentirão extremo desconforto ao ouvirem a pregação da sã doutrina, tão grande é o ódio que têm por ela. Eles não suportarão nada que se relacione à verdade da revelação verbal. E não apenas resistirão à verdade revelada, como também a atacarão e cometerão violência em relação ao povo de Deus. Será um período de grande adversidade. A intolerância com a verdade e com aqueles que a sustentam será inusitada, em face de sua força e de sua enormidade!

4.2. O SIGNIFICADO DE SÃ DOUTRINA

2Tm 4.3c — "Pois haverá tempo em que *não suportarão a sã doutrina*"

O objeto de ódio dos homens ímpios, naquele *kairós*, será a "sã doutrina". A expressão grega para "sã doutrina" é ὑγιαινούσης διδασκαλίας [*hugiainouses didaskalias*]. Todas as falsas religiões e todos os falsos mestres e profetas têm doutrina. A palavra *doutrina* diz respeito a um corpo de pensamentos sobre determinado assunto. No caso em questão, a matéria religiosa. Quando Paulo aborda essa matéria, ele tem em vista um pensamento saudável e uma doutrina sadia, em contraposição à falsa doutrina dos falsos mestres e profetas.

Todos têm doutrina, mas poucos têm uma doutrina saudável. A palavra grega para "saudável" é *hugiaino*,[5] que significa, literalmente, saúde física e mental; e, figurativamente, algo sem nódoas, de boa saúde, um ensino isento de erro e adulteração, que é o significado atribuído por Paulo.

5. MUITOS CRENTES PROCURARÃO SEUS "GURUS ESPIRITUAIS"

1Tm 4.3a — "pelo contrário, cercar-se-ão de mestres *segundo as suas próprias cobiças*, como que sentindo coceira nos ouvidos"

---

5 Há uma palavra em nossa língua que se assemelha ao termo grego *hugiaino*, *higiene*, que significa coisa limpa, sem contaminação.

Mais do que em qualquer época da história da igreja cristã, muitos de nossa geração não se contentam em ter apenas a Escritura. Assim, desprezando o ensino da verdade, eles têm procurado encontrar respostas às questões insolúveis em "gurus" espirituais, ou seja, pessoas que se apresentam como cheias de respostas, mas não desprovidas de um ensino sério da Escritura.

Quanto ao significado do termo "guru", verifica-se que a sílaba *gu* significa sombra e a sílaba *ru*, aquele que dissipa — em outras palavras, seria aquele que dissipa a escuridão.[6]

Esses a quem chamei de "gurus" são os falsos mestres, os falsos profetas ou ainda os "falsos apóstolos" que se acumularão em torno dos crentes incautos. Eles se apresentarão como aqueles capazes de trazer respostas às questões doutrinárias, eliminando, assim, as trevas espirituais que pairam sobre os que sustentam a fé histórica. Também se apresentarão, portanto, como aqueles aptos a dirimir as dúvidas na igreja cristã. Essas pessoas tentarão enganar os crentes teologicamente despreparados e arrogarão para si a condição de "gurus" espirituais.

Nesse contexto, quanto mais o tempo passar, maior será o número de falsificadores da revelação verbal. Eles cercarão aqueles que são identificados com os crentes, e farão o serviço "sujo" de lançar dúvida em seus corações. Sua palavra se tornará lei e, frequentemente, serão chamados de "ungidos de Deus", impondo aos crentes seus próprios pensamentos divergentes dos pensamentos de Deus.

---

6 Disponível em: https://pt.wikipedia.org/wiki/Guru. Acesso em: set. 2018.

5.1. OS CRENTES DÉBEIS SÃO CERCADOS DE "GURUS" ESPIRITUAIS

1Tm 4.3b — "pelo contrário, *cercar-se-ão de mestres* segundo as suas próprias cobiças, como que sentindo coceira nos ouvidos"

O verbo grego traduzido como "cercar-se" é ἐπισωρεύω [*episoreuo*], que pode ser traduzido como "acumular". Assim, nesse *kairós*, haverá muitos opositores à revelação verbal, os quais cercarão aqueles que têm a verdade mas não a conhecem firmemente (muitos são fracos e não guardam familiaridade com a Escritura). Nem todos os que possuem a verdade estão preparados para defendê-la. E, quando são abalroados pela doutrina que não é saudável, sentem-se tentados a abandonar aquela que os sustenta.

O verbo *episoreuo* [acumular] descreve aqueles que potencialmente vão adotar a apostasia, porque o que eles querem não é contar com alguém que lhes exponha corretamente as Escrituras, mas, sim, com quem os faça afastar-se da "sã doutrina". Os gurus espirituais ensinam coisas que os crentes gostam de ouvir. Por isso, os falsos mestres e profetas "caem como urubu na carniça". Eles cercam os crentes mais frágeis na fé e destroem até mesmo o pouco conhecimento que possuem. E, à medida que o tempo do fim for se aproximando, mais gurus irão aparecer. Eles começam professando uma fé parecida com a dos crentes nominais, mas, em seguida, passam a mostrar sua essência genuína. Com frequência, quando alguém quer reverter a situação, percebe que é tarde demais! Esse é o tempo da apostasia!

EU SOU | A FALSIFICAÇÃO DA REVELAÇÃO VERBAL NO ENSINO DO NOVO TESTAMENTO

5.2. OS CRENTES DÉBEIS CERCAM-SE DE "GURUS" PARA A SATISFAÇÃO DE SUAS COBIÇAS

1Tm 4.3b — "pelo contrário, cercar-se-ão de mestres *segundo as suas próprias cobiças,* como que sentindo coceira nos ouvidos"

Os gurus espirituais sabem exatamente como funciona o coração dos crentes superficiais; eles conhecem seus gostos e predileções. Portanto, eles atacam mortalmente essas pessoas, levando-as a abandonar o pouco de crença que lhes resta.

A palavra grega traduzida como "cobiças" é ἐπιθυμίας [*epithumias*], que também pode ser traduzida como "desejos" e "paixões". As *epithumias* são sensações intensas que podem ser alimentadas, tornando-se ainda mais fortes e de difícil controle. Por essa razão, os falsos mestres e profetas cercam os que são superficiais na fé.

A regra é: se você quiser agradar as pessoas, precisa dar-lhes aquilo de que gostam. Como o coração dos homens é cheio de "cobiça", o ataque dos gurus é fulminante! A apostasia será o resultado das paixões de quem não leva a sério a verdade.

No tempo de Paulo e João, era muito fácil ver falsificadores da verdade que invadiam o povo de Deus, tentando desviar alguns para a doutrina impura. Assim, ao lado da doutrina impura, esses simpatizantes do evangelho também acabam por assumir uma ética mundana e bastante evidente em nossa geração. Perceba que esses "gurus espirituais" costumam apresentar escândalos que fazem a igreja de Deus sofrer. O que os pervertedores da fé querem, como sua doutrina e ética, é desarticular a igreja de Deus. As igrejas locais que contam com falsificadores da verdade não dão valor a uma ética genuinamente cristã. Aqueles que pecam contra o Senhor não são disciplinados, e seus desejos são cada vez mais vis!

5.3. OS CRENTES DÉBEIS QUEREM A SATISFAÇÃO DE SUAS COBIÇAS PORQUE TÊM COCEIRA NOS OUVIDOS

1Tm 4.3c — "pelo contrário, cercar-se-ão de mestres segundo as suas próprias cobiças, *como que sentindo coceira nos ouvidos*".

(a) Significado de "coceira nos ouvidos"

A cobiça produz um efeito bem interessante: leva os crentes superficiais a se coçarem prazerosamente diante dos estímulos produzidos pelos falsificadores da verdade. Você já reparou que, quando algum lugar do corpo coça, você tem vontade de se coçar continuamente, pois isso lhe proporciona uma espécie de prazer? Na esfera das coisas espirituais, ocorre o mesmo.

A palavra grega traduzida como "coçar" é κνήθω [*knetho*]. Wuest explica que "*knetho* descreve aquela pessoa que deseja ouvir por mera gratificação, assim como alguns gregos em Atenas gastavam seu tempo em nada mais além de dizer ou ouvir, não uma coisa nova, mas uma coisa mais nova ainda [At 17.21]".[7]

A sensação que uma coceira causa é incessante e contínua. Quanto mais você coça, mais tem vontade de coçar. O verbo está no tempo presente, o que indica uma ação contínua e reiterada.

Os gurus espirituais estão atentos àquilo de que os crentes fracos gostam. Então, apresentam algo que lhes proporciona prazer,

---

[7] Disponível em: https://www.preceptaustin.org/2_timothy_43-4#4:3. Acesso em: set. 2018.

produzindo, assim, uma espécie de simbiose entre a fome e a vontade de comer. Ou seja, eles descobrem o que esses crentes querem e alimentam seus desejos com coisas que lhes agradam. Em outras palavras, eles falam o que as pessoas querem ouvir.

Se "coceira" significa coçar ou fazer cócegas, então poderíamos dizer "que aqueles que têm coceira nos ouvidos "desejam massagens antes que mensagens, ou seja, sermões que apelam ao charme, e não ao desafio; mensagens que causam entretenimento, e não edificação, e que agradam em vez de pregar".[8]

(b) Exemplo de "coceira nos ouvidos"

Veja algumas manifestações de "coceira nos ouvidos" na igreja de hoje, que se vê cercada de falsificadores da revelação verbal. Não podemos esquecer que, "quando as pessoas têm coceira nos ouvidos, decidem por si mesmas o que é certo ou errado, e procuram outras pessoas para dar suporte às suas próprias ideias. A noção de 'coceira nos ouvidos' está voltada ao 'sentir-se bem' ou confortável, e não à verdade — afinal de contas, a verdade é frequentemente desconfortável".[9] Muitos crentes só encontram conforto nos ensinos que lhes convêm ou favorecem.

Em algumas igrejas de nossa época pós-moderna,

> vemos muitos se afastando da verdade que é dura. Algumas igrejas que no passado pregaram a sã doutrina hoje ensinam como aceitáveis muitos males que a Escritura condena. Alguns pastores temem pregar sobre certas passagens da Bíblia.

---

8 Feliz observação do artigo "What Does 2 Timothy 4:3 Mean by Itching Ears?". Disponível em: https://www.gotquestions.org/itching-ears.html.

9 Ibidem.

Cristãos feministas negam Deus como um Pai celestial, referindo-se a ele como "ela".[10]

Além disso, os cristãos gays querem ser aceitos sem qualquer arrependimento, porque não veem pecado em suas práticas sexuais. Todos eles têm coceira nos ouvidos para ouvir e pregar o que lhes agrada, e não a verdade proposicional de Deus. Eles gostam de mensagens que agradam aos seus ouvidos, mensagens que não envolvem mudança de comportamento, que não exigem arrependimento ou retorno à ortodoxia cristã. Para eles, o sangue de Jesus nada tem a ver com alguma coisa necessária para o perdão deles, porque eles não precisam arrepender-se daquilo que consideram correto crer e fazer.

Afastar-se da verdade é muito mais fácil do que aproximar-se dela. Eles optam por suas próprias mentiras e rejeitam a verdade de Deus. Por isso, são falsificadores da revelação verbal.

6. MUITOS CRENTES SE RECUSARÃO A DAR OUVIDOS À VERDADE

1Tm 4.4 — "e se recusarão a dar ouvidos à verdade, entregando-se a fábulas".

Estamos entrando num período de grande apostasia na história da igreja. Nunca houve um tempo em que as pessoas da igreja nutriram tamanho desprezo pela sã doutrina e perdido tanto amor à Palavra de Deus da forma como é registrada nas Sagradas Escrituras.

---
10 Ibidem.

Lembre-se de que a apostasia, que é o abandono da verdadeira fé, se dará dentro de nossas igrejas, e não fora delas. O que Paulo fala aqui diz respeito às congregações cristãs, não ao ajuntamento de pagãos. Portanto, este é o tempo em que as pessoas começam a sentir aversão pela verdade das Escrituras Sagradas. O texto diz que essas pessoas das igrejas *"não suportarão a sã doutrina"*. Nesse tempo, elas vão gostar dos "gurus espirituais", ou seja, *"cercar-se-ão de mestres segundo as suas próprias cobiças"* (v. 3). E andarão atrás desses mestres, e não da doutrina.

Portanto, formandos, ministros do evangelho, não temam ser fiéis, pois, hoje, a igreja está precisando de expositores fiéis da Palavra que firmem aqueles que nunca haverão de apostatar.

CAPÍTULO 12

CRENTES PODEM SER PRIVADOS DA VERDADE

1Tm 6.3-5 – "Se alguém ensina outra doutrina e não concorda com as sãs palavras de nosso Senhor Jesus Cristo e com o ensino segundo a piedade, é enfatuado, nada entende, mas tem mania por questões e contendas de palavras, de que nascem inveja, provocação, difamações, suspeitas malignas, altercações sem fim, por homens *cuja mente é pervertida e privados da verdade*, supondo que a piedade é fonte de lucro."

Esses versos merecem análise porque tratam de uma realidade muito presente na vida de muitas igrejas de nossa geração. Estudemos cada parte desses versos para alertar o povo de Deus que vive espalhado em nossa nação e em outras nações.

1. OS FALSIFICADORES DA REVELAÇÃO VERBAL NASCEM DENTRO DA IGREJA

1Tm 6.3 – "*Se alguém ensina outra doutrina* e não concorda com as sãs palavras de nosso Senhor Jesus Cristo e com o ensino segundo a piedade."

Só pode ensinar uma doutrina diferente aquele que está no meio da igreja. Ele frequentemente se levanta e, por não concordar com a doutrina que "não está de acordo com as palavras de nosso Senhor Jesus", tentará impor outra doutrina.

É mais difícil para quem vem de fora conseguir voz para falar no meio da igreja e pregar outra doutrina. Via de regra, os ministros da Palavra não entregam a cátedra ou o púlpito para alguém que vem de fora – a menos que esses ministros já tenham intenções escusas com relação à verdade de Deus.

Entretanto, os que fazem parte da igreja, estando arrolados nela, têm melhores chances de se levantar no meio dela e ensinar o que é devido à verdade. Não é incomum, já em nossa geração, que presbíteros se levantem e comecem a questionar a doutrina de Cristo, em nome de uma falsa piedade, deixando de lado da verdade de Cristo e sua piedade.

Você, que se preocupa com a sã doutrina na igreja, fique de olho naqueles que se levantam para perverter o ensino correto. Movimente-se para que ninguém infielmente ensine no meio do povo de Deus!

2. OS FALSIFICADORES DA REVELAÇÃO VERBAL TRAZEM CONFLITOS RELACIONAIS NA IGREJA

1Tm 6.4-5a – "é enfatuado, nada entende, mas tem mania por questões e contendas de palavras, de que nascem inveja, provocação, difamações, suspeitas malignas, altercações sem fim."

Frequentemente, os falsificadores da revelação verbal dividem a igreja. Eles são cismáticos e não procuram a unidade dela. O surgimento de pessoas produzindo conflitos relacionais na igreja é muito antigo. Desde o tempo de Paulo há violadores das boas relações entre irmãos. O interesse deles está na luta que promove divisões.

Paulo faz uma avaliação corretíssima dos falsos mestres, conforme destacado nos próximos tópicos.

2.1. OS FALSIFICADORES DA REVELAÇÃO VERBAL SÃO ARROGANTES E IGNORANTES

1Tm 6.4a – "*é enfatuado*"

O termo grego traduzido como "enfatuado" é τετύφωται (*tetufotai*), que pode ser traduzido também como "presunçoso", ou "arrogante", ou "ensoberbecido" (1Tm 3.6). É muito curioso que o texto latino traduz como *inflatus*. Em uma linguagem bem coloquial, os falsificadores da revelação verbal "se acham"; ou seja, eles possuem um conceito muito elevado sobre si mesmos. Eles pensam que são alguma coisa superior, ou "inchados" pelo conhecimento.

Falsos mestres são invariavelmente arrogantes. Isso se evidencia no fato deles ensinarem coisas que estão em um plano superior ao da Escritura. Eles ensinam coisas que estão sobre as do próprio Deus em sua Palavra.

Pedro faz coro com Paulo quando diz que os falsos mestres são "atrevidos, *arrogantes*, não temem difamar autoridades superiores" (2Pe 2.10). Judas não fica atrás em sua avaliação. Ele diz que "a sua boca vive propalando *grandes arrogâncias*; são aduladores dos outros por motivos interesseiros" (Jd 1.16).

Qualquer um que ensina alguma coisa que não está sob a Palavra de Deus é arrogante, porque se recusa a aceitar a única regra de fé e prática: a Escritura (ou "sãs palavras de Jesus Cristo"). O que poderíamos esperar deles, se o pai deles é o pai de todo o engano e fala o que é mentira? Em sua arrogância, o falso mestre mostra ser maior do que Deus, e ele tem levado muitos a pensar de um modo diferente do de Deus. Maldita arrogância que ainda não morreu!

Eles possuem um forte tom de arrogância, porque eles estão na contramão da verdade e, por causa disso, ela fica em evidência, o que os torna soberbos. Eles gostam de ficar em autoridade e no controle sobre muitos irmãos, pelo engano que provocam nos crentes frágeis.

2.2. OS FALSIFICADORES DA REVELAÇÃO VERBAL SÃO IGNORANTES

1Tm 6.4b - "nada entende"

Não importa o grau que ele possa ter na universidade. O cristianismo moderno está cheio de *Ph.Ds.* que, na verdade, mostram a sua falta de entendimento da verdade de Deus. Falando dos falsos mestres, Paulo diz que eles "pretendem passar por mestres da lei, não compreendendo, todavia, nem o que dizem, nem os assuntos sobre os quais fazem ousadas asseverações" (1Tm 1.7).

A arrogância deles faz com que sejam inchados, senhores do saber, considerem a si mesmos como eruditos, imbatíveis no que ensinam, e que não aceitem que ninguém questione o que ensinam. Contudo, diz a Palavra infalível, "eles não entendem nada".

Paulo diz que a sabedoria deles não passa de "loucura diante de Deus; porquanto está escrito: Ele apanha os sábios na própria astúcia deles. E outra vez: O Senhor conhece o pensamento dos sábios, que são pensamentos vãos" (1Co 3.19-20).

Pedro tem, ainda, uma outra opinião mais violenta a respeito deles. Ele diz que os falsos mestres "são como *o brutos irracionais, falando mal daquilo em que são ignorantes*" (2Pe 2.12).

Tiago é ainda mais contundente em sua avaliação. Ele diz que a sabedoria daquele que vive em contenda de palavras, provocações, etc., "é terrena, animal e demoníaca", em contraste com a sabedoria de Deus que é pura, perfeita, pacífica, etc., (Tg 3.15-18).

Além da ignorância espiritual, há vários falsos mestres que se indispõem contra outras pessoas porque ignoram como os cristãos devem viver. Por sua arrogância, comportamentalmente eles são ignorantes a respeito do real cristianismo. Eles adoram entrar morbidamente em uma controvérsia doutrinária. Eles não conseguem viver sem que causem algum tipo de discórdia. Vivem metidos em controvérsias, mostrando sua atitude soberba. Eles não entendem o que o cristianismo significa em termos de comportamento. Porque professam ser mais espertos que outros, "eles realmente não entendem as verdades rudimentares da graça do evangelho revelada na Palavra de Deus".[1]

Os fariseus, no tempo de Jesus Cristo, mostraram exatamente a sua arrogância e a falta de entendimento de como viver a vida relacionalmente. Na sua arrogância, eles se mostravam superiores a outras pessoas, e causavam enorme desconforto porque mostravam a sua ignorância espiritual. Eram legalistas na interpretação de leis criadas por eles próprios, e isso os impedia de enxergar corretamente como deveriam se portar em relação a outras pessoas. Em sua arrogância, faziam ousadas asseverações mas não entendiam nada do que falavam. A arrogância e a ignorância são características

---

1 J. Ligon Duncan III, em seu sermão "The Love of Money" sobre o texto em estudo. Disponível em: https://www.fpcjackson.org/resource-library/sermons/the-love-of-money. Acesso em: set.2018.

muito peculiares daqueles que falsificam a revelação verbal, impondo o seu próprio pensamento aos do povo de Deus.

2.3. OS FALSIFICADORES DA REVELAÇÃO VERBAL SÃO DIVISIVOS

1Tm 6.4c – "mas tem mania por questões e contendas de palavras"

Além da arrogância e da ignorância, os falsos profetas e mestres não conseguem ficar muito tempo em uma comunidade cristã sem levantar controvérsias sobre assuntos sem muita importância e, ainda, sem fundamentação legitimada na palavra de Deus.

Curiosamente, Paulo usa uma terminologia médica para descrever o procedimento dos falsos mestres. Paulo diz que eles têm "mania" (νοσέω = anelo mórbido, doentio) por questões sem importância.

Porque eles não entendem nada, eles vivem teorizando. Eles dão importância excessiva ao que não é importante. Por essa razão, o texto diz que eles fazem uso de "contendas de palavras" (λογομαχία; latim – *et pugnas verborum*).

Os mestres judeus gostavam muito de disputas de palavras e, no texto, Paulo parece se referir aos mestres de tendência judaica dentro da igreja cristã.

Calvino, ao comentar 1 Timoteo 6.4, diz:

> Não é sem razão que o apóstolo conecta "questões e contendas de palavras"; pelo termo "questões" Paulo não quer dizer cada espécie de questões que surgem de um desejo sóbrio e moderado de aprender, ou que contribui para uma explicação clara de coisas

úteis, mas se refere a questões que são agitadas, no tempo presente, nas escolas da Sorbonne, para exibir agudez de intelecto.

Porque os falsos mestres possuem esterilidade mental, perdem-se na batalha das palavras. Paulo diz que esses falsos mestres, por se desviarem do verdadeiro ensino, "perderam-se em loquacidade frívola" (1Tm 1.6), palavras vãs, que não têm proveito algum.

2.4. OS FALSIFICADORES DA REVELAÇÃO VERBAL SÃO CAUSADORES DE PECADOS NO MEIO DO POVO

1Tm 6.4c-5a – "de que nascem inveja, provocação, difamações, suspeitas malignas e altercação sem fim"

Como consequência desse espírito arrogantemente divisivo, os falsificadores da revelação verbal são a causa de alguns pecados no meio do povo de Deus:

(a) *Produzem inveja*

A inveja tem sido o motivo do falso ensino. Eles não podem ver pessoas se projetando na vida da igreja, tendo prosperidade e popularidade. A inveja é nascida no desaponto consigo mesmo e no desejo de ser como outros são. Na verdade, a inveja significa descontentamento. Aqueles que vivem a contender em palavras frequentemente revelam inveja.

(b) *Produzem provocação*

Os que têm "mania por contendas de palavras" frequentemente são perturbadores da ordem nos estudos bíblicos. Eles provocam outras pessoas com seus comentários e ofendem pessoas nas suas contendas.

(c) *Produzem difamações*

A difamação tem a ver com maledicência (latim – *maledicentiae*). A contenda de palavras resulta também na maledicência porque em disputas, geralmente, as pessoas querem vencer o adversário, e para conseguir tal intento elas difamam a vida do oponente. Em geral, essas disputas de contendas acontecem por questões que não são importantes, questões sutis e secundárias. Os falsos mestre têm algum tipo de patologia teológica, porque o interesse deles é promover a si mesmos mais do que a Cristo. Por isso, eles vivem em contenda não pela verdade, mas para o seu próprio lucro. Eles derrubam outras pessoas com as suas palavras para se promoverem. Eles sempre estão engajados em uma controvérsia. Todavia, o alvo deles não é construir o reino de Deus, mas o reino deles próprios. Assim, eles dominam as pessoas pela intimidação antes que pelo amor.

(d) *Produzem suspeitas malignas*

Quando existe contenda de palavras, logo aparecem as suspeitas de uma pessoa em relação a outras. As suspeitas geralmente são malignas. Ninguém tem suspeitas de coisas boas, mas sempre de coisas más. As suspeitas são sempre de coisas más, porque o mal pode vir disfarçado de bem mas o bem nunca vem disfarçado. Ele sempre se mostra. Por essa razão, você nunca suspeita de uma ação boa, mas você pode suspeitar do mal escondido e disfarçado. Essas suspeitas são sempre nascidas em motivos sórdidos e mundanos, mas nunca provêm do amor à verdade.

Quando uma contenda de palavras aparece, as suspeitas se levantam para poder manchar a vida do outro. Quando os motivos dos homens são sujos, a injustiça frequentemente surge. Por isso Paulo as chama de "suspeitas malignas".

(e) *Produzem altercações sem fim*
Altercar é discutir acaloradamente, polemizar. A palavra grega *diaparatribai*, traduzida como "altercações", ocorre somente nesse texto no Novo Testamento. Ela significa, aqui, discutir questões fora do tempo, fora do lugar. São discussões intermináveis sem proveito algum e sem qualquer valor prático.

2.5. OS FALSIFICADORES DA REVELAÇÃO VERBAL POSSUEM MENTE PERVERTIDA

1Tm 6.5b - "Homens cuja mente é pervertida"

Os falsos mestres não são realmente homens regenerados pelo Espírito Santo. Eles não possuem a mente de Cristo. Por essa razão, é dito deles que possuem mentes corrompidas. Eles possuem uma "mente carnal, que é inimizade contra Deus" (Rm 8.7). De modo semelhante ao que foi mencionado no capítulo primeiro de Romanos, podemos dizer deles que Deus "os entregou a uma *disposição mental reprovável*, para praticarem coisas inconvenientes" (Rm 1.28).

As suas faculdades mentais não funcionam como as do verdadeiro mestre de Deus. As coisas do reino espiritual estão absolutamente confusas em suas mentes, porque elas estão pervertidas. Como homem natural, "ele não pode entende-las, porque elas se discernem espiritualmente" (1Co 2.14).

Os efeitos noéticos do pecado aparecem nele em medida muito maior do que em outros homens! Eles se manifestam de maneira inequívoca, porque as suas mentes estão corrompidas.

A fonte desse procedimento patológico é a perversão da mente. Por isso, eles invertem a ordem de Deus; eles revertem o verdadeiro ensino, tornando-o em mentira e falsidade. O entendimento deles está obscurecido e estão alienados de Deus (Rm 1.21).

Falando dos falsos mestres, Paulo diz que "tanto a consciência quanto a mente deles *estão corrompidas*. No tocante a Deus, professam conhecê-lo, entretanto "o negam por suas obras" (Tt 1.15-16).

Seja um mestre da verdade. Você só será um mestre da verdade, se você possuir a mente de Cristo. Paulo está escrevendo a respeito do homem espiritual, e este somente tem as sãs palavras de nosso Senhor Jesus porque tem a mente de Cristo Jesus (1Co 2.16).

2.6. OS FALSIFICADORES DA REVELAÇÃO VERBAL SÃO HOMENS PRIVADOS DA VERDADE

1Tm 6.5c - "Homens privados da verdade"

A palavra grega usada para "privados" vem de um verbo que significa "roubar" ou "destituir". A palavra grega usada para "privados" (ou "destituídos") poderia estar na voz média ou na voz passiva. As formas dessa palavra são iguais. Os falsos mestres são "privados" da verdade, e essa palavra pode ser entendida de duas formas:

(a) O entendimento do verbo quando ele está na voz média

Se o verbo está na *voz média*, a palavra "privados" indicaria que eles estiveram em contato com a verdade mas voluntária e desejosamente eles privaram a si mesmos dela. Isso não significa que uma vez eles foram salvos, mas que eles tiveram noção clara do ensino verdadeiro e se afastaram dele. Voluntariamente eles abandonaram a verdade, por isso estão destituídos dela.

Esses falsos profetas estiveram em contato com a verdade, mas agora estão privados dela. Por isso, o texto diz que eles "não entendem nada". Houve uma época em que eles foram iluminados (Hb 6.4), mas eles abandonaram o que creram (2Tm 2.18; 3.8). Agora, não mais possuem a verdade. Apostaram da verdadeira fé.

(b) O entendimento do verbo quando ele está na voz passiva

Se o verbo está na *voz passiva*, a ideia é de que a verdade foi tirada deles. É possível que eles estivessem sob a influência de alguém que arrancou deles a verdade. Por essa razão, é necessário que os que estão aprendendo não sejam expostos aos ensinamentos perniciosos de falsos mestres, pois estes podem influenciá-los no modo de crerem.

A Escritura diz que Satanás cega o entendimento dos homens:

> 2Co 4:3-4 - "Mas, se o nosso evangelho ainda está encoberto, é para os que se perdem que está encoberto, nos quais *o deus deste século cegou os entendimentos dos incrédulos*, para que lhes não resplandeça a luz do evangelho da glória de Cristo, o qual é a imagem de Deus."

O Diabo arranca-lhes a verdade do coração, quando esta já foi semeada (parábola do Semeador - Mt 13.19). Por essa razão, podemos dizer que eles estão privados da verdade. Essa é a condição moral deles!

2.7. OS FALSIFICADORES DA REVELAÇÃO VERBAL TÊM SEDE DE DINHEIRO

1Tm 6.5d - "[Homens] que supõem que a piedade é fonte de lucro"

Já vimos abundantemente essa matéria quando tratamos dos falsos profetas mencionados no Antigo Testamento. Uma das características deles é o gosto pelo dinheiro.

Como no tempo de Paulo, muitos falsos mestres hoje usam a "falsa piedade" deles como fonte de lucro. Eles querem ganhar dinheiro com o que fazem.

Embora Paulo reconheça que quem prega o evangelho deva viver do evangelho, ele próprio nunca deu motivo para que as pessoas pensassem nele como sendo "mercadejador da Palavra de Deus". Veja o que ele diz na sua conversa de despedida aos seus presbíteros de Éfeso:

> At 20.29-34 – "Eu sei que, depois da minha partida, entre vós penetrarão lobos vorazes, que não pouparão o rebanho. E que, dentre vós mesmos, se levantarão homens falando coisas pervertidas para arrastar os discípulos atrás deles. Portanto, vigiai, lembrando-vos de que, por três anos, noite e dia, não cessei de admoestar, com lágrimas, a cada um. Agora, pois, encomendo-vos ao Senhor e à palavra da sua graça, que tem poder para vos edificar e dar herança entre todos os que são santificados. *De ninguém cobicei prata, nem ouro, nem vestes; vós mesmos sabeis que estas mãos serviram para o que me era necessário a mim e aos que estavam comigo.*"

Escrevendo a Tito, Paulo afirma categoricamente que os verdadeiros mestres não devem fazer nenhuma obra no reino de Deus que seja pelo ganho ilícito. Veja o que ele diz:

> Tt 1.10-11 – "Porque existem muitos insubordinados, palradores frívolos e enganadores, especialmente os da circuncisão. É preciso fazê-los calar, porque andam pervertendo casas inteiras, ensinando o que não devem, *por torpe ganância*."

Por que Paulo disse isso? Porque no seu tempo já havia aqueles que se aproveitavam do evangelho e da piedade cristã para fazer dinheiro. Eles não serviam ao rebanho, mas serviam-se do rebanho. Eram falsos pastores do povo de Deus.

Uma coisa que você tem que saber nesse verso é que *o falso ensino não produz verdadeira piedade*.

Somente o verdadeiro ensino e o contato leal com a Palavra de Cristo é que produz verdadeira piedade. Essa piedade tem a ver com ser parecido com Jesus Cristo, com pureza, com integridade, com limpeza de vida. Porque os falsos mestres ignoram a Palavra de Deus, eles não podem mostrar vida de transparência espiritual - embora muitos hoje, querendo mostrar que são verdadeiros mestres, terem a aparência de piedade, falta-lhes, entretanto, o poder.

Você tem que saber nesse verso que a piedade é o teste da verdadeira espiritualidade. Por essa razão, Paulo aconselha ao jovem ministro: "Mas rejeita as fábulas profanas e de velhas caducas. Exercita-te, pessoalmente, na piedade" (1Tm 4.7). O falso ensino, a heresia e o erro não podem produzir a verdadeira piedade. Somente a verdade de Deus é que produz homens verdadeiramente piedosos.

Tenho que lembrar aos que serão sustentados pela igreja que nunca façam da piedade uma fonte de lucro. Não sejam mercadejadores da Palavra de Deus. Vocês serão presbíteros docentes, mas obedeçam aos ensinos da Palavra. Paulo diz que o presbítero não deve ser "avarento" (1Tm 3.3) e ser "não cobiçoso de torpe ganância" (3.8).

3. APLICAÇÕES

3.1. A PRIMEIRA CONCLUSÃO QUE VOCÊ DEVE DEDUZIR DO ENSINO DE PAULO É QUE VOCÊ PODE COMBATER O VÍRUS INFECCIOSO DO FALSO ENSINO.

Se você conhece a Escritura e está cheio "das sãs palavras de Jesus Cristo", você será um fiel e forte ministro de Cristo Jesus.

João disse: "Jovens, eu vos escrevi, porque sois fortes, e a palavra de Deus permanece em vós, e tendes vencido o Maligno" (1Jo 2.14b).

Paulo possuía consciência da grande obra maligna que avassalava as igrejas. Com um temor de um velho pastor que está prestes a deixar o seu rebanho, Paulo profeticamente vaticina:

> At 20.29-30 - "Eu sei que, depois da minha partida, entre vós penetrarão lobos vorazes, que não pouparão o rebanho. E que, dentre vós mesmos, se levantarão homens falando coisas pervertidas para arrastar os discípulos atrás deles."

Então, Paulo conclui:

At 20.32 - "Agora, pois, encomendo-vos ao Senhor e à palavra da sua graça, que tem poder para vos edificar e dar herança entre todos os que são santificados."[2]

Ao próprio jovem ministro, Timóteo, Paulo diz:

1Tm 4.6 - "Expondo *estas coisas* [doutrina] aos irmãos, serás bom ministro de Cristo Jesus, alimentado com as *palavras de fé e da boa doutrina* que tens seguido."

Paulo entendeu que somente o Senhor e sua Palavra podem trazer verdadeiro crescimento para a salvação! Mergulhem a vida no estudo das sãs palavras de nosso Senhor Jesus Cristo, ministros! Por isso, disse a Timóteo:

1Tm 4.16 - "Tem cuidado de ti mesmo e da doutrina. Continua nestes deveres; porque, fazendo assim, salvarás tanto a ti mesmo como aos teus ouvintes."

3.2. A SEGUNDA CONCLUSÃO A QUE VOCÊ DEVE CHEGAR É QUE VOCÊ DEVE SE AFASTAR DO FALSO ENSINO E DOS FALSOS MESTRES.

Paulo dá um conselho a Timóteo que também serve para nós nestes tempos de grande vacilação doutrinária:

1Tm 6.11-12 - "*Tu, porém, ó homem, foge destas coisas (...). Combate o bom combate da fé.* Toma posse da vida eterna, para a qual também foste chamado e de que fizeste boa confissão perante muitas testemunhas."

---

2 Paulo deixa transparecer a mesma ideia em Efésios.

Afaste-se das pessoas que ensinam uma doutrina que é contrária ou que vá além daquilo que o Senhor Jesus ensinou, ou ainda que interpretam erroneamente a Santa Escritura.

Afaste-se daqueles que não se parecem com Jesus Cristo na sua conduta, que têm aparência de piedade mas sem o poder.

Afaste-se daqueles que são arrogantes, ignorantes das verdades espirituais e fazem contendas de palavras, que produzem especulações inúteis. Essas coisas só geram contendas e divisões.

Afaste-se daqueles que corrompem as mentes dos ministros mais jovens por ensinarem coisas sobre as quais nada sabem.

Seja "bom ministro de Cristo Jesus" e "cumpra cabalmente o seu ministério".

CAPÍTULO 13

OS FALSOS MESTRES SÃO DESCRITOS COM PRECISÃO

Tt 1.10-16 — "Porque existem muitos insubordinados, palradores frívolos e enganadores, especialmente os da circuncisão. É preciso fazê-los calar, porque andam pervertendo casas inteiras, ensinando o que não devem, por torpe ganância. Foi mesmo, dentre eles, um seu profeta, que disse: Cretenses, sempre mentirosos, feras terríveis, ventres preguiçosos. Tal testemunho é exato. Portanto, repreende-os severamente, para que sejam sadios na fé e não se ocupem com fábulas judaicas, nem com mandamentos de homens desviados da verdade. Todas as coisas são puras para os puros; todavia, para os impuros e descrentes, nada é puro. Porque tanto a mente como a consciência deles estão corrompidas. No tocante a Deus, professam conhecê-lo; entretanto, o negam por suas obras; é por isso que são abomináveis, desobedientes e reprovados para toda boa obra".

EU SOU | A FALSIFICAÇÃO DA REVELAÇÃO VERBAL NO ENSINO DO NOVO TESTAMENTO

1. OS FALSIFICADORES DA REVELAÇÃO VERBAL SÃO MUITOS

Tt 1.10a — "*Porque existem muitos insubordinados, palradores frívolos e enganadores.*"

A quantidade de falsos mestres e falsos profetas no povo de Deus já era grande no tempo de Paulo. Já no primeiro século, eles haviam invadido a igreja cristã.

É crença comum, entre os cristãos da ortodoxia, que, à medida que vai chegando o tempo da volta de Cristo, veremos muito mais gente envolvida na falsificação da revelação verbal. Então, esse surgimento massivo causará grande apostasia. Por que acontecerá isso? Porque, a essa altura, haverá muitos falsos mestres e profetas.

O crescimento da apostasia é um fenômeno paulatino, mas creio que, no final dos "últimos dias", essa progressão será rapidamente precipitada. A multiplicação de falsos mestres e profetas levará muitos na igreja a se voltar para o lado oposto da verdade.

2. OS FALSIFICADORES DA REVELAÇÃO VERBAL SÃO REBELDES

Tt 1.10b — "Porque existem muitos *insubordinados*"

O termo grego ἀνυπότακτοι [*anupotaktoi*], traduzido como "insubordinados", também pode ser compreendido como "indisciplinados" ou "rebeldes". São pessoas que se recusam a tomar a Escritura toda para ser fonte de entendimento da realidade espiritual, tomando como base de seus ensinamentos as fábulas humanas. No tempo de Paulo, essas pessoas recusavam-se a obedecer à autoridade apostólica e impingiam a própria autoridade. Em geral, elas têm um espírito de independência em relação à verdade de Deus e querem impor a própria "verdade" — os pensamentos dos homens contra os de Deus. A autoridade final está neles, e não na Palavra de Deus. Essa era a rebeldia dos falsificadores da revelação verbal! Eles costumavam ter um espírito desafiador contra qualquer autoridade, especialmente a da Palavra de Deus, que era pregada pelos servos de Deus.

Por isso, a igreja de Deus deve ter muito cuidado com aqueles que se recusam a ouvir a autoridade suprema, tentando fazer valer sua própria autoridade.

3. OS FALSIFICADORES DA REVELAÇÃO VERBAL SÃO FALADORES DOENTIOS

Tt 1.10c — "Porque existem muitos insubordinados, *palradores frívolos*"

Vejamos o significado de "palradores frívolos" [ματαιολόγοι, *mataiologoi*]. A palavra *logoi* se refere a pessoas que gostam de tagarelar. Falar muito não é um problema em si, mas a qualidade do que se fala pode representar um grande problema. O texto diz que eles eram "faladores" *mataio*, termo que significa vazios, doentios, fúteis, sem qualquer utilidade. Essas falas cheias de frivolidade exemplificavam a rebeldia mencionada no ponto anterior. Paulo usa a mesma expressão, ματαιολογίαν, em 1Timóteo 1.6, ainda que a tradução em português seja ligeiramente diferente, porque os *mataiologois* tinham uma "loquacidade frívola". Nessas duas passagens, a expressão usada por Paulo está associada à discussão sobre falsos ensinamentos.

O fato é que, quando alguém despreza a verdade de Deus, a verdade registrada na Escritura, começa a falar coisas frívolas, desnecessárias, inúteis, esvaziadas de seu significado correto. São discussões inúteis que não levam ao crescimento espiritual em Cristo. Provavelmente, a frivolidade de suas palavras estava associada a fábulas ou lendas fictícias acrescentadas à religiosidade do Antigo Testamento. No tempo de Paulo, os falsos mestres tinham diálogos que não conduziam a um desenvolvimento espiritual.[1] A ênfase na expressão *mataiologois*, usada por Paulo, não está na quantidade de palavras, mas, sim, em sua qualidade. Nossas falas devem estar recheadas de conteúdo útil e proveitoso, de conteúdo que produza crescimento em Cristo.

4. OS FALSIFICADORES DA REVELAÇÃO VERBAL SÃO ENGANADORES

Tt 1.10d — "Porque existem muitos insubordinados, palradores frívolos e *enganadores*"

A expressão φρεναπάται [*phrenapatai*], traduzida como "enganadores", é composta de dois vocábulos gregos: *phren* [mente] e *apate* [engano]. Em outras palavras, "eles têm mentes enganadoras".

O objetivo dos "palradores frívolos" é enganar as pessoas. O excesso de palavras desprovidas de significado confunde as pessoas, especialmente aquelas menos preparadas — e essas são muitas! Portanto, há muitos "meninos" no meio do povo de Deus que são enganados com bastante facilidade.[2] Os "palradores frívolos" têm por objetivo desviar as pessoas da Palavra de Deus.

---

1 Veja o exemplo descrito em Colossenses 2.16-23.
2 Veja Efésios 4.14.

Com suas conversas inúteis, eles conduzem muitos à apostasia. E, à medida que o tempo do fim vai-se aproximando, o número de enganadores também aumenta e, em consequência, o número dos enganados. O curioso é que, de acordo com Paulo, eles próprios estão enganados e acabam enganando muitos no meio do povo de Deus.[3] Entretanto, temos de admitir que, para enganar muitas pessoas, eles têm de ser teologicamente muito bem articulados. É verdade que eles têm, por trás de si, os ensinos de demônios.[4] Disso, contudo, eles não se dão conta. Para eles, é segredo o fato de serem enganados. Eles pensam ter consigo a verdade, mas trazem apenas o engano em suas próprias almas. Como estão enganados, eles pregam com convicção, de modo que têm arrebanhado uma porção razoável de crentes ao redor do mundo.

Sem dúvida, o crescimento do número de enganados e enganadores é espantoso, pois, cada vez mais, vemos novas heresias surgindo ao longo da história. Obviamente, esse fenômeno é parte da palavra profética de que muitos virão a apostatar da fé. Todo esse fenômeno de engano é o cumprimento dos desígnios de Deus — desígnios que estão afirmados nas Escrituras.

5. OS FALSIFICADORES DA REVELAÇÃO VERBAL TÊM CONEXÕES RELIGIOSAS

Tt 1.10e — "especialmente os da *circuncisão*"

O fato de os enganadores exercerem sua tarefa de engano não significa que sejam pessoas fora da esfera religiosa. Os enganadores estavam — como, em alguns casos, estão — dentro da própria

---

[3] Veja 2Timóteo 3.13.
[4] Veja 1Timóteo 4.1.

igreja e tinham conexões judaizantes. Entre eles, estavam alguns presbíteros das igrejas locais (veja At 20.30).

Paulo fala do engano vindo *"especialmente dos da circuncisão* [περιτομῆς]". O que isso significa? Significa que, na sua época, os enganadores procediam da tradição judaica. Eles tinham fortes conexões religiosas com o antigo sistema judaico legalístico, que ainda estava em vigência naquele tempo. E Paulo também luta contra essas pessoas na igreja gálata[5] e em vários outros lugares. Esses foram seus maiores adversários. Eles eram legalistas e queriam a volta de alguns costumes judaicos na jovem igreja cristã, tentando desviar e apartar aqueles que haviam crido, pela graça, na pessoa e na obra de Cristo. Eles queriam acrescentar algo [obras] para que as pessoas pudessem alcançar a vida eterna!

Esses judaizantes queriam impor seus costumes judaicos [que eram tão somente "preceitos de homens"] aos crentes sinceros, porém desavisados, trazendo, assim, desarmonia ao seio da igreja. Eles pugnavam por um sistema legal judaico sobre as igrejas então nascituras. Obviamente, ainda não se via maturidade suficiente nos crentes, pois havia muito pouco tempo que tinham chegado à fé. É muito mais fácil enganar neoconvertidos do que crentes experimentados. E os enganadores não perdiam tempo nessa tarefa de trabalhar junto aos neófitos, tentando desviá-los da verdade.

Os enganadores tinham várias origens, mas Paulo destaca os religiosos de mentalidade judaica. Nunca pense que os ensinos enganosos vêm da parte dos ímpios; eles vêm da parte de pessoas que se autointitulam "crentes" — as mesmas que comungam e adoram com você. Mantenha-se atento!

---

5   Esses eram os judaizantes. Veja Gálatas 1.6-9.

6. OS FALSOS MESTRES PRECISAM SER SILENCIADOS

Tt 1.11a — "É preciso fazê-los calar"

Com a consciência do que os enganadores poderiam fazer, Paulo se interpõe para pôr um fim no trabalho deles. A frase que ele usa é bem forte: "É preciso fazê-los calar". Os crentes fiéis deveriam fazer o possível para silenciar esses palradores frívolos e enganadores.

Em seu conselho a Tito, Paulo o responsabiliza pela tarefa de pôr um fim nas falas inúteis desses palradores. Na verdade, todos os presbíteros [que são os responsáveis formais pelo ensino e a pregação na igreja] também deveriam participar dessa luta árdua de silenciar os enganadores. Em outras palavras, Paulo está dizendo que Tito e os presbíteros não deveriam permitir que os enganadores tivessem voz no meio da igreja de Deus. Eles até poderiam enganar pessoalmente, mas não poderiam fazer isso no meio da congregação. Não havia como impedir isso, mas eles não poderiam mais falar à congregação de Deus. Somente aqueles que eram "apegados à palavra fiel, que é segundo a doutrina" (Tt 1.19), poderiam falar à igreja. E todos os que não obedecessem à sã doutrina deveriam ser alijados.

O verbo grego traduzido como "fazer calar" é *epistome*, que também pode ser traduzido, do ponto de vista metafórico, como "*calar a boca*, ou *silenciar*". Fazê-los calar era uma coisa *necessária* [δεῖ]. Não havia alternativa. Os líderes da igreja não podiam falhar nesse quesito. Tito e os presbíteros não poderiam deixar que os enganadores continuassem a falar. Eles deveriam ser impedidos de tomar a frente em qualquer atividade de ensino e de pregação. A eles, deveriam ser vedados o púlpito e a cátedra. Não havia outra saída se quisessem preservar a doutrina de Deus no coração dos crentes!

6.1. É PRECISO SILENCIÁ-LOS PORQUE ELES PERVERTEM FAMÍLIAS INTEIRAS

Tt 1.11b — "porque andam pervertendo casas inteiras ensinando o que não devem".

Essa expressão de Paulo significa que os enganadores trabalhavam sorrateiramente. Eles frequentavam as casas dos crentes ainda ignorantes de toda a verdade com o propósito de costurar o engano na mente deles.

A palavra grega ἀνατρέπω [*anatrepo*], traduzida como "perverter", também pode ser traduzida como "arruinar" ou "destruir". Eles estavam destruindo o que Paulo havia feito entre eles, tentando anular os efeitos trazidos pela mensagem verdadeira. Por essa razão, Paulo denuncia o grande estrago que os enganadores faziam no meio do povo de Deus. Por isso, Paulo ordena, com veemência, que os enganadores sejam silenciados. Seguindo o mesmo raciocínio de Paulo a respeito desses enganadores, o apóstolo João ainda sugere duas atitudes pouco recomendadas nos dias de hoje:

2Jo 10 — "Se alguém vem ter convosco e não traz esta doutrina [a de Cristo], *não o recebais em casa, nem lhe deis as boas-vindas*".

Em outras palavras, os chefes de família devem fechar as portas para pessoas que, sabidamente, não pregam a doutrina de Cristo. Não devem ser corteses com os enganadores. João não teve a preocupação que hoje muitos têm de ser "politicamente corretos". Ele advertia os pais de família a serem "curtos e grossos", deixando do lado de fora da casa aqueles que não portam a doutrina de

Deus. Ele recomendava, portanto, que os chefes de família fossem politicamente incorretos no silenciar dos enganadores!

Os enganadores deveriam ser silenciados porque estavam invadindo o território da igreja, ensinando nas casas. A obra dos enganadores parecia estar sendo eficaz porque "famílias inteiras" estavam adotando a nova teologia deles. E, por "famílias inteiras", devemos entender uma boa parte das igrejas da região. O termo grego para "famílias" é *oikoi*, que, possivelmente, apontava para os parentes de sangue ou até mesmo para os servos que ali se encontravam. Ademais, não se deve esquecer que, na época de Paulo, as igrejas se reuniam nas casas, e não em templos. Por isso, a necessidade premente de conseguir um meio de fechar a boca deles.

6.2. É PRECISO SILENCIÁ-LOS PORQUE FALAM O QUE NÃO DEVEM

Tt 1.11b — "porque andam pervertendo casas inteiras *ensinando o que não devem*".

A expressão "ensinando o que não devem" é um modo atenuado de dizer que eles falsificam a revelação verbal. A perversão das famílias acontece quando o ensino não corresponde à verdade. A função dos falsos mestres é bastante sagaz. Eles penetram sorrateiramente na célula *mater* da sociedade, que são as unidades familiares. Quando um falso mestre convence o pai e a mãe de família, os filhos, consequentemente, também o seguem. Assim, ao perverter casas inteiras, eles acabam pervertendo também a igreja de Deus, que é composta por células familiares.

Hoje, muitas doutrinas que ouvimos em várias comunidades evangélicas em nada se assemelham ao verdadeiro evangelho de Cristo. Devemos ser zelosos a respeito do ensino desautorizado pela Escritura, que deve ser mantido fora dos currículos dos seminários e de nossas igrejas em geral. Temos de combater abertamente esses falsificadores da verdade, sem medo ou constrangimento. Não compactue com o pensamento moderno do "politicamente correto". Defenda abertamente (mas de forma sábia) a doutrina de Deus. Se eles "falam o que não devem", precisam ouvir o que não gostam.

6.3. É PRECISO SILENCIÁ-LOS PORQUE ELES ESTÃO INTERESSADOS EM DINHEIRO

Tt 1.11c — "ensinando o que não devem, *por torpe ganância*".

Os enganadores tinham uma razão muito forte para exercer a função docente: eles almejavam um lucro sujo ou um ganho sórdido com sua mensagem. Eles tinham por objetivo ganhar muito através do engano dos crentes. Em suma, a mensagem que traziam visava a um ganho impuro ou indevido.

A ideia toda parece envolver dinheiro. A busca dos falsos profetas e dos falsos mestres sempre esteve relacionada a ganho financeiro. Até hoje, os falsos profetas, que pregam outro evangelho, estão envolvidos com dinheiro, pois, sem dúvida, são gananciosos. Conquanto o dinheiro não seja um mal em si mesmo, muitos enganadores, ainda hoje, evidenciam o pecado do amor ao dinheiro, o que os leva a construir grandes impérios econômicos. E, de forma ardil, eles sugam os crentes ingênuos, os quais, por sua vez, enchem os bolsos desses enganadores.

Os falsos profetas do Antigo Testamento já ostentavam essa ambição financeira. Veja o que Deus diz a respeito deles, por intermédio de Ezequiel:

> Ez 34.2-3 — "Filho do homem, profetiza contra os pastores de Israel; profetiza e dize-lhes: Assim diz o SENHOR Deus: *Ai dos pastores de Israel que se apascentam a si mesmos! Não apascentarão os pastores as ovelhas?*".

Os falsos pastores e os falsos profetas tinham como alvo o lucro financeiro, pensando tão somente em si mesmos. Por isso, é dito que eles "apascentavam a si mesmos". Desse modo, cada vez mais aumentavam sua riqueza. O ensino errôneo, portanto, representava um grande negócio, rendendo muito dinheiro para eles!

De modo semelhante, os falsos profetas mencionados no Novo Testamento também se preocupavam com o ganho próprio. Eles eram avarentos [cf. 1Tm 33.3; Tt 1.7]. Pedro adverte os presbíteros da igreja a não se portarem como pessoas "de sórdida ganância" [1Pe 5.2].

Nós, que ministramos a Palavra, devemos ter muito cuidado com a questão do dinheiro, para não trazermos desonra ao evangelho de Cristo.

7. OS FALSOS MESTRES SÃO DESMASCARADOS DENTRO DE SEU PRÓPRIO CÍRCULO

> Tt 1.12 — "Foi mesmo, *dentre eles*, um seu profeta, que disse: Cretenses, sempre mentirosos, feras terríveis, ventres preguiçosos".

Um profeta falso, dentre os muitos já existentes naquele tempo, sempre acaba desmascarando outros profetas falsos de sua terra.

O testemunho de um adversário contra outro tem menos peso do que o testemunho de gente que está do mesmo lado. É significativo o fato de que um falso profeta fale contra outros falsos profetas! Portanto, Paulo avalia que os falsos profetas contam com o suporte de um falso profeta "dentre eles", o que lhes dá grande força em seu argumento. Trata-se de uma avaliação isenta de qualquer tipo de preconceito — de fato, uma avaliação justa!

Não é incomum vermos os inimigos de Deus se digladiando. Não pode haver harmonia duradoura entre aqueles que são adversários da verdade de Deus. Eles todos podem unir-se contra o inimigo comum, que é Cristo, mas não serão capazes de permanecer em união uns com os outros, por causa de seus interesses escusos, que têm a ver com algumas vantagens próprias das grandes corporações eclesiais. Eles podem permanecer juntos na luta contra a verdade de Deus, mas acabam brigando entre si por causa do caráter da liderança falsificadora da verdade. Não tardará o momento em que grandes líderes religiosos de nosso tempo, competindo uns com os outros, virão a se digladiar, apontando os pecados recíprocos — uns acusarão os outros, difamando seu caráter duvidoso. Será uma exposição terrível da maldade humana dentro das denominações evangélicas.

Em Creta, havia muitos falsos profetas, e um deles abriu a boca (ou "rasgou o verbo") contra outros falsos profetas a quem ele chama de *"mentirosos constantes"*, de *"feras terríveis"* e de *"ventres preguiçosos"*. O que esse falso profeta quis dizer com todos esses adjetivos?

7.1. O SIGNIFICADO DE "CRETENSES MENTIROSOS"

Naquele tempo, portar-se como um cretense significava o mesmo que "ser mentiroso". Assim, falar mentiras equivalia a "cretanizar" (*kretizein*). Ser mentiroso era equivalente a ter sua origem em Creta. Daí, advém a palavra em português "cretinos", ou seja, pessoas que falam mentiras. Barnes afirma que "ser cretense tornara-se sinônimo de ser mentiroso, assim como ser de Corinto tornara-se sinônimo de levar uma vida licenciosa".[6]

Esse designativo [cretense], porém, não é uma invenção de Paulo, mas "a pura verdade" (veja v. 13a). Em todas as gerações, as sociedades e culturas sempre tenderão a perpetuar o caráter caído das pessoas. Sem o evangelho redentor, a crítica é sempre no sentido de denegrir o caráter alheio. E foi isso que o falso profeta de Creta fez com os outros falsos profetas cretenses. Observe-se que "cretense" não diz respeito exclusivamente às pessoas que viviam na ilha de Creta; serve também para a presente sociedade, que tem sido construída sobre mentiras. Os seres humanos caídos sempre preferirão a mentira à verdade, exceto se houver uma obra restauradora divina neles.

Reflita um pouco sobre a seriedade do pecado na sociedade contemporânea: Você já imaginou se todos os nossos líderes, dos mais variados poderes, resolvessem falar a verdade? Essa sociedade entraria em colapso, porque nunca se fala da podridão de suas intenções e da sujeira de suas motivações.

7.2. O SIGNIFICADO DE CRETENSES COMO "FERAS TERRÍVEIS"

Esses falsos profetas não são simplesmente descritos como "feras"; eles são qualificados como "terríveis". "Feras terríveis" é uma designação para os falsos profetas que se serviam de selvageria,

---

6 Albert Barnes. Disponível em: https://biblehub.com/commentaries/barnes/titus/1.htm. Acesso em: outubro de 2019.

brutalidade e ferocidade, mostrando-se amantes da crueldade. Esses falsos profetas de Creta, em seu caráter, eram comparados a animais sem qualquer sentimento de apreço à verdade, a inimigos ferozes da verdade de Deus. Em certo sentido, eles eram mesmo bárbaros e não tinham compaixão alguma por aqueles que pensavam diferente deles.

Alguns estudiosos, como Crisóstomo, Teofilato, Epifânio e Jerônimo, criam que o profeta falso que denunciou os cretenses teria sido um sábio grego chamado Epimênides, nascido no século VI a. C.[7] Um comentarista diz: "Creta era um país sem bestas selvagens. O sarcasmo de Epimênides consistia em sustentar que os humanos que ali habitavam supriam a falta de bestas selvagens",[8] pois eram como animais perigosos ou como víboras venenosas que, por meio de seus falsos ensinos, injetavam veneno na vida das pessoas.

Não se afasta, contudo, a possibilidade de que essa expressão [feras terríveis] também seja uma referência a apetite sexual, lembrando uma forma animalesca. Todos os seres humanos que querem satisfazer seus apetites sexuais animalescos podem ser chamados de "bestas terríveis". Nesse particular, é curioso observar que, no curso da história, muitos falsos profetas foram flagrados em grandes escândalos sexuais. Nesse sentido, eles são como "feras terríveis". Como não possuem o Espírito Santo, perdem-se em sua sensualidade. Via de regra, esse é o pecado comum daqueles que se desviam do caminho reto, pois, sem a verdade, não há freios para impedir a manifestação dos instintos animalescos.

---

7 *Meyer's New Testament Commentary*. Disponível em: https://biblehub.com/commentaries/titus/1-12.htm. Acesso em: outubro de 2019.

8 *Jamieson-Fausset-Brown Bible Commentary*. Disponível em: https://biblehub.com/commentaries/titus/1-12.htm. Acesso em: outubro de 2019.

7.3. O SIGNIFICADO DE CRETENSES COM "VENTRES PREGUIÇOSOS"

Os falsos profetas de Creta foram acusados de ter "ventres preguiçosos". A palavra grega traduzida como *preguiçosos* é *argos*, que, literalmente, significa aquele que não trabalha, que é doente, que não faz nada, que não faz bem à sociedade.

O que, então, dizer dos "ventres preguiçosos"? Provavelmente, esses falsos profetas se dedicavam mais a comer e a beber do que à execução de qualquer trabalho honesto. Paulo cuidava para que Tito nunca se envolvesse com os da circuncisão, que eram os falsos profetas afeitos à preguiça em relação à verdade.

Os falsos profetas, por desprezarem as coisas santas e os comportamentos corretos, não têm freio, e são libertinos em suas atitudes e ações. Por causa de sua fraqueza moral, eles não cuidam de seus corpos e não controlam seus apetites, de modo que os daquela época "acabavam se tornando corpulentos e indolentes".[9] Por isso, eram chamados de "ventres preguiçosos". Esta era uma característica das pessoas de Creta: dedicavam-se à glutonaria desenfreada e à sensualidade. A falsa profecia transtorna os homens de tal maneira que eles lutam contra qualquer coisa que se encaixe nos padrões da natureza santa criada por Deus.

CONCLUSÃO

Muitas terras que, no passado, foram terras de homens que criam corretamente na verdade de Deus hoje não são mais conhecidas como genuinamente cristãs.

---

9 D. Thomas, "The Sins Of The Sect And The Sins Of The Tribe". Disponível em: https://biblehub.com/commentaries/homiletics/titus/1.htm. Acesso em: outubro de 2019.

Alexis de Tocqueville (1805-1859), um viajor, historiador e político francês, visitou a América com o propósito de observar a grandeza desse lugar. E acabou por constatar que essa grandeza, na verdade, repousava nos púlpitos, que pregavam coisas verdadeiras. Numa referência ao pensamento de Alexis de Tocqueville sobre a América, em termos de avaliação religiosa, Charles Colson e Ellen Vaughn observam: "Ele creditou boa parte do sucesso notável da América à sua natureza religiosa; mais tarde, o local foi chamado de uma nação com 'alma de uma igreja'".[10]

Entretanto, essa conclusão de Tocqueville, datada do século XIX, não é mais a mesma. Muita coisa mudou moral e espiritualmente na América — e está mudando também em nosso país. Os valores antigos não são mais vistos nos dias de hoje porque os púlpitos não são mais os mesmos. Esses valores se perderam com o passar dos anos. A grande maioria dos movimentos de falsa profecia e falsificação da revelação verbal tem seu nascedouro nos Estados Unidos da América, outrora voltado às verdades divinas. O que Paulo disse a Tito a respeito dos cretenses passa a ser verdadeiro praticamente em todas as nações que serviram de berço para o genuíno evangelho de Cristo.

8. OS FALSOS MESTRES SÃO DESCRITOS COM PRECISÃO

Tt 1.13a — "Tal testemunho é exato".

Paulo disse a Tito, a respeito dos cretenses, exatamente o que se passava naquela ilha. Seu testemunho a respeito do que

---

[10] Charles Colson e Ellen Santili Vaughn, *Kingdoms in Conflict*. William Morrow/Zondervan Publishing House/Grand Rapids, 1987, p. 47.

acontecia moral e teologicamente em Creta era verdadeiro. Tito deveria ter cuidado com os falsos profetas em exercício por ali. É possível que o próprio Paulo tenha passado pelo lugar e visto com os próprios olhos o que ocorria ali. A afirmação de Paulo a respeito dos cretenses era desfavorável a eles, mas representava um grande serviço de denúncia para a igreja de Deus daquela época e para todas as gerações vindouras. O importante não é o lugar, mas, sim, o conteúdo do que se prega em nome de Deus. A falsificação da revelação verbal deve ser sempre corajosamente denunciada!

O que é verdade, seja bom ou ruim, sempre deve ser proclamado. Existem muitos enganos em nossa geração, e nós precisamos aprender a detectar onde reside o erro, seja qual for sua natureza.

9. OS FALSOS MESTRES E SEUS OUVINTES PRECISAM SER SEVERAMENTE REPREENDIDOS

Tt 1.13b — "Tal testemunho é exato. Portanto, repreende-os severamente, para que sejam sadios na fé".

Tito recebeu uma tarefa pesada de Paulo: o encargo de trazer reprimenda aos que estavam dando ouvidos a homens desviados da verdade. Paulo usa um adjetivo muito pesado sobre a repreensão que Tito deveria fazer. Ele usa a palavra grega ἀποτόμως (*apotomos*), que pode ser traduzida como preciso, severo ou rigoroso. Em outras palavras, Paulo disse a Tito que não atenuasse sua repreensão aos falsos profetas. E isso visava ao bem de seus leitores.

A verdade é muito importante para Deus, razão pela qual a falsificação traz grande prejuízo para o povo de Deus. Nesse contexto, os verdadeiros e fiéis ministros da Palavra devem exercer forte disciplina sobre esses falsos profetas. Os pregadores de doutrinas falsas devem ser "severamente" repreendidos. Não devemos ter compaixão nem temor dos que pregam heresias. O único temor que somos ordenados a ter é o temor de Deus, a quem devemos fidelidade.

O objetivo último da repreensão severa era que os crentes fossem "sadios na fé".

9.1. O SIGNIFICADO DE "FÉ"

Aqui, a palavra "fé" não diz respeito a uma fé pessoal, aquela fé que consiste em crermos em Deus, mas, sim, ao conjunto de verdades que Deus deixou para seu povo —a verdade dos profetas do Antigo Testamento e a verdade apostólica que os crentes do Novo Testamento haviam recebido, a qual veio a se tornar a totalidade da Escritura Sagrada.

9.2. O SIGNIFICADO DE "SADIOS"

O termo em grego para "sadios" é ὑγιαίνωσιν (*hugainosin*), de onde vem a palavra "higiene" em português, que significa algo limpo, puro, higienizado e livre de contaminação. Assim deve ser a nossa fé. Precisamos crer numa fé que seja livre de qualquer impureza teológica, uma fé que corresponda à verdade de Deus. Nesse sentido, devemos ter fé (confiança pessoal) na fé (revelação divina), a fim de que sejamos sadios. Isso é o mesmo que crer apenas nas coisas que correspondem ao que está registrado na Escritura. Ser "sadio na fé" significa ser livre da sujeira que entra pela pregação cheia de falsidade.

Usando a mesma expressão de Tito 1.13, Paulo ensina, em Tito 2.2, que os homens idosos da igreja também devem ser "sadios na fé" (ὑγιαίνοντας τῇ πίστει — *hugiainontas te pistei*). Perceba que a expressão "sadios na fé" está diretamente conectada à expressão grega ὑγιαινούσῃ διδασκαλίᾳ (*hugiainouse didaskalia*, "doutrina sadia"), no versículo 1. Portanto, a "doutrina sadia" é o que torna os cristãos "sadios na fé", quando fazemos o que é benéfico ao nosso ser interior. Esse alvo deve ser buscado com todas as forças pelos ministros da Palavra, pois os falsificadores da verdade distorcem a verdade de Deus, suprimindo-a de nossa mente. Por isso, os ministros fiéis devem lutar árdua e corajosamente contra a penetração da mentira no meio do povo de Deus!

10. OS FALSOS MESTRES SE PREOCUPAM COM O QUE NÃO PERTENCE À ESCRITURA

Tt 1.14 — "e não se ocupem com fábulas judaicas, nem com mandamentos de homens desviados da verdade".

Perceba que os falsificadores da verdade estavam entre os religiosos da época, ou seja, entre os muitos judeus que se ocupavam "com fábulas judaicas". Provavelmente, Paulo está se referindo, aqui, aos judaizantes, que tentavam sobrepor os costumes dos homens em prejuízo da verdade do evangelho. Essas "fábulas judaicas" devem ser uma referência às histórias fictícias acrescidas ao Antigo Testamento, a respeito de alguns santos da época. Essas histórias estavam sendo absorvidas pelos crentes de Creta, e Paulo também adverte Timóteo em relação a isso.[11]

No meio da igreja, em Creta, havia pessoas que estavam acostumadas a ouvir os "homens desviados da verdade", os quais se encontravam entre os crentes. Portanto, a repreensão não somente

---
11   Veja 1Timóteo 1.4 e 2Timóteo 4.4.

deve ser feita aos falsos profetas, mas também àqueles que os ouvem. Deus leva tão a sério que tanto uns como os outros deveriam ser repreendidos severamente. Aqueles que pregam não são menos culpados do que aqueles que gostam de ouvir os "mandamentos de homens desviados da verdade".

Paulo insiste com Timóteo e Tito que esses "desvios da verdade" deveriam ser cortados pela raiz, da mesma forma que um cirurgião corta a carne doente que está prestes a apodrecer. Quando a falsificação da verdade entra na igreja, os crentes adoecem e caem em desgraça espiritual. Nesse caso, a cura consiste em nos dedicarmos a um ensino sadio.

O que a igreja brasileira contemporânea mais necessita hoje é ter a saúde doutrinária restaurada. A igreja tem estado muito doente e precisa do remédio divino, que é a sua verdade. Por isso, "os mentirosos, as feras terríveis e os ventres preguiçosos" devem ser severamente extirpados da igreja. A igreja precisa de alimento saudável, e não de comida contaminada!

11. OS FALSOS MESTRES TÊM A MENTE E A CONSCIÊNCIA CORROMPIDAS

> Tt 1.15 — "Todas as coisas são puras para os puros; todavia, para os impuros e descrentes, nada é puro. Porque *tanto a mente como a consciência* (νοῦς καὶ ἡ συνείδησις) *deles estão corrompidas*".

"Mente" e "consciência" são dois termos distintos que apontam para a mesma interioridade do ser humano. O pecado ou a santidade de uma pessoa dependem de seu estado de interioridade: ímpio ou pio.

11.1 A *MENTE* DE MUITOS MESTRES E PROFETAS, NO TEMPO DE PAULO, ESTAVA CORROMPIDA

A corrupção da interioridade humana afetou todos os compartimentos da alma humana, que tem o coração como sua sede.

A mente é o lugar no qual o conhecimento é absorvido e fica armazenado. O grande problema da mente dos falsos obreiros é estar debaixo de corrupção, pois, sem o saber, eles são enganados por espíritos malignos (1Tm 4.1). A palavra "corrompidos" (*miaino*) pode ser atribuída tanto à mente como à consciência. E pode ser traduzida como "poluídos", ou seja, esvaziados de qualquer noção de santidade.

11.2. A *CONSCIÊNCIA* DE MUITOS MESTRES E PROFETAS, DO TEMPO DE PAULO, ESTAVA CORROMPIDA

A consciência diz respeito a uma espécie de "órgão" censor que nos ajuda a detectar o próprio erro. Assim, "essencialmente, a consciência é uma corte de apelo, o lugar de nossos padrões e normas, nosso senso de certo e errado em relação à doutrina e à conduta. É o nosso lugar de consciência moral. Mas não é útil se não for uma consciência boa e limpa".[12]

Paulo diz que existe uma consciência corrompida nos falsos mestres/profetas, mas que eles não a percebem. Por quê? Porque eles têm sua consciência cauterizada (1Tm 4.2). O cautério deixa as pessoas sem a percepção de que estão corrompidas. Elas ficam espiritualmente anestesiadas e não percebem a própria condição

---

12 J. Hampton Keathley, III, "Instruction Concerning False Teachers in the Church". Disponível em: https://bible.org/seriespage/instruction-concerning-false-teachers-church-titus-110-16. Acesso em: outubro de 2019.

espiritual. E, ao pregarem doutrinas falsas, não se dão conta de que suas doutrinas não estão em harmonia com a verdadeira Palavra de Deus. Elas próprias estão enganadas pelos demônios e tornam a própria mentira em verdade, e a verdade de Deus em mentira, porque creem que essa é sua responsabilidade. Ao agirem assim, perdem qualquer noção da realidade à sua volta. Essas pessoas têm a forte sensação de que a "verdade de Deus" deve ser rechaçada e de que "sua mentira" é que deve ser acolhida, porque não conseguem vislumbrar a justa diferença entre o que é certo e o que é errado à vista de Deus.

LIÇÕES

A consciência dos remidos tem qualidades que a dos réprobos não tem.

Quando uma pessoa está emparelhada com as normas e os padrões bíblicos do que é certo ou errado, tem consciência de que está limpa de obras mortas (ou seja, as cerimônias e os preceitos humanos), porque anda de acordo com os princípios da Escritura (Hb 5.14; 9.14). Portanto, sua consciência se torna cada vez mais sensível ao que está ali prescrito.

Quando uma pessoa está emparelhada com as normas bíblicas, tem grande senso de culpa ao cometer algum pecado de natureza ética ou teológica. Por isso, "o mistério da fé" é preservado, e a consciência torna-se cada vez mais limpa (veja 1Tm 3.9).

Quando uma pessoa está emparelhada com as normas bíblicas, não tem vontade de parar com o estudo e a prática das Escrituras, "mas se esforça por ter sempre a consciência pura diante de Deus e dos homens" (At 24.16).

A mente e a consciência demonstram verdadeira pureza não na observância de ritos ou regulamentos externos, mas na pureza interior do coração regenerado e santificado pelo Espírito, por meio da confiança na Palavra de Deus (Hb 9.13-14).[13]

12. OS FALSOS MESTRES TÊM APARÊNCIA DE PIEDADE

Tt 1.16a — "No tocante a Deus, *professam conhecê-lo;*"

Não podemos cair no engano de que os falsos mestres/profetas sejam pessoas incrédulas; ao contrário, em geral, são pessoas muito religiosas. Aqueles que falseavam a verdade eram pessoas religiosas sérias, mas que haviam recebido uma grande carga de regulamentos do judaísmo e, em contraste, uma carga menor das doutrinas da graça. Paulo teve problema com os crentes da Galácia logo no início da igreja cristã. Várias igrejas do Novo Testamento haviam sido atacadas pelos judaizantes, que transformavam a graça de Deus em obras.

Essa passagem aponta para o fato de que a apostasia se dá tão somente no meio da igreja, porque os falsos mestres e profetas sempre professam formalmente conhecer a Deus. O assunto sobre Deus é o ponto de contato entre eles e os crentes verdadeiros. Então, estes últimos, sem o verdadeiro conhecimento de Deus, são mais facilmente enganados pelos falsos obreiros.

Quando os falsos profetas e mestres se afirmam "crentes" em Deus, falam daquilo que qualquer outro pagão falaria. Todavia, eles não têm real conhecimento experimental de Deus. Sua fé consiste simplesmente na admissão de que Deus existe, mas eles não falam

---
13 Ibidem.

coisas corretas a seu respeito. Eles têm religiosidade, mas falta-lhes experiência pessoal com o Senhor.

Na igreja contemporânea, existem muitos mestres e seguidores que estão numa igreja considerada evangélica, mas tanto sua teoria (teologia) como sua prática (ética) são afetadas pela corrupção. Há um sentido em que a igreja contemporânea é pior do que a do tempo de Paulo, porque estamos caminhando, a passos largos, para o tempo do fim, no qual a apostasia haverá de prevalecer no meio da igreja confessante. Espero que Deus livre sua igreja local e também a você de serem apenas confessantes formais. O que é importante para você é ser um confessante que ensine e viva em consonância com os fiéis ensinamentos das Santas Escrituras.

13. OS FALSOS MESTRES NEGAM O CRISTIANISMO POR SUAS OBRAS

Tt 1.16b — "entretanto, *o negam por suas obras*"

A palavra "*entretanto*" está em oposição à confissão feita formalmente pelos falseadores da revelação verbal, que afirmavam "conhecer a Deus". Existem dois problemas sérios na vida desses homens: (i) eles não seguiam a teoria correta; (ii) e, ainda que fossem muito religiosos, apegavam-se às tradições dos homens. Além disso, a prática deles também era equivocada — aquilo que eles professavam formalmente com a boca era contraditado por seu proceder.

O Deus verdadeiro era negado pelas obras que os falsificadores da verdade realizavam. A palavra grega para "negar" é *arneomai*, correspondente a "recusar, desconsiderar ou repudiar".

Essa negação pode manifestar-se, pelo menos, de duas maneiras: (i) eles podiam crer em Cristo, mas opor-se ao reconhecimento de que Jesus era o Filho de Deus encarnado, negando sua plena humanidade, inclusive sua fisicalidade (1Jo 2.22); (ii) eles podiam opor-se ao reconhecimento de que os crentes não precisavam de cuidados daqueles que estavam sob sua guarda, que eram piores do que os incrédulos (1Tm 5.8).

Em geral, a prática deles divergia da teoria da confissão deles. Todavia, não devemos considerá-los inconsistentes. Por quê? Porque aquilo em que eles realmente criam era falso — e, nesse caso, a prática deles combinava com a teoria errônea formal deles. Eles professavam falsamente com a boca, mas negavam a profissão com as obras. Em outras palavras, suas crenças errôneas combinavam com sua prática errônea.

14. OS FALSOS MESTRES SÃO PESSOAS DE PÉSSIMO CARÁTER

Tt 1.16c — "é por isso que são abomináveis, desobedientes e reprovados para toda boa obra".

O caráter dos falsos mestres/profetas é descrito por Paulo através de três termos com sentido negativo e contundente: *abomináveis*, *desobedientes* e *reprovados*.

14.1. ELES ERAM ABOMINÁVEIS

A palavra grega para "abomináveis" é βδελυκτοὶ (*bedluxtoi*), que traz consigo a ideia de algo detestável e nojento. Os falsos mestres são considerados pessoas sem qualquer respeitabilidade, e Deus não mede palavras para desqualificar o caráter deles. Deus não é um assassino de caráter (como, frequentemente, os homens podem ser). Ocorre que, por conhecer perfeitamente o interior e as intenções dos falsos profetas, é capaz de emitir um juízo exato sobre aquilo em que creem e o que fazem.

14.2. ELES ERAM DESOBEDIENTES

O termo grego para *desobedientes* é ἀπειθεῖς (*apeitheis*), referente àqueles que se recusam a ser persuadidos. "O termo se refere à desobediência, que é o resultado da falta de confiança em ser persuadido."[14] Os falsos profetas e os falsos mestres insistem em desobedecer aos preceitos de Deus: "Esses falsos profetas, que professam conhecer a Deus, não são persuadidos pela clareza da Palavra de Deus".[15]

14.3. ELES ERAM REPROVADOS

"e *reprovados* para toda boa obra."

A palavra traduzida como reprovados é *adokimos*, que significa alguma coisa que, embora testada, não passou no teste. Em resumo, *adokimos* diz respeito àquilo que é indigno, espúrio, desqualificado, corrupto e não aprovado: "A palavra *adokimos* era comumente usada a respeito de metais que eram rejeitados pelos refinadores, por causa das impurezas. Os metais impuros são descartados, de modo

---

14 Em todas as outras passagens em que aparecem os termos *apeithes* e *epeitheia* (desobediência), o contexto sugere desobediência a Deus, principalmente em contraste com a fé. (O. Becker, *New International Dictionary of New Testament Theology* [Zondervan, Grand Rapids, 1986], edição eletrônica, 1999.)

15 Disponível em: https://bible.org/seriespage/instruction-concerning-false-teachers--church-titus-110-16. Acesso em: out. 2019.

que *adokimos* passou a abarcar o sentido de indignidade e inutilidade".[16] O termo era igualmente usado para descrever um soldado que, covardemente, falhava no teste, na hora da batalha, ou para descrever o candidato a um ofício que os cidadãos em geral consideravam inútil.[17]

As boas obras dos falsos mestres/profetas não são dignas de aceitação, pois não são confiáveis e, quando trazidas diante de Deus, não cumprem as exigências divinas.

> 2Tm 3.8-9 — "E, do modo por que Janes e Jambres resistiram a Moisés, também estes resistem à verdade. São homens de todo *corrompidos na mente, réprobos quanto à fé*; eles, todavia, não irão avante; porque a sua insensatez será a todos evidente, como também aconteceu com a daqueles".

Janes e Jambres tentaram apresentar obras, mas não passaram no teste, porque resistiram à verdade. As obras, ainda que pareçam boas diante dos homens, não passam pelo crivo das Escrituras, porque são praticadas por quem não crê na verdade de Deus. A verdade de Deus é condição indispensável para a aceitação de uma obra.

Os falsos profetas/mestres não conseguiam praticar boas obras. Quando tentavam fazer qualquer coisa boa aos próprios olhos, não conseguiam agradar a Deus, pois eram reprováveis em tudo o que faziam. Eles não conseguiam praticar aquilo que somente os remidos praticam. Eles não conseguiam alcançar o padrão das verdadeiras boas obras dos regenerados/convertidos, que são feitas em Cristo.

---

16 Disponível em: https://www.preceptaustin.org/titus_116. Acesso em: out. 2019.
17 Ibidem.

CONCLUSÃO

Você e eu, que somos ministros da Palavra, devemos esforçar-nos ao máximo para pôr em prática as palavras de Paulo a respeito dos falsificadores da revelação verbal:

Faça todo o possível para silenciá-los. (Tt 1.11)

Faça todo o possível para repreendê-los severamente. (Tt. 1.13)

PARTE III

O ENSINO DE PEDRO SOBRE A FALSIFICAÇÃO DA REVELAÇÃO VERBAL

CAPÍTULO 14

PEDRO ADVERTE SOBRE OS FALSOS PROFETAS

Pedro ensina as mesmas coisas que Paulo sobre os falsos profetas/mestres, pois ambos têm o mesmo padrão de verdade, que é de Deus.

2Pe 2.1-3 — "Assim como, no meio do povo, surgiram falsos profetas, assim também haverá entre vós falsos mestres, os quais introduzirão, dissimuladamente, heresias destruidoras, até ao ponto de renegarem o Soberano Senhor que os resgatou, trazendo sobre si mesmos repentina destruição. E muitos seguirão as suas práticas libertinas, e, por causa deles, será infamado o caminho da verdade; também, movidos por avareza, farão comércio de vós, com palavras fictícias; para eles o juízo lavrado há longo tempo não tarda, e a sua destruição não dorme".

EU SOU | A FALSIFICAÇÃO DA REVELAÇÃO VERBAL NO ENSINO DO NOVO TESTAMENTO

1. OS FALSOS PROFETAS SURGIRÃO NO MEIO DO POVO DE DEUS

2Pe 2.1a — "Assim como, no meio do povo, surgiram *falsos profetas* [ψευδοπροφῆται], assim também haverá entre vós falsos mestres [ψευδοδιδάσκαλοι]".

A referência ao surgimento dos falsos profetas está associada aos que se levantaram no Antigo Testamento contra a verdade de Deus. No entanto, Pedro afirma que o que aconteceu no Antigo também haveria de acontecer no meio do povo de Deus, no Novo Testamento.

A palavra usada por Pedro para "falsos mestres" é *pseudodidaskalos*, ou seja, aqueles que falsamente se apresentam como portadores da verdade, mas distorcem o ensino de Cristo. Eles repetem exatamente o que os *pseudoprofetas* pregam.

Temos testemunhado o surgimento de muitos falsos profetas ao longo da história da Igreja. Jesus Cristo alertou para a manifestação desses falsos profetas. Entretanto, as Escrituras mencionam a manifestação de um falso profeta final que fará um trabalho de engano mundial. As referências ao Falso Profeta final são bastante claras na Escritura, especialmente pelo apóstolo João, tanto em suas cartas como no Apocalipse. Esse Falso Profeta final encarnará todas as formas de engano que levarão muitas pessoas crer em suas mentiras. Muitos segmentos da Igreja cristã cairão nesse engano — a Escritura diz que "alguns apostatarão da fé" (1Tm 4), porque a apostasia só é possível dentro da Igreja cristã.

2. O LUGAR NO QUAL OS FALSOS PROFETAS E OS FALSOS MESTRES SÃO ENCONTRADOS

Pedro usa uma palavra genérica que serve tanto para crentes convictos como para crentes sem justa convicção: "no meio do povo". Todavia, que povo é esse a que Pedro se refere? Certamente, eles não são necessariamente remidos, mas estão no meio da Igreja confessante.

Os falsos profetas e os falsos mestres já não são mais encontrados com frequência no meio das igrejas liberais da América ou da Europa. Essas igrejas praticamente já são apóstatas, exceto umas poucas congregações locais. Eles não precisam trabalhar nesses lugares, porque ali as pessoas já são enganadas. Entretanto, Arthur Pink diz que

> os falsos profetas devem ser encontrados nos círculos dos mais ortodoxos, e eles fingem ter um amor cheio de fervor pelas almas, mas, fatalmente, iludirão multidões a respeito do modo de salvação.[1]

A finalidade dos falsos mestres e profetas é trazer conservadores ou ortodoxos para a fé que abraçaram. Eles querem tirar essas pessoas daquilo que aprenderam na Escritura e torná-las apóstatas, como muitas já são em nossa geração. Isso porque há muitos conservadores na igreja que não têm entendimento da doutrina. Seu conservadorismo está atrelado à tradição de costumes e às práticas religiosas. Eles apenas simpatizam com o que ouviram dos ministros conservadores e não têm firmeza doutrinária. Esses são os alvos de ataques dos falsos mestres e falsos profetas. Eles querem perverter a mente dos crentes incautos, falsificando a revelação verbal de Deus.

---

1 Citado em comentário on-line sobre o texto em estudo. Disponível em: http://www.preceptaustin.org/2_peter_21-11. Acesso em: jul. 2018.

3. O MODO COMO OS FALSOS PROFETAS E MESTRES TRABALHAM NO MEIO DO POVO

2Pe 2.1b — "os quais introduzirão, *dissimuladamente*, heresias destruidoras".

Quando os falsos mestres/profetas se imiscuem no meio do povo, assumem um comportamento que não deveria passar despercebido. Entretanto, porque eles agem de forma dissimulada, conseguem ocultar suas reais intenções. A princípio, eles concordarão com o que está sendo ensinado no meio da igreja, sem propor mudanças teológicas. Eles contam com uma agenda secreta, que não é revelada, pelo menos inicialmente. Eles são muito espertos e trazem mensagens atrativas nas quais introduzem, dissimuladamente, erros misturados com a verdade. A princípio, eles pregam coisas práticas que não têm implicação teológica importante. O veneno deles é injetado num "combo" encantador de verdades que traz, subjacente, o erro, para destruir as almas dos homens. Por causa de sua simpatia e amabilidade solícita, eles conseguem a atenção das pessoas na igreja. Quando chegam ao ponto de ensinar na igreja, então começam a mostrar suas garras, anunciando, de forma imperceptível e sutil, a doutrina errônea.

A palavra grega traduzida como *dissimuladamente* é *pareisago*, que também pode ser traduzida como "secretamente", "disfarçadamente", "maliciosamente" ou ainda "sub-repticiamente", portando falsas intenções.[2] Em outras palavras, os falsos profetas/mestres são uma espécie de espias que se dissimulam no meio do povo, trabalhando no campo inimigo de modo a não serem percebidos. O

---
2 Disponível em: http://www.preceptaustin.org/2_peter_21-11. Acesso em: jul. 2018.

trabalho deles no meio do povo de Deus é sutil: falam a respeito de Deus e até mesmo de Jesus, mas não se agarram firmemente à totalidade do ensino escriturístico. Podemos dizer que sua terminologia é boa, mas eles a usam para ludibriar os crentes incautos.

Pedro diz o que já havia sido dito por Paulo e Jesus. Os falsos mestres e profetas conquistam a simpatia dos irmãos fracos por meio de dissimulação. Aproveitando a fraqueza teológica de muitos crentes, os falsos mestres penetram no meio do povo com suas motivações secretas. A princípio, eles afirmam crer nas coisas que os crentes creem, até terem uma oportunidade para ensinar o povo de Deus. Nesse momento, as reais intenções podem ser detectadas — pelo menos pelos mais robustos na fé. Então, para muitos fracos, já terá sido tarde.

Perceba que, hoje, a maioria dos evangélicos está em igrejas nas quais o nome "Jesus" é usado, mas eles não conseguem discernir se o que os ministros da Palavra dizem é a verdade. Então, é mais fácil enganar aqueles que não têm um bom conhecimento da Escritura. Esse é o caso da maioria dos crentes que estão em algumas igrejas evangélicas. Os pastores usam o nome de Cristo, mas não são fiéis aos ensinamentos do Mestre.

4. OS FALSOS PROFETAS INTRODUZIRÃO HERESIAS DESTRUIDORAS NO MEIO DO POVO

2Pe 2.1c – "os quais introduzirão, dissimuladamente, *heresias destruidoras*, até ao ponto de renegarem o Soberano Senhor que os resgatou".

4.1. O SIGNIFICADO DE "HERESIA DESTRUIDORA"

A palavra grega *hairesis*, traduzida como *heresias*, não tinha, originalmente, uma conotação má ou de uma doutrina errônea. Significava, primariamente, uma escolha e, então, aquilo que era escolhido era considerado uma opinião pessoal.[3] Todavia, porque as ideias esposadas eram frequentemente substitutas da verdade, o termo *hairesis* veio a denotar ensinos errôneos ou heresias.[4] Observe-se que, no versículo em estudo, o termo *hairesis* vem acompanhado de um qualificativo muito forte, com uma conotação de "erro muito perigoso". Pedro chama essas heresias de "destruidoras".

A palavra grega traduzida como *destruidoras* é ἀπωλείας (*apoleias*), que significa aquilo que conduz à destruição. Tanto pessoas como pensamentos podem ser destruídos. Uma heresia pode causar grande dano a quem a sustenta. Essas "heresias" mencionadas por Pedro podem conduzir a uma separação absoluta da verdade de Deus e do Deus da verdade. Por isso, são chamadas "destruidoras".[5] Essa é a consequência do ensino dos falsos profetas/mestres no tempo de Pedro.

Praticamente em todas as ocasiões em que *apoleia* aparece em Pedro, tem um significado escatológico, em que o juízo de Deus não significa aniquilação ou extinção, mas ruína; não significa a perda do ser, mas a perda do bem viver.[6]

---

3 Observe que o termo *hairesis* é encontrado várias vezes no Novo Testamento, mas nem sempre com a ideia primária de ser um ensino necessariamente errôneo (veja At 5.17; 15.5; 24.5, 14; 26.5; 28.22). Perceba que, em todos esses textos, a palavra *hairesis* é traduzida como "seita", ainda que nem sempre seja sinônimo de heresia, no sentido atual do termo. Veja ainda outros textos: em 1Coríntios 11.19, o termo *hairesis* é traduzido como "partidos"); em Gálatas 5.20 (*hairesis* é traduzido como "facções). Nessas passagens, o termo *hairesis* não significa algo necessariamente errôneo.

4 Disponível em: https://www.preceptaustin.org/2_peter_21-11. Acesso em: out. 2019.

5 Das 18 ocasiões em que a palavra grega *apoleia* é usada no Novo Testamento, em cinco está presente em Pedro (2Pe 2.1 [2x]; 2Pe 2.3; 3.7, 16 [3x]).

6 Disponível em: https://www.preceptaustin.org/2_peter_21-11. Acesso em: out. 2019.

4.2. O EXEMPLO DE "HERESIA DESTRUIDORA"

2Pe 2.1d — "até ao ponto de renegarem o Soberano Senhor que os resgatou".

Uma heresia não é somente uma crença errônea, mas também uma prática errônea. A teologia sempre afeta a ética. A heresia destruidora é aquela que, quando seguida, conduz à perdição.[7] Leighton afirma: "Observe cuidadosamente que, no Novo Testamento, heresia implica falsa conduta, e não somente opinião errônea".[8] Quando uma pessoa envereda por opiniões errôneas, também abraça práticas errôneas que podem levar à perdição.

O verbo grego *arneoma*, traduzido como "*renegaram*", pode ser traduzido como *negar* ou *não reconhecer* uma pessoa. Pedro renegou o Senhor três vezes quando disse que não o conhecia (Mt 26.34, 35, 70, 75), mas a Escritura diz que Pedro se arrependeu amargamente (Lc 22.61-62) de haver agido assim.

Ao que parece, ao contrário do caso de Pedro, que teve uma atitude pontual de negação a Jesus, os falsos profetas parecem fazer dessa negação uma constante em seu proceder. Continuamente, eles repudiam Jesus. Trata-se de um repúdio deliberado da pessoa do Senhor que afirmava ser o Filho de Deus. John MacArthur Jr. sugere que essa negação inclui alguns aspectos muito importantes, que devem ser tidos como "heresias destruidoras", como a negação de seu nascimento virginal, da divindade, da ressurreição corporal e sua segunda vinda. O erro básico dos falsos profetas é que eles

---

[7] Adam Clarke. Disponível em: https://www.preceptaustin.org/2_peter_21-11. Acesso em: outubro de 2019

[8] Leighton, R.;Thomas, G. 1, 2 Peter. *The Crossway Classic Commentaries*. Wheaton, Ill.: Crossway Books.

não submetiam suas vidas ao governo de Cristo.[9] Na verdade, essas pessoas que negaram Jesus não são genuinamente regeneradas, nem crentes nele. Elas faziam profissão de fé nele, mas negavam sua divindade, rejeitando quem ele afirmava ser.

A negação de Cristo pode ser algo pontual e perdoável, como aconteceu com o apóstolo Pedro, mas uma negação continuada é motivo de condenação séria. Jesus diz: "Aquele que me negar diante dos homens, também eu o negarei diante de meu Pai, que está nos céus" (Mt 10.33).

4.3. OS FALSOS PROFETAS RENEGARAM O SOBERANO SENHOR

2Pe 2.1e – "até ao ponto de renegarem *o Soberano Senhor* que os resgatou"

Os falsos profetas/mestres são ousados. Provavelmente eles não têm ideia de quem é o Deus verdadeiro! O texto emprega uma palavra muito forte a respeito de Deus. Ele diz que o Senhor (*kyrios*) é "soberano" (*despotes*, de onde vem a palavra *déspota*). Um *despotes* é aquele que tem um governo absoluto ou uma autoridade irrestrita, o possuidor e dono indisputado de todas as coisas.[10]

É incrível a petulância dos falsos profetas/mestres ao desafiar a soberania do Senhor Jesus, ensinando coisas diferentes e contrárias ao que ele sempre ensinou! Eles não sabem o que os espera quando a ira de Deus se manifestar contra eles! Deus é um soberano

---

9 *MacArthur Study Bible*. Disponível em: https://www.preceptaustin.org/2_peter_21-11.

10 A palavra *despotes* (soberano) aparece várias vezes na Escritura, como uma referência a Deus. Veja Lucas 2.29; Atos 4.24; 1Timóteo 6.1 e ss.; 2Timóteo 2.21; Tito 2.9; 1Pedro 2.18; 2Pedro 2.1; Judas 1.4; Apocalipse 6.10.

(*despotes*) muito longânimo, que retarda, por muito tempo, a manifestação de sua ira contra os falsos profetas. Nesse sentido, ele "é tardio em se irar". Entretanto, eles, com certeza, serão violentamente punidos quando o tempo decretado estiver prestes a se cumprir.

4.4. OS FALSOS PROFETAS RENEGARAM AQUELE QUE OS RESGATOU

2Pe 2.1f — "até ao ponto de renegarem o Soberano Senhor *que os resgatou*"

O verbo grego traduzido como "resgatar" é *agorazo*. Esse verbo era usado a respeito das transações feitas num mercado — lugar no qual os escravos eram vendidos ou comprados. Um exemplo típico desse uso está registrado no primeiro evangelho:

> Mt 13.44 — "O reino dos céus é semelhante a um tesouro oculto no campo, o qual certo homem, tendo-o achado, escondeu. E, transbordante de alegria, vai, vende tudo o que tem e *compra* [ἀγοράζει] aquele campo".

Na Grécia antiga, os lugares em que as coisas eram resgatadas ou compradas se chamava ágora. Era o lugar ou espaço no mercado em que as transações eram feitas publicamente.

A grande questão que devemos levantar é: Em que sentido o Soberano Senhor *resgatou* esses falsos mestres? Se você for um libertário, vai afirmar que ele morreu por todos os homens, sem exceção, mas não é isso que o texto ensina. Se você quiser imprimir seriedade na análise desse versículo, terá de seguir outro caminho, um caminho diferente daquele que é proposto pelos libertários. Não se esqueça de que os falsos mestres/profetas são pessoas ligadas à igreja, ou seja, membros confessos nela. Elas estão no meio do povo de Deus e professam sua fé nele desfrutando as bênçãos pelo convívio com os crentes. Entretanto, suas teologia e prática divergem daquelas dos cristãos genuínos. Eles se beneficiam dos privilégios de receber bênçãos pela convivência com os cristãos, sendo resgatados de procedimentos imorais, mas, assim mesmo, se insurgem contra os ensinamentos do Senhor Soberano, negando-o. A passagem, da forma como a entendo, quer dizer que Jesus Cristo havia livrado os homens da imundície moral e religiosa, por meio da convivência com os cristãos genuínos. Entretanto, eles não reconheceram o que Jesus fez por eles, tampouco seu ensino e sua ética. Eles desprezaram aquele que os havia retirado da miséria moral.

Vários comentadores de tendência libertária entendem que o "resgate" diz respeito ao sangue remidor. Esses falsos profetas haviam sido objeto do amor redentor de Jesus, mas caíram desse amor ao rejeitar o Soberano Senhor. Entretanto, esse não pode ser o sentido do verbo *agorazo* em 2Pedro 2.1. É fato que o verbo *agorazo* é usado em um contexto de redenção de pecados. Essa redenção tem a ver com aqueles que, pela graça, têm-se tornado crentes, verdadeiros beneficiários da redenção de Cristo. Entretanto, em muitos estudos, na passagem de 2Pedro 2.1, o verbo *agorazo* não está tratando da redenção pelo sangue. Quando os falsos profetas negaram o Senhor soberano, estavam desprezando o fato de eles terem sido arrancados da imoralidade da sociedade, mas desprezaram a verdade sobre Jesus e impuseram seu próprio ensino errôneo. Eles não perderam a salvação, mas, sim, o bem--viver que haviam adquirido.

Sobre esse bem-viver, podemos dizer, com John Piper, que "ser resgatado por Cristo significa libertar-se do domínio das paixões sexuais, as quais conduzem a preocupações e relações sexuais ilícitas".[11] Negam o Soberano Senhor aqueles que foram libertos de práticas libertinas e, em vez de seguirem os preceitos da Escritura, voltam-se contra a doutrina de Cristo. Quando uma pessoa se liberta da escravidão de determinados comportamentos, diz-se que foi "resgatada". Entretanto, pela negação da verdade daquele que a resgatou, ela peca contra o Soberano Senhor. Resgatada, mas rebelde! Essa triste realidade é exemplificada por Pedro em sua segunda carta:

> 2Pe 2.20 — "Portanto, se, depois de terem escapado das contaminações do mundo mediante o conhecimento do Senhor e Salvador Jesus Cristo, se deixam enredar de novo e são vencidos, tornou-se o seu último estado pior que o primeiro".

Os falsos profetas a quem Pedro se refere tornaram-se piores quando conheceram a verdade. Ao rejeitá-la, eles tiveram seu estado pior do que no tempo em que não tinham contato com a verdade. Aqueles que negam o Soberano Senhor, depois de haverem sido resgatados dos vis procedimentos pelo conhecimento da verdade, são considerados aqueles que "voltam ao seu próprio vômito" ou como "a porca lavada que volta a revolver-se no lamaçal" (2Pe 2.22).

Hoje em dia, existem muitos ministros evangélicos que se rebelam contra o ensino de Cristo, mesmo estando no meio de "irmãos na fé". Eles são abençoados com esse fato, mas têm dificuldade para confessar uma fé sadia. Eles preferem outro evangelho.

---

11 Disponível em: https://www.the-highway.com/agorazo_Ellis.html. Acesso em: out. 2019.

Certamente, eles receberão punição da parte de Deus, por seus ensinos falsos. Por isso, é muito importante que os ministros da Palavra permaneçam fiéis ao Evangelho de Cristo, para que não venham a negá-lo por suas obras.

5. OS FALSOS PROFETAS TERÃO MUITOS DISCÍPULOS

2Pe 2.2a — "E muitos seguirão as suas práticas libertinas".

Esses falsos profetas/mestres trazem prejuízo tanto a si mesmos como aos seus ouvintes. A pregação e o ensino falsos nunca deixam de impregnar as almas dos ouvintes. O texto diz que *muitos* seguirão suas palavras, pois, em geral, eles são agradáveis e conseguem conquistar seus ouvintes. Por isso, os falsos mestres e os falsos profetas sempre têm admiradores, pessoas que se encantam com seus ensinos. Muitos crentes não somente ouvem as palavras dos falsos profetas e mestres, como também acabam por seguir suas práticas libertinas, acompanhando sua teoria e sua ética.

A palavra grega traduzida como práticas libertinas é ἀσελγείαις (*aselgeiais*), também entendida como licenciosidade, sensualidade ou libertinagem.[12] Essa palavra grega é usada para denotar o uso desenfreado de imoralidade sexual ou excesso de lascívia. John MacArthur Jr. assevera que *aselgeia* "refere-se a uma licenciosidade total, ausência de todo o refreamento moral, especialmente na área de pecados sexuais".[13]

---

12 Das dez vezes em que a palavra *aselgeia* aparece no Novo Testamento, três delas estão em Pedro: 2Pedro 2.1 (traduzida como "práticas libertinas"); 2Pedro 2.7 (traduzida como "libertino") e 2Pedro 2.18 (traduzida como "libertinagens").

13 Disponível em: http://www.preceptaustin.org/2_peter_22-3#2:2. Acesso em: jul. de 2018.

O que havia de libertinagem na época em que Pedro descreve tem havido em nossa presente sociedade. A presente geração é libertina. No entanto, o que mais assusta é que essa *aselgeia* tem atingido muitos evangélicos que são falsos profetas e falsos mestres. Consequentemente, por falsificarem a revelação verbal, acabam eles também se mostrando libertinos em suas práticas sexuais imorais. Muitos têm caído vergonhosamente em pecado. É comum a má teologia conduzir à má ética!

6. OS FALSOS PROFETAS TRARÃO VERGONHA AO EVANGELHO

2Pe 2.2b — "e, por causa deles, será infamado o caminho da verdade".

O comportamento teológico errôneo dos falsos profetas influencia o modo como a verdade de Deus é vista entre os homens em geral.

"*O caminho da verdade* [*aletheia*]": Essa expressão aponta para a trajetória da verdade ao longo dos séculos. Quando existem falsos profetas, eles fazem com que o evangelho seja infamado, ou seja, que perca sua boa fama.

"*Será infamado*": O verbo traduzido como "infamar" é βλασφημέω (*blasfemeo*), que também pode entendido como "desonrar", "falar contra" ou "perverter". O verbo *blasfemeo* significa, portanto, dizer coisas de um modo desrespeitoso que diminui e denigre a reputação de algo ou de alguém.[14] Em outras palavras, Pedro está dizendo que, por causa do estilo de vida libertino de algumas pessoas que se dizem cristãs, o mundo que os observa

---

14 Disponível em: http://www.preceptaustin.org/2_peter_22-3#2:2. Acesso em: jul. 2018.

julgará toda a Igreja e a verdade de Deus pela conduta daqueles que falsificam a verdade. Em consequência, a fama do cristianismo fica diminuída. Os falsos profetas prejudicam a trajetória da verdade na história da Igreja. Por causa da teoria e da ética dos falsos profetas, o pensamento do mundo a respeito da verdade do evangelho fica alterado. Em geral, os homens zombarão daquilo em que os crentes creem.

> Tt 1.16 — *"No tocante a Deus, professam conhecê-lo; entretanto, o negam por suas obras;* é por isso que são abomináveis, desobedientes e reprovados para toda boa obra".

Há muitos que se dizem cristãos, mas o comportamento deles desdiz o que afirmam em sua confissão de fé. Eles "professam conhecer Deus", mas negam Deus pelo que fazem. Isso está muito evidente no comportamento ético-moral de muitos que se dizem ministros da Palavra. Por isso, trazem desonra ao evangelho.

Os cristãos nominais, sejam eles homens ou mulheres, por causa da desobediência, podem trazer má fama à palavra de Deus. Veja o que acontece quando as senhoras casadas não obedecem aos mandamentos de Deus. Paulo diz que elas "difamam [βλασφημέω] a Palavra de Deus" (Tt 2.5). Além disso, Paulo fala aos cristãos nominais o que trazia desonra ao nome de Deus:

> Rm 2.23-24 — "Tu, que te glorias na lei, desonras a Deus pela transgressão da lei? Pois, como está escrito, *o nome de Deus é blasfemado entre os gentios por vossa causa"*.

Os falsos profetas e mestres, por meio de "suas doutrinas destruidoras", fazem com que Deus seja desonrado [βλασφημέω] no meio dos gentios, que é palavra indicativa de "incrédulos". Portanto, eles que se cuidem, pois haverão de receber o juízo de Deus quando menos esperarem!

7. OS FALSOS PROFETAS SERÃO AVARENTOS

2Pe 2.3a — "também, *movidos por avareza*, farão comércio de vós, com palavras fictícias".

A palavra grega traduzida como "avareza" é *pleonexia*, que, literalmente, "significa ter mais e mais e, assim, ter um forte desejo de adquirir cada vez mais posses materiais, especialmente o que é proibido. É um desejo de ter mais sem se importar com as necessidades alheias. Assim, o termo sempre é usado em sentido negativo, descrevendo egoísmo insaciável".[15] Sempre houve homens avarentos. E, no tempo do Novo Testamento, vemos que Simão, o Mágico (At 8.18-20), tinha desejos de poder e de amor pelo dinheiro.

Os falsos profetas que gostam de dinheiro, que amam a prata, sempre procuram para si os confortos e poderes que o dinheiro pode trazer. O amor ao dinheiro é a raiz da qual procedem outros males. O maior mal que pode acontecer é a idolatria do poder pela aquisição de bens. Mamon é o deus deles (Mt 6.24)!

Cuidemos para não cair no pecado em que frequentemente os falsos profetas caem. O que move o trabalho profético deles é o dinheiro que tiram daqueles que os ouvem. Eles exploram a

---

15 Disponível em: http://www.preceptaustin.org/2_peter_22-3#2:2. Acesso em: jul. de 2018.

credulidade dos crentes nominais (e até mesmo dos crentes sérios, mas que não conhecem devidamente a Escritura Sagrada). Muitos há na igreja contemporânea que são exploradores, nutrindo amor indevido por dinheiro/poder.

"*Farão comércio de vós*": Em outras palavras, os falsos profetas se aproveitam da ingenuidade teológica dos crentes para que eles sejam financeiramente manipulados. Então, esse tipo de crente abre o bolso e põe lenha no fogo da avareza dos falsos profetas. Estes, através do falso ensino, exploram a boa-fé dos crentes. E, enquanto eles próprios enriquecem, os crentes incautos ficam mais pobres.

A expressão "*com palavras fictícias*" [do grego, *plastos*] nos dá a entender a astúcia dos falsos profetas. Eles cativam os crentes fracos na fé, dirigindo-lhes palavras fictícias, ou seja, palavras forjadas que não são a expressão da verdade. São palavras inventadas e fabricadas para enganar doutrinariamente os fracos. São palavras mentalmente montadas para ludibriar as presas do engano. Os falsos profetas e mestres não retiram suas palavras da *tota scriptura* (a totalidade das Escrituras), porque, se o fizessem, seriam contraditados por elas. Eles até se servem da Escritura, mas sua hermenêutica é tendenciosa, pois eles têm a finalidade de enganar. São charlatães espirituais, falseando tudo que dizem aos crentes imaturos. Esse é o *modus operandi* dos falsos profetas e mestres enganadores.

Portanto, ministros da Palavra (e cristãos em geral!), tenham cuidado com aqueles que são falsos! Como saber que são falsos? Examine o que eles ensinam e pregam, e peçam a Deus um vislumbre de discernimento espiritual.

8. OS FALSOS PROFETAS SERÃO PUNIDOS COM A MORTE POR CAUSA DE SUAS HERESIAS

8.1. O DECRETO DA PUNIÇÃO DOS FALSOS PROFETAS É DE LONGO TEMPO

2Pe 2.3b — "*para eles o juízo lavrado há longo tempo* não tarda, e a sua destruição não dorme".

O que aconteceu com os profetas do passado, com aqueles que sofreram punição divina, também acontecerá com os falsificadores da revelação verbal que vivem no presente. Desde há muito, o juízo já está lavrado e certamente acontecerá. Deus já pronunciou antecipadamente esse juízo.

Como os do passado, os falsos profetas de hoje também se comportam de forma vergonhosa, mas sem sentir, eles próprios, vergonha do que fazem.

8.2. O DECRETO DA PUNIÇÃO DIZ QUE ELA NÃO FALTA

2Pe 2.3c — "para eles o juízo lavrado há longo tempo *não tarda*, e a sua destruição não dorme".

Todos os crentes verdadeiros têm ânsia de ver Deus manifestando seu juízo sobre os homens maus, mas, algumas vezes, parece que Deus tarda na aplicação de sua ira.

Há um ditado popular que diz: "Deus tarda, mas não falha". Há um sentimento de que ele é verdadeiro. Deus pode demorar na manifestação de seu juízo, mas certamente virá. A ação de punição "não dorme", ou seja, "não está morta". No tempo apropriado, Deus mostrará seu desagrado contra os que falsificam sua revelação verbal.

8.3. O DECRETO DIZ QUE ELES SERÃO ENVERGONHADOS

O profeta Jeremias repete duas vezes a mesma triste verdade sobre o primeiro destino dos falsificadores da revelação verbal: eles haveriam de ser envergonhados. E os falsos profetas passarão por isso porque Deus haverá de mostrar ao mundo que eles estão errados. Eles serão desmascarados. Esse o primeiro juízo que Deus vai exercer sobre eles. Veja o que Jeremias diz duas vezes:

> Jr 6.15 e Jr 8.12 — "*Serão envergonhados* porque cometem abominação sem sentir por isso vergonha; nem sabem que coisa é envergonhar-se. Portanto, cairão com os que caem; quando eu os castigar, tropeçarão, diz o Senhor".

Esses dois versos de Jeremias mostram quão descarados eram os falsos profetas. Eles pecavam abertamente e não sentiam vergonha disso. Em outras palavras, Jeremias diz que a "vergonha" não fazia parte do vocabulário deles. No entanto, por causa desse comportamento descarado e sem-vergonha, eles receberão um castigo mais severo da parte de Deus. O castigo de serem envergonhados diante dos próprios homens é suave em relação à destruição definitiva que lhes está reservada. Quando eles pensarem que está tudo bem com eles, que nada lhes acontecerá por causa de sua libertinagem, Deus fará com que eles sejam destruídos repentinamente.

8.4. O DECRETO DIZ QUE ELES SERÃO DESTRUÍDOS REPENTINAMENTE

2Pe 2.3d — "e a sua destruição não dorme".

A palavra grega para *dormir* é *nustazo*, que dá a ideia de algo que está dormente, mas que se levantará. Pedro está dizendo que a destruição dos ímpios não é algo que está no esquecimento indefinido. A destruição tem sido deixada para o tempo apropriado, mas não permanecerá adormecida. Quando o tempo determinado por Deus chegar, então a destruição deles acontecerá com intensidade.

Pedro também está dizendo que haverá destruição para os falsos profetas/mestres. A palavra grega para destruição é *apoleia*, que pode referir-se à destruição de pessoas, objetos ou instituições. Entretanto, esse termo não significa extinção ou aniquilação. Ele aponta para uma punição divina que já teve início neste presente tempo (como a separação de Deus e a ruína sem esperança!), mas que terá sua manifestação última e definitiva no tempo apropriado do final, quando os falsos profetas/mestres serão lançados no lago de fogo, onde também se encontram a Besta do Mar e o Falso Profeta, juntamente com Satanás. Essa destruição é eterna, sem qualquer possibilidade de reversão!

A argumentação anterior, no texto de Pedro, mostra que a destruição será quando os falsos profetas não estiverem esperando. Essa situação será uma surpresa para eles porque será repentina, sem aviso prévio. Veja o que Pedro diz:

2Pe 2.1c — "trazendo sobre si mesmos *repentina destruição*".

Como a punição divina parece tardar, os homens pensam que nunca acontecerá. Por essa razão, eles se demoram em seus pecados e, de forma voraz, caem na prática de pecado. Veja o que diz o Pregador:

> Ec 8.11 — "Visto como se não executa logo a sentença sobre a má obra, o coração dos filhos dos homens está inteiramente disposto a praticar o mal".

Entretanto, no tempo predeterminado por Deus, a vingança destruidora virá repentinamente. E os ímpios serão surpreendidos em meio à prática do mal. Então, já não restará mais esperança para eles!

PARTE IV

O ENSINO DE JUDAS SOBRE A FALSIFICAÇÃO DA REVELAÇÃO VERBAL

CAPÍTULO 15

JUDAS ADVERTE SOBRE OS FALSOS PROFETAS

Jd 3–4 – "Amados, quando empregava toda a diligência em escrever-vos acerca da nossa comum salvação, foi que me senti obrigado a corresponder-me convosco, exortando-vos a batalhardes, diligentemente, pela fé que uma vez por todas foi entregue aos santos. Pois certos indivíduos se introduziram com dissimulação, os quais, desde muito, foram antecipadamente pronunciados para esta condenação, homens ímpios, que transformam em libertinagem a graça de nosso Deus e negam o nosso único Soberano e Senhor, Jesus Cristo".

Embora Judas não tenha usado o termo *apostasia*, vamos nos referir ao ensino de Judas sobre os falsos profetas chamando-os de apóstatas. Sua carta é, basicamente, sobre a falsa profecia em seu tempo. Por intermédio de Judas, percebemos quanto Deus odeia o ensino e a profecia que pervertem sua verdade.

1. OS DESTINATÁRIOS DE JUDAS QUANDO ELE ESCREVIA SOBRE APOSTASIA

Jd 3a — "*Amados*, quando empregava toda a diligência em escrever-vos estas coisas [...]".

Os leitores dessa carta são aqui chamados *amados*, um termo comum que os escritores da Bíblia usam para se dirigir a eles. Seria muito precioso se nós, ministros da Palavra, tivéssemos em alta consideração aqueles a quem pregamos, chamando-os de "amados". Todavia, essa palavra nunca deveria ser usada sem envolver a verdadeira afeição do coração. A sinceridade do que dizemos a respeito dos irmãos da igreja faz toda a diferença. Eles são capazes de perceber muito bem quando somos insinceros no tratamento que dispensamos a eles. Portanto, não use essa expressão quando não os tiver em alta conta!

A esses amados, Judas se esforça para escrever a respeito da *comum salvação* deles. Os amados compartilhavam com Judas salvação idêntica. Não importa se Judas era irmão de Jesus ou se ocupava outra posição de honra. O que Judas está dizendo é que ele era beneficiário da mesma salvação.

2. A OBRIGAÇÃO DA CORRESPONDÊNCIA DE JUDAS ACERCA DA APOSTASIA

Jd 3.b — "[...] acerca da nossa comum salvação, foi que *me senti obrigado a corresponder-me convosco* [...]".

Judas viu-se na "obrigação" de escrever para "batalhardes pela fé que uma vez por todas foi entregue aos santos".

2.1. A COMPULSÃO DA CORRESPONDÊNCIA

Judas se viu na *obrigação*, certamente por uma compulsão divina, de lhes comunicar alguns fatos que estavam acontecendo na vida das comunidades cristãs. Ele se viu levado por uma compulsão forte e inexplicável — uma compulsão que o texto não explica. Certamente, era o Santo Espírito que o levava a essa compulsão (veja 1Co 9.16), pois é quem inspira os escritores da Bíblia. Judas estava sendo levado ou pressionado internamente a escrever aquelas palavras. E ele não pôde fugir dessa tarefa. Seu trabalho de "correspondência por obrigação" tinha a ver com a situação dos campos missionários fora da Palestina.

2.2. O CONTEÚDO DA CORRESPONDÊNCIA

Jd 3c — "[...] exortando-vos a batalhardes, diligentemente, pela fé que uma vez por todas foi entregue aos santos".

Judas reconhece que sua carta é uma "exortação". Ao mesmo tempo que ele quer consolar seus leitores, também deseja adverti-los em relação aos maus obreiros que estão no meio do povo de Deus.

a) O significado de "batalha"

Jd 3c — "exortando-vos *a batalhardes*, diligentemente".

A batalha referida por Judas significa "a batalha por algo com grande força, que merece ser defendido com unhas e dentes".

A luta do cristão na esfera da verdade é contra Satanás, o pai da mentira. Estamos numa guerra pela pureza da fé. Você tem de entender isso. Hoje, Satanás, através de vãs filosofias, procura desviar a ideia de verdade em nosso mundo. A verdade é algo não essencial para a vida hodierna. A verdade não importa. Portanto, devemos defender, de forma ferrenha, a verdade. Esse é o maior problema que o cristianismo enfrenta hoje: a defesa da verdade.

O que mais me deixa triste na Igreja contemporânea é ver ministros que não dão importância à verdade, e que não se importam em lutar contra a falsa doutrina. O que importa para eles é apenas a vida prática. Não importa o conteúdo da crença. Assim, eles apresentam um quadro confuso do que o cristianismo realmente é. Mas, aqui, Judas está dizendo que devemos lutar pela fé que nos foi entregue; do contrário, os falsos mestres haverão de destruí-la, transformando em libertinagem a graça de nosso Senhor (v. 4). Essa é uma luta que deve prosseguir até que o Senhor volte.

Espero que você se sinta encorajado a aprender a fé cristã e a lutar por ela. Queira ou não, você está no meio dessa batalha, ainda que não pegue em suas armas. Todavia, se você não é um soldado da verdade, logo poderá ser atingido pela espada da mentira.

O verbo grego usado para *"batalhardes"* (*epagonizesthai*) tem raiz na palavra *agon*, de onde vem a palavra em língua portuguesa *agonia*. É um tipo de luta que leva à agonia, ao sofrimento de uma batalha real. Na verdade, o crente deve estar num local de batalha, onde se exige dele o sacrifício agonizante da luta contra as trevas. Essa batalha exige determinação, sacrifício e perseverança. Veja o uso similar desse termo na Escritura:

> 1Tm 6.12 — *"Combate* [Αγωνίζου] *o bom combate* [ἀγῶνα] *da fé.* Toma posse da vida eterna, para a qual também foste chamado e de que fizeste a boa confissão perante muitas testemunhas".

Combater o bom combate da fé significa fazer a sua defesa, a defesa do conjunto de verdades reveladas, na luta contra a apostasia. É uma batalha que exige muito esforço por parte dos ministros da Palavra, causando, assim, uma espécie de agonia.

b) O modo como se luta na batalha

Jd 3d — "exortando-vos a batalhardes, *diligentemente*".

Ao longo dos séculos, a verdadeira Igreja de Cristo tem enfrentado essa batalha com muito esforço. Essa é a ideia de "diligentemente". Essa luta não é fácil, pois não é contra carne e sangue, mas contra as forças espirituais do mal, que querem perverter a verdade que Deus nos entregou. O esforço nessa batalha é tão grande que, com alguma frequência, causou derramamento de sangue.

c) O alvo da batalha é a defesa da fé

Jd 3e — "exortando-vos a batalhardes, diligentemente, *pela fé que uma vez por todas foi entregue aos santos*".

A luta na qual os crentes se encontram não tem o propósito de defesa em relação aos ataques promovidos por outros homens; nem de proteção daqueles que se encontram em posições de autoridade; tampouco é para proveito próprio. Sua luta consiste em defender a verdade que lhes foi entregue.

Veja o significado da palavra *fé*:

Aqui, fé nada tem a ver com confiança pessoal em Cristo, mas, sim, com o conjunto de verdades que Deus nos entregou, para que lutássemos por ele. Perceba que essa fé foi entregue "de uma vez por todas". Isso significa que ela nos foi dada de uma vez só, de modo definitivo. Não há nada mais a ser acrescido a ela: trata-se da Palavra revelada de Deus, o evangelho de Cristo, o corpo de doutrina que Deus nos deu, pelo qual devemos lutar.

Veja que essa fé precisa ser defendida:

O cristão precisa defender essa fé, no sentido de ela jamais ser adulterada ou corrompida! Nada novo pode ser acrescentado a ela. A fé é imutável, pois a Bíblia é completa. Toda nova doutrina que aparece como nova revelação é falsa. Não tenha medo de dizer isso. Lute pela fé bíblica.

Veja que você não pode acrescentar ou diminuir nada da fé:

Dt 4.2 — "*Nada acrescentareis à palavra que vos mando, nem diminuireis dela*, para que guardeis os mandamentos do Senhor, vosso Deus, que eu vos mando".

Pv 30.5-6 — "Toda palavra de Deus é pura; ele é escudo para os que nele confiam. *Nada acrescentes às suas palavras*, para que não te repreenda, e sejas achado mentiroso".

Por esses dois versos, entendemos que a batalha pela fé implica que o conjunto de verdades dado por Deus não pode ser alterado. Deus não permite que sua palavra, a palavra registrada nas Escrituras, sofra algum acréscimo ou decréscimo. A palavra de João em Apocalipse 22.18 é um exemplo mais particularizado da importância dessa matéria.

Você, como defensor da fé, não deve permitir que algo seja acrescentado à verdade já afirmada por Deus de uma vez por todas. Nada deve ser colocado além do que Deus já disse. Esse é um meio de defender a pureza da verdade de Deus. Contemporaneamente, temos várias tentativas de pessoas que não estão satisfeitas com a Palavra escrita. Elas sempre aparecem com a ideia de uma nova revelação. Com a autoridade que a própria Escritura lhe dá, você deve dizer que essa pessoa não acredita na "fé que, uma vez por todas, foi entregue aos santos".

A palavra *"entregue"* está no aoristo, que significa uma ação terminada no passado. Essa revelação sobrenatural de Deus foi dada de modo definitivo. Ela não se repete. Portanto, não existem novas revelações ou novas doutrinas. A revelação de Deus já está completa. Nada mais deve ser acrescido a ela.

3. A PENETRAÇÃO DOS APÓSTATAS

Jd 4a — "Pois certos indivíduos *se introduziram com dissimulação* [...]".

Em geral, não é um só indivíduo que se imiscui no meio dos crentes. Eles não trabalham isoladamente. Eles não são uma ilha no deserto. Um apóstata isolado não afeta ninguém. Ao lado das igrejas, os apóstatas invadem os seminários. E, ao arruinarem os seminários, eles produzem apóstatas que causam ruína às suas igrejas. Eles se infiltram em igrejas locais, ensinando falsas doutrinas. Mas, por ora, não é a ameaça de perseguição que deve preocupar a igreja. Essa vem depois. A primeira providência dos apóstatas é tentar fazer você pensar diferente da crença histórica da Igreja. Em primeiro lugar, a apostasia penetra na liderança e, em seguida, entre os membros da igreja.

Judas afirma que os apóstatas *se introduzem dissimuladamente*. O plano sutil dos falsos profetas e mestres é a infiltração. O verbo grego aqui empregado não se faz presente em nenhum outro lugar do Novo Testamento. É uma palavra rara que tem a ver com astúcia, esperteza e alegações sutis. Por exemplo, esse termo é usado em sentido legal para falar de alguém que pleiteia um caso com esperteza ou malícia, ou de alguém que permite que essa espécie de coisa se infiltre na mente de um juiz ou de um júri de modo ardiloso. É a ideia de fazer "penetrar secretamente", de modo a ocultar a natureza verdadeira e enganar.

É exatamente assim que os apóstatas se comportam. Eles não aparecem anunciando: "Olhem, eu sou um herege, e gostaria de me unir à igreja de vocês". Sua ideia consiste em "penetrar sorrateiramente, sem se fazer percebido". Os apóstatas penetram na igreja e ficam ao lado dos cristãos. Eles fingem que creem, mas são falsificações de Satanás e desejam destruir a verdade de Deus. Essa infiltração já havia começado nos dias de Judas, sob o rótulo de gnosticismo. Os apóstatas se haviam infiltrado na igreja e estavam começando a semear mentiras a respeito de Jesus Cristo. Essa forma de ataque tem ocorrido ao longo dos séculos e, ainda hoje, é o método que utilizam.

4. A DESCRIÇÃO DOS APÓSTATAS

Jd 4c — "[...] homens ímpios, que transformam em libertinagem a graça de nosso Deus, e negam o nosso único Soberano e Senhor, Jesus Cristo".

Judas caracteriza os apóstatas da seguinte forma: eles são *ímpios*, *pervertedores da graça divina* e *negadores de Cristo*. Há algum sentido em que o verso 11 é uma repetição dessa parte final do verso 4.

> Jd 11 — "Ai deles! Porque prosseguiram pelo caminho de Caim e, movidos de ganância, se precipitaram no erro de Balão, e pereceram na revolta de Core".

Caim ilustra a impiedade da apostasia; Balão exemplifica a perversão da graça em direção ao pecado; e Core, por sua vez, a negação do líder indicado por Deus (que é uma figura de Cristo).

4.1. O CARÁTER DELES

"homens ímpios"

Isso é o mesmo que apóstatas que não têm reverência alguma por Deus. Eles sempre falam de Deus, mas, na verdade, são ímpios. Eles não têm lugar para Deus em suas vidas, nem lugar para sua Palavra. Eles negam a Deus o direito de dizer o que ele disse. Você até pode esperar um apóstata dizer: "Creio em Deus e sou um de seus servos, mas não creio na Bíblia como sua revelação". Essa afirmação é inconsistente. Como alguém pode crer em Deus se não crê no que ele diz?

A palavra *"ímpio"* indica que os apóstatas são pessoas heréticas e ateias. Eles podem falar de Deus, e até mesmo pregar a respeito dele, mas negam o Deus verdadeiro. Eles alegam ser ministros de Deus, mas suas vidas mostram que eles não vivem piamente.

4.2. A CONDUTA DELES

"[...] transformam em libertinagem a graça do nosso Deus [...]."

Uma possível perversão da graça de Deus é a ilegalidade. Uma pessoa pode tomar o perdão gracioso de Deus e torcê-lo até fazer o que quiser e viver pecando, sem levar em conta a lei de Deus. Por exemplo: "Estou debaixo da graça; Deus vai perdoar-me. Então, eu faço o que quero". Essas pessoas buscam a livre graça de Deus para fazer o que querem, como uma desculpa para o pecado. A palavra grega usada aqui é *aselgeias*.

O *aselges* é o homem que está tão perdido para a honra, para a decência e para a vergonha que não se preocupa quando alguém vê seu pecado e sua imoralidade. Não significa que ele, arrogante e orgulhosamente, se pavoneie do pecado; significa apenas que ele pode, publicamente, fazer as coisas desavergonhadamente, pois cessou, em definitivo, de se preocupar com a vergonha e com a decência. Sem dúvida, esses homens estavam tingidos pelo gnosticismo. O gnosticismo era aquela linha de pensamento que estabelecia a ideia de que somente o espírito é bom, e que a matéria é essencialmente má. Se isso é assim, significa que o corpo é essencialmente mau. E, se isso é assim, não importa o que o homem faz com seu corpo; visto que ele é mau, suas luxúrias e seus desejos podem ser satisfeitos e fartos, porque não tem importância alguma o que é feito com o corpo. Além disso, esses homens criam que, visto que a graça de Deus é ampla o suficiente para cobrir qualquer pecado, um homem pode pecar à vontade. De qualquer modo, ele será perdoado; e, quanto mais ele peca, mais vê a manifestação da graça; portanto, por que se preocupar com o pecado? A graça vai dar um jeito nele. A graça está sendo pervertida na tentativa de justificar o pecado.¹

Hoje, algumas pessoas no cristianismo são extremamente lenientes com o pecado na igreja e costumam dizer: "Jesus Cristo vai perdoar todos esses comportamentos". Esse tipo de pessoa é que favorece o surgimento da homossexualidade no seio da igreja e tenta minimizar o problema, dizendo que a graça divina perdoa. Esses são pervertedores da graça de Deus. Não é difícil encontrar pessoas que pensam dessa forma e que têm tentado perverter a graça de Cristo. Essa é uma característica da apostasia que começa a assolar a igreja evangélica em geral.

4.3. AS NEGAÇÕES DELES

"[...] e negam o nosso único Soberano e Senhor, Jesus Cristo".

Os apóstatas sempre negam a divindade de Cristo, alegando que ele era meramente um homem. Essa é a doutrina mais aviltante que existe. Os liberais que pervertem essa doutrina estão lutando contra o cerne do cristianismo e contra o caráter de Deus.

a) Eles negam o governo do Soberano Senhor

A palavra grega para "soberano" é *despotes*, que diz respeito a alguém que tem um poder absoluto.² Esse termo aparece várias vezes com referência a Deus e seu Cristo. Aqui, em Judas, o termo se refere à soberania de Cristo. Obviamente, os apóstatas negavam que Cristo fosse o soberano absoluto do universo.

b) Eles negam o senhorio de Cristo

---

1 William Barclay, *The Letters of John and Jude* (Philadelphia: The Westminster Press, 1960), 211-12.
2 Veja o comentário do mesmo termo *despotes* no texto de 2Pedro 2.1, analisado anteriormente.

Além de usar a palavra *despotes*, Judas também usa outro termo para aludir ao governo absoluto de Cristo. A palavra para "Senhor" é *kurios*, um título de honra e essencial de Jesus Cristo. Entretanto, os apóstatas não honravam Jesus como Soberano e como Senhor. Eles queriam trazer Jesus simplesmente ao nível humano.

Sempre houve movimentos na história da Igreja que encontraram dificuldade com essa matéria, em virtude da ênfase que a teologia deles atribui ao humanismo libertário. Em nosso meio evangélico, há algumas pessoas que não conseguem enxergar em Cristo uma soberania soteriológica absoluta. As definições últimas de salvação cabem, na conta deles, ao que eles chamam de livre-arbítrio humano, ou seja, um libertarismo que, necessariamente, conduz a uma negação da soberania e do senhorio de Jesus Cristo.

c) Eles negam o caráter salvador de Jesus

A palavra "Jesus" significa salvador de seu povo (Mt 1.21), mas os liberais e outros apóstatas de nossa época querem que Jesus seja apenas um exemplo ou, no máximo, um mártir. Eles não creem no sacrifício expiatório substitutivo dele. Eles não creem na redenção de pecados daqueles por quem ele morreu. Qualquer efeito da obra redentora de Cristo depende do exercício da fé por parte dos homens. É a fé deles que chancela a obra de Cristo. É lamentável que essa inversão doutrinária ainda esteja vigente na Igreja de Deus, depois de mais de dois mil anos de cristianismo!

d) Eles negam a messianidade de Cristo

A palavra "Cristo" significa *ungido* de Deus, e os apóstatas negam seu caráter messiânico-libertador. Portanto, os apóstatas negam a soberania de Cristo, seu senhorio, seu caráter salvador e sua messianidade.

Não é de espantar, portanto, que Judas tenha sido compelido pelo Espírito a advertir seus leitores a respeito da apostasia e dos apóstatas.

5. O COMPORTAMENTO DIFAMATÓRIO DOS APÓSTATAS

5.1. OS APÓSTATAS DIFAMAM PESSOAS

Jd 8 — "Ora, estes, da mesma sorte, quais sonhadores alucinados, não só contaminam a carne, como também rejeitam governo e *difamam autoridades superiores*".

Quando os apóstatas não creem na verdade que os cristãos pregam, tentam destruir seu caráter e aniquilar sua reputação. Essa é uma prática bastante comum por parte dos apóstatas quando se veem confrontados de forma inteligente pelos cristãos. A difamação é o pecado daquele que não tem força para vencer os que sobrepujam os apóstatas com a verdade.

Com a expressão "[os apóstatas] rejeitam governo e difamam autoridades superiores", o texto está falando de um governo justo composto de autoridades que procedem de forma irrepreensível. Os apóstatas não gostam de ninguém que esteja em posição de autoridade sobre eles e, por isso, denigrem sua imagem.

5.2. OS APÓSTATAS DIFAMAM IDEIAS

Jd 10 — "Estes, porém, quanto a tudo *o que não entendem, difamam*; e, quanto a tudo o que compreendem por instinto natural, como brutos sem razão, até nessas coisas se corrompem".

Os apóstatas denigrem as pessoas, mas não somente isso. Eles denigrem as ideias em relação às quais não podem ser vencedores. O texto fala que eles difamam aquilo que não entendem. De fato, somente os que têm a graça iluminadora de Deus é que conseguem entender corretamente a revelação divina. Como os apóstatas estão sem a luz de Deus, difamam "a fé que foi entregue aos santos". Eles falam mal do evangelho da graça de Deus. Difamar pessoas vem de difamar ideias.

6. A IMITAÇÃO QUE OS APÓSTATAS EM RELAÇÃO AO PASSADO

Judas compara a apostasia de seu tempo à apostasia ocorrida no passado de Israel.

> Jd 11 — "Ai deles! Porque prosseguiram pelo caminho de Caim, e, movidos de ganância, se precipitaram no erro de Balaão, e pereceram na revolta de Corá".

Judas mostrou aos seus leitores, nos versículos 5-7, que a apostasia não era uma coisa nova; era algo tão antigo quanto a desobediência dos filhos de Israel no deserto (v. 5), o pecado dos anjos (v. 6) e a imoralidade de Sodoma e Gomorra (v. 7).

Deus sempre julgou a apostasia e continuará a fazer isso. Judas mostra três casos do julgamento de Deus sobre a apostasia.

Nos versículos 8-13, ele aplica a atitude de juízo de Deus aos apóstatas do presente.

No passado, a primeira geração de Israel murmurou contra Deus e foi destruída. Eles foram apóstatas no deserto; e não creram em Deus. Houve anjos que corromperam sua natureza e abandonaram seu estado original, e foram julgados por sua apostasia. Também as cidades de Sodoma e Gomorra se apartaram da verdade. Por isso, praticaram homossexualidade e Deus as destruiu.

Judas está comparando os apóstatas de seu tempo aos do passado. Quando um apóstata chega ao fim inevitável de sua apostasia, polui a carne como Sodoma e Gomorra fizeram; ele despreza autoridade como os anjos desprezaram e blasfema contra Deus como os filhos de Israel blasfemaram.

Judas diz que as coisas verdadeiras a respeito dos apóstatas no passado ainda são verdadeiras hoje. A expressão *da mesma sorte* significa que aqueles falsos mestres ("sonhadores") estão fazendo as mesmas coisas. É impressionante observar como os apóstatas continuam a se comportar, ainda que a Bíblia diga coisas terríveis sobre a apostasia.

7. A CONDENAÇÃO DOS APÓSTATAS

Jd 4b — "[...] os quais desde há muito, foram antecipadamente pronunciados para esta condenação [...]".

A condenação é *pronunciada de antemão*, ou seja, "escrita de antemão" (do grego *progegrammenoi*). Algumas pessoas têm distorcido esse versículo para dar a entender que os apóstatas não tiveram escolha, ou seja, que eles teriam sido *ordenados* por Deus para ser apóstatas. Mas não é isso que o texto quer dizer. O texto não trata de um decreto, mas de uma proclamação antecipada da condenação dos apóstatas, por causa de seus ensinos errôneos.

Esse termo grego aparece apenas quatro vezes e não é traduzido como "ordenado", exceto em Judas. Consequentemente, a palavra deveria ser traduzida como "foram antecipadamente pronunciados para a condenação". Em outros termos, a apostasia foi predita como algo condenado muito tempo atrás. Judas diz que a condenação dos apóstatas foi pronunciada por Deus muito tempo atrás.

PARTE V

O ENSINO DE JOÃO SOBRE A FALSIFICAÇÃO DA REVELAÇÃO VERBAL

CAPÍTULO 16

JOÃO ADVERTE SOBRE OS FALSOS PROFETAS

De todos os escritores do Novo Testamento, João talvez seja o que mais enfatiza a questão da apostasia, ou seja, o abandono da verdade. Todavia, ele não usa o termo apostasia em suas cartas. Ele recorre a um vocabulário singular que, até então, não era conhecido. Ele chama os falsificadores da revelação verbal de "anticristos".

Um *anticristo*, segundo o ensino de João, é aquele que apresenta uma doutrina falsa sobre Cristo, ensinando inverdades a seu respeito, com o propósito de denegrir sua real essência humana ou mesmo divina.

Em nenhum outro lugar da Escritura encontramos os termos *anticristos* e *anticristo*. São termos típicos e exclusivos de João, em suas cartas. Também não os encontramos como equivalentes a Besta do Mar ou Homem da Iniquidade, como historicamente tem sido crido, mesmo entre os reformados.

João ensina algumas coisas sobre o anticristo ou falso profeta final em suas cartas, que serão estudadas em capítulos subsequentes.

CONCLUSÃO

Você consegue compreender a seriedade do pecado da apostasia? Jesus disse: "Aquele que me negar diante dos homens, também eu o negarei diante de meu Pai que está nos céus" (Mt 10.33). Você não pode negar a divindade soberana de Cristo, seu senhorio, seu caráter redentor ou sua messianidade e ainda pensar que isso não significa muita coisa (2Tm 2.12; Tt 1.16). Não era em vão que Judas estava preocupado com a apostasia. E a Igreja também deve se preocupar.

Nesse contexto, você pode perguntar: "Como posso batalhar diligentemente pela fé que, uma vez por todas, foi entregue aos santos?"

Um modo de fazer isso é dando suporte aos ministros que firmemente honram a fé sem comprometê-la. Outro modo é dando testemunho da veracidade da Bíblia em palavras e atos, pois, se as pessoas não percebem isso em sua vida, vão duvidar da veracidade da Palavra de Deus. Outra forma ainda é defendendo a fé ao treinar mais pessoas que vão lutar por ela.

Não tenha medo de defender a fé. Deus não precisa de defensores, mas a fé que ele nos entregou precisa ser preservada por causa das gerações futuras, e para que Deus seja honrado em sua verdade. Portanto, siga as instruções do Pregador: "Filho meu, se deixas de ouvir a instrução, desviar-te-ás das palavras do conhecimento" (Pv 19.27).

CAPÍTULO 17

OS NOMES DO FALSO PROFETA FINAL

O ensino sobre os falsos profetas é abundante na Escritura. Entretanto, não devemos nos esquecer de que os falsos profetas existentes em todas as épocas são uma espécie de amostra do Falso Profeta Final, o qual ocupará a atenção da igreja genuinamente cristã nos dias imediatos que precedem a vinda de Cristo. Ele conduzirá todos os homens do mundo (exceto os cristãos genuínos) a um tipo de culto nunca dantes praticado na história da Igreja. Primeiramente, ele ajudará no ensino de que todas as religiões são falsas e as exterminará; em segundo lugar, ele preparará o caminho de entrada do Homem da Iniquidade no cenário religioso mundial. Será um tempo muito difícil para a igreja de Cristo; mas será, também, um tempo onde a igreja verá a sua maior glória, porque sofrerá por amor ao seu Redentor.

Vejamos os vários nomes que esse Falso Profeta Final recebe nas próprias Escrituras:

1. O FALSO PROFETA É CHAMADO DE "BESTA DA TERRA"

O livro profético de Apocalipse nos aponta dois personagens importantíssimos nos dias que precederão a vinda do Senhor. Ele as chama de bestas. A primeira besta, que é chamada de "Besta do Mar", pode ser identificada como o "Homem da Iniquidade". Ela será objeto de adoração de todos os homens, exceto dos genuínos crentes. A segunda besta, que é a "Besta da Terra", é equalizada no próprio texto da Escritura ao Falso Profeta.

> Ap 16.13 – "Então, vi sair da boca do dragão, da boca da besta e da boca do falso profeta três espíritos imundos semelhantes a rãs."

Nesse texto, estão presentes três pessoas importantes no cenário final: *Satanás* (que é o Dragão, a antiga serpente), a *Besta* do Mar (que pode ser identificada com o Homem da Iniquidade), e o *Falso Profeta* (que é a Besta da Terra, como veremos posteriormente).

Essa tríade da malignidade será responsável pelo maior engano doutrinário da história. Eles levarão a totalidade da humanidade (exceto a genuína igreja cristã) a ter uma só religião, onde a Besta do Mar será adorada. Será uma religião universal, como nunca houve antes sobre a face da terra. O elemento responsável pela disseminação desse erro doutrinário é o Falso Profeta final, porque ele é o agente teológico da Besta do Mar. O Falso Profeta levará o mundo a um pensamento totalmente contrário ao que existe hoje, mesmo em todas as religiões mundiais.

Estas três pessoas – o Falso Profeta, a Besta do Mar e Satanás – compõem a chamada "Trindade da Maldade". Nesse pensamento, alguns dizem que:

Satanás – ou o dragão – é a falsificação do Pai; a Besta do Mar é a falsificação de Cristo e o Falso Profeta é a falsificação do Espírito Santo. Um dos ministérios do Espírito Santo é glorificar a Cristo e conduzir o povo a confiar nele e a adorá-lo. O Falso Profeta apontará para a Besta do Mar e compelirá o povo a adorar Satanás adorando a Besta.[1]

Essa alegoria pode até ser interessante; mas, ela está longe de ser verdadeira, porque não existe identidade essencial entre a primeira pessoa e as outras duas. Elas são de naturezas diferentes. Satanás é um ser espiritual, enquanto que as outras duas são seres humanos. Essa tentativa de igualá-las à trindade pode diminuir a noção desta como o que é eterno, e onde as três pessoas são coessenciais.

1.1. A PROCEDÊNCIA DESSA BESTA

Ap 13.11a – "Vi ainda outra besta *emergir da terra*."

Emergir *da terra* significa ter origem no mundo. A Besta da Terra não é um ser extraterrestre, não será um ser espiritual, e sim um ser humano, dotado de poderes espetaculares e extraordinários, incomuns!

O profeta Daniel usa a mesma linguagem, quando diz que os animais "são quatro reis que se *levantarão da terra*" (Dn 7.17). João disse, em Apocalipse 1.5, que Jesus é "o soberano dos *reis da terra*". Isso significa que esses reis se levantarão de nações existentes na época, mas que estarão a serviço do Dragão, como a Besta

---

[1] Tim Byrd, *The Beast from the Earth*. Disponível em: http://www.sermoncentral.com/sermons/the-beast-from-the-earth-tim-byrd-sermon-on-bible-influence-59896.asp. Acesso em: mar. 2014.

da Terra. Provavelmente, essa besta será um líder religioso (não um rei) deste mundo, mas com a força da primeira besta e com a arrogância de Satanás.

Ap 13.11a – "Vi ainda *outra* besta emergir da terra."

Há duas bestas no livro de Apocalipse. Elas são seres humanos e têm a mesma essência. A palavra grega *"allos"* significa "outra" besta mas "da mesma espécie". Ela possui a mesma capacitação demoníaca que a primeira besta para o cumprimento dos propósitos malignos de Satanás.

Além disso, as duas bestas são homens reais agindo debaixo da atuação do Maligno, pois são seus servos diretos. Eles compõem o que alguns estudiosos costumam chamar de "a trindade ao reverso". Três pessoas (uma da esfera angélica e duas de origem humana) com propósitos impuros. O Falso Profeta e a Besta que emerge do mar atuam em um ambicioso plano satânico de engano. Eles são comissionados, não atuam sob sua autoridade, tão pouco procuram agradar a si mesmos. Assim como a primeira besta emergirá do mar, a segunda besta emergirá da terra.

Provavelmente, a origem religiosa do Falso Profeta esteja dentro do próprio cristianismo, apóstata àquela altura, pois ele será um homem religioso. Ele será um profeta. Portanto, um pregador; um ministro que professa, a princípio, ser seguidor de Jesus Cristo, mas que depois se aparta totalmente dele.

O Falso Profeta é um agente de Satanás para o engano. Seu papel é o de difundir a adoração ao Homem da Iniquidade e finalmente ao próprio Satanás. Seu ministério profético será reconhecido entre os homens, muito em virtude da operosidade de seus atos. Semelhante ao modo como a Escritura se refere ao verdadeiro profeta de Deus (o Messias), o Falso Profeta será apresentado aos homens como operador de grandes milagres.

1.2. A APARÊNCIA DA BESTA DA TERRA

Ap 13.11b – "Vi ainda outra besta emergir da terra; *possuía dois chifres, parecendo cordeiro.*"

O fato de a Besta da Terra possuir "chifres" e "parecer um cordeiro" nos remete ao pensamento sobre Jesus. Jesus foi o maior dos profetas de Deus, e foi dito que ele era o "Cordeiro de Deus". O Falso Profeta se assemelhará ao Cordeiro com dois chifres. Cordeiros, no entanto, não possuem chifres para demonstrar autoridade; são animais mansos e gentis. O Falso Profeta, a princípio, parecerá inocente e sem intenção de causar qualquer dano ao povo de Deus. Ele parecerá um seguidor de Jesus Cristo como líder religioso. Ele não aterrorizará ninguém no início de suas funções religiosas. Muitos cristãos pensarão que ele não terá nada a ver com o erro teológico; mas se assemelhará, à princípio, a um pregador com boas intenções. É curioso que as potestades das trevas sempre parecem ter alguma coisa que nos remete às potestades da luz. Daí a ideia de se parecer um cordeiro.

Os dois chifres na cabeça do Falso Profeta (Besta da Terra) vistos por João simbolizam poder. Esses chifres indicam que o Falso Profeta possui grande poder de influência sobre os homens em geral; e, especialmente, sobre muitos membros das igrejas que haverão de ser enganados. O poder dele não deve estar vinculado com política, e sim com aspectos religiosos, pois o seu papel é de engano teológico.

Ao mesmo tempo em que seus chifres indicam poder, o Falso Profeta apresenta uma aparência de ser manso e gentil, pois o texto diz que ele parecia um "cordeiro". Lembre-se das palavras de Jesus sobre os falsos profetas:

> Mt 7.15 – "Acautelai-vos dos falsos profetas, *que se vos apresentam disfarçados em ovelhas*, mas por dentro são lobos roubadores."

O Falso Profeta é um homem que, aparentemente, não causa mal a ninguém. Um homem devoto, de origem profundamente religiosa.

Não levará muito tempo para que o Falso Profeta mostre as suas reais intenções. Com sua aparência de cordeiro, ele acabará falando "como um dragão". Ele trairá a suposta confiança daqueles que haverão de pensar que ele é manso. Ele revelará a sua verdadeira identidade; não como um profeta de Deus, mas como um profeta das hostes do mal. Ele não ensinará a palavra de Cristo, mas falará como um anticristo (que é a sua real identidade, pois é falso profeta).

Quando o Falso Profeta se põe a falar, entretanto, ele se expressa poderoso e temível, "pois fala como um dragão". Essa expressão sugere que ele deriva a sua linguagem do Dragão, o diabo. Essa expressão relativa ao Falso Profeta pode ser um indicativo de que ele falará como Satanás, que é o Dragão.

A Besta da Terra é suficientemente sutil para enganar os homens; possui, ao mesmo tempo, a arrogância de Satanás e a humildade de um cordeiro. A aparência que ela toma depende das pessoas que ela quer conquistar. Aos que já pertencem diretamente ao maligno, ela se mostrar soberba e arrogante como Satanás, para impressioná-los. De outro lado, quando quer seduzir os religiosos deste mundo, sejam eles de origem cristã ou não, ela se porta mansa e humilde como um cordeiro. Em outras palavras, ela intentará se parecer com Jesus, o Cordeiro de Deus, para poder enganar os incautos que estão teologicamente perdidos, sem saber o que é a verdade. Aliás, a noção de verdade praticamente terá desaparecido da terra quando houver a manifestação das duas bestas. Os homens não mais saberão o que a verdade significa. Por essa razão, eles darão crédito à mentira.

Dando a aparência mansa e humilde de cordeiro enviado (não por Deus, mas por Satanás), a Besta da Terra seduzirá o restante que ainda quer uma religião diferente daquela que ela estará propagando.

1.3. A AUTORIDADE DA BESTA DA TERRA

Ap 13.11-12a – "Vi ainda outra besta emergir da terra; possuía dois chifres, parecendo cordeiro, mas falava como dragão. *Exerce toda a autoridade da primeira besta na sua presença.*"

Indubitavelmente, o profeta do engano se manifestará com grande autoridade sobre a humanidade incrédula e sobre a igreja que caminha para a apostasia. A descrição da sua autoridade feita por João não deixa dúvida disso. Os chifres, como já afirmamos, são sinais de seu poder. Os homens de toda a terra o reconhecerão como um grande líder religioso, talvez o maior que a humanidade conheceu, porque a religião dele será uma religião mundial. Embora se reconheça sua autoridade, o que os homens não podem saber, em um primeiro momento, é que ele age no engano.

(a) A autoridade do Falso Profeta procede da Besta do Mar

O mesmo que inspirou as palavras e as ações do Falso Profeta, também deu sua autoridade a ele. A autoridade do Falso Profeta em nada é inferior à da primeira besta. Esta, recebeu do Dragão o poder, o trono e grande autoridade (Ap 12.2). Sendo assim, o Falso Profeta Final encontra-se satanicamente revestido à semelhança da primeira besta, em matéria de poder. Daí, sua capacitação na operação de sinais únicos e sua sedução e domínio mundiais sobre a vida, sobre a religião e o comércio. Seu público não é pequeno, envolve toda a terra, determinando que os mesmos tenham um só governo, uma só fé e um só mercado.

O Falso Profeta será um homem religioso, cheio de poderes para operar sinais e maravilhas. Ele fará todo e qualquer esforço para igualar a besta ao poder e prestígio de Jesus Cristo. Este foi rejeitado pela maioria dos homens, que provavelmente será a mesma maioria que haverá de aceitar a Besta do Mar através da palavra e ação profética do Falso Profeta. Ele preparará o caminho do "senhor da mundanidade" através do seu "ministério" de profecia iníqua.

> Ap 13.12a – "Exerce toda a autoridade da primeira besta na sua presença."

Não se esqueça de identificar a primeira besta (a Besta do Mar) com o Homem da Iniquidade mencionado por Paulo em 2 Tessalonicenses 2, pois este é o único personagem da Escritura que se encaixa nas funções dela. Não a identifique com o Anticristo, pois esse é o Falso Profeta (Besta da Terra).

Debaixo da autoridade da primeira besta, a segunda besta (o Falso Profeta) fará uso de seu poder para enganar os homens. Sua aparência de cordeiro fará com que as pessoas confiem nele e acreditem em seus ensinamentos.

O Falso Profeta exerce toda a autoridade da primeira besta. Ele age no mesmo objetivo da primeira besta de promover a falsa adoração. A besta que emerge do mar tem no Falso Profeta seu aliado mais próximo, nele o seu poder é potencializado.

Essa associação demonstra que, embora se manifestem de formas diferentes, eles possuem substancialmente o mesmo poder. Estando na presença da primeira besta, o Falso Profeta é sustentado, adora e cumpre a vontade da Besta do Mar, sujeitando-se a ela para cumprir seus desígnios.

Qualquer que seja o movimento religioso, trabalhará com elementos naturais e sobrenaturais. Isso está na constituição básica do senso religioso do homem. É exatamente nesse aspecto que o Falso Profeta atua para exercer o seu poder sobre a humanidade. Como líder religioso, ele trabalha aquilo que sustenta a religiosidade humana: revelações e racionalidade. Assim, ele dominará o coração dos homens.

(b) A autoridade do Falso Profeta procede de Satanás

Ap 13.11 – "Vi ainda outra besta emergir da terra; possuía dois chifres, parecendo cordeiro, *mas falava como dragão.*"

Quando o texto diz que o Falso Profeta falava "como dragão", ele aponta para uma autoridade que é recebida de Satanás. Somente Satanás pode ser o autor intelectual de todo o engano. Satanás é o grande instrutor das duas bestas. Afinal de contas, ele está por detrás de todo o engano, porque ele é o "pai da mentira". A sua mentira começa com o fato de que ele se apresenta como o único deus, proclamando a sua própria adoração, e fazendo com que a primeira besta seja adorada. A sua autoridade sobre o Falso Profeta é muito grande. Por isso, é dito que o profeta do engano fala como um dragão e exerce o seu poder por meio do seu mestre, Satanás. O Falso Profeta exerce a função de precursor e introdutor da Besta do Mar. Ele não vem em nome de si mesmo, não fala de si mesmo e nem age sob seu próprio poder.

1.4. OS FEITOS DA BESTA DA TERRA

Ap 13.11-15 – "Vi ainda outra besta emergir da terra; possuía dois chifres, parecendo cordeiro, mas falava como dragão. Exerce toda a autoridade da primeira besta na sua presença. Faz com que a terra e os seus habitantes adorem a primeira besta, cuja ferida mortal fora curada. Também opera grandes sinais, de maneira que até fogo do céu faz descer à terra, diante dos homens. Seduz os que habitam sobre a terra por causa dos sinais que lhe foi dado executar diante da besta, dizendo aos que habitam sobre a terra que façam uma imagem à besta, àquela que, ferida à espada, sobreviveu; e lhe foi dado comunicar fôlego à imagem da besta, para que não só a imagem falasse, como ainda fizesse morrer quantos não adorassem a imagem da besta."

(a) A Besta da Terra falará como dragão

Ap 13.11 – "Vi ainda outra besta emergir da terra; possuía dois chifres, parecendo cordeiro, *mas falava como dragão.*"

A Besta da Terra, embora se pareça com um cordeiro em alguns ambientes, se manifestará com a violência de um dragão. Ela empurrará os homens para abismos teológicos que eles nunca imaginariam que pudessem estar, mesmo os mais distantes da religião. Eles serão coagidos externamente, pela força da autoridade da Besta da Terra, a fazerem coisas que nunca imaginaram fazer. A Besta do Mar se imporá e os homens a atenderão.

Entretanto, cederão diante da força dela por questões de conveniência, por que, do contrário, não poderão sequer comprar ou vender, como veremos posteriormente.

(b) A Besta da Terra exercerá o poder da Besta do Mar

Ap 13.12a – "Exerce toda a autoridade da primeira besta na sua presença."

A Besta do Mar, que será poderosíssima, emprestará o seu poder ao seu auxiliar imediato, que é a Besta da Terra. Esta, para mostrar a sua lealdade à primeira besta, fará seus milagres na presença dela. Ela mostrará serviço àquela que a arregimentou para exercer a função de ser seu tenente. A primeira besta ficará obscura até o tempo devido de se manifestar abertamente. Todavia, mesmo enquanto não houver a revelação da Besta do Mar (Homem da Iniquidade), a operação do erro já existirá para enfeitiçar os homens, ganhando deles a confiança para que a religião mundial seja estabelecida.

A Besta da Terra terá, inclusive, autoridade para matar os que se rebelarem contra a primeira besta ao não se submeterem à ela.

(c) A Besta da Terra conduzirá à adoração da primeira besta

Ap 13.12b – "Faz com que a terra e os seus habitantes adorem a primeira besta, cuja ferida mortal fora curada."

A função de ensinar falsamente, mas com autoridade satânica, levará os seres humanos existentes na terra a um comportamento homogêneo de adoração da primeira besta. A Besta da Terra será a promotora do maior culto pagão da história humana, muito maior do que a adoração aos imperadores romanos, porque terá um caráter universal. O Falso Profeta é o responsável religioso do curto, mas violento, império da primeira besta. Todas as atividades religiosas, então, serão conduzidas pela Besta da Terra. Será uma adoração oficialmente mundial àquela altura. Ninguém escapará desse tipo de adoração da primeira besta.

Além disso, os homens adorarão a primeira besta porque eles não acolherão o "amor da verdade". Eles simplesmente farão coisas que estão de acordo com a operação do erro (2Ts 2.10-12).

(d) A Besta da Terra operará grandes sinais

Ap 13.13 – *"Também opera grandes sinais, de maneira que até fogo do céu faz descer à terra, diante dos homens."*

A Besta da Terra tem o importante papel de promover a adoração da Besta do Mar pela força dos seus milagres. O Falso Profeta falará como dragão (Ap 13.11), possuindo a empáfia e o poder do pai da mentira, e usará sua força para capacitar o tenente da primeira besta a desempenhar coisas espantosas para enganar os homens. Não se esqueça de que o Homem da Iniquidade (que é o mesmo que Besta do Mar) também fará seus sinais sob o poder de Satanás (2Ts 2.9).

Além de outras manifestações poderosas, o Falso Profeta se apresentará fazendo grandes sinais, como o de *"fazer descer fogo do céu à terra*". É bom que o leitor não pense que esse fenômeno é ilusório. Não! Será um fenômeno real, que fará com que os homens creiam na primeira besta, pois a segunda besta age para promover a primeira. Será um fenômeno espetacular e incomum, que confundirá os religiosos da época.

Esse fenômeno de fazer descer fogo do céu é próprio do Deus verdadeiro, que tem domínio sobre os elementos; ele aconteceu em Sodoma e Gomorra, quando Deus fez chover sua ira sobre o mundo caído. Elias fez descer fogo do céu, mas sob o poder de Deus. Não há notícias que outros homens tenham feito esse sinal. Ele será típico dos enganos do fim dos tempos. Deus já deixou isso claro a todos os cristãos, para que eles não venham dar crédito à mentira e abandonem a verdade.

A tentativa do Falso Profeta, com seus milagres, será de angariar autoridade entre os homens para ser ouvido religiosamente entre eles.

(e) A Besta da Terra seduzirá os seres humanos

Ap 13.14a – "*Seduz os que habitam sobre a terra por causa dos sinais* que lhe foi dado executar diante da besta."

O que parece uma tarefa impossível hoje, será perfeitamente possível nos dias que precederão a vinda de Cristo; pois, o terreno estará preparado para isso, com a apostasia de muitos setores da igreja chamada cristã e de outras religiões mundiais.

A besta simplesmente seduzirá os homens para uma única religião, a da adoração à Besta do Mar, ou Homem da Iniquidade. A adoração de uma pessoa má parece impossível hoje, mas será perfeitamente possível em função do engano perpetrado pelo ensino da Besta da Terra, ou Falso Profeta.

As pessoas que, àquela altura, não amarem a verdade de Deus, darão crédito à mentira pregada pela Besta da Terra. Eles serão facilmente seduzidos por ela em virtude dos sinais que ela fará diante deles. Mais do que nunca, os homens serão seduzidos pelos sinais, pois as coisas sobrenaturais é o que mais buscam! Isso acontece mesmo dentro da igreja chamada evangélica. Muitas dessas igrejas abandonarão a fé e darão crédito à mentira, sendo seduzidos pelos espíritos enganadores e pelos ensinos de demônios, como afirma Paulo (1Tm 4.1).

(f) A Besta da Terra ordenará a ereção de imagens da besta

> Ap 13.14b – "Dizendo aos que habitam sobre a terra *que façam uma imagem à besta*, àquela que, ferida à espada, sobreviveu."

Os homens serão ordenados pelo Falso Profeta a construírem imagens que reflitam a Besta do Mar (ou Homem da Iniquidade). Nos tempos do Império Romano, essa atividade era comum, pois os seus imperadores tinham imagens de si mesmos por toda parte do Império, a fim de que fossem adorados.

A Besta da Terra será responsável por promover formalmente a idolatria no mundo. Ela incentivará e superintenderá toda a tarefa de construção dessas imagens, a fim de que ela reflita a aparência da Besta do Mar, que é o Homem da Iniquidade. Fotografias dela estarão por toda parte, a fim de que as imagens reflitam com exatidão a sua aparência.

Esse trabalho de construção de imagens por parte dos homens será de ordem natural, enquanto que o trabalho do Falso Profeta será sobrenatural, porque ele dará vida a essas imagens que forem construídas para o culto à Besta do Mar.

Nessa tarefa de construção e vivificação de imagens, o povo ímpio e o Falso Profeta estarão batendo de frente com o ensino de Deus sobre a ereção de imagens. Por causa disso, todos receberão o pesado juízo de Deus!

(g) A Besta da Terra comunicará fôlego à imagem da besta

Ap 13.15 – *"E lhe foi dado comunicar fôlego à imagem da besta, para que não só a imagem falasse, como ainda fizesse morrer quantos não adorassem a imagem da besta."*

Provavelmente, todas as repartições públicas, escolas e logradouros públicos terão imagens da besta naquele período. Essa ação será apenas o início das manifestações miraculosas. É importante que o leitor entenda que essas manifestações poderosas não são ilusórias, e sim reais. Não serão truques de mágica, serão feitas com poder sobrenatural. A realidade delas é que tornará possível a mudança religiosa dos seres humanos da época. Eles mudarão de qualquer uma das religiões para a religião que adorará a primeira besta.

O Falso profeta terá a capacidade de vivificar as imagens em todos os lugares. Essas imagens serão capazes de falar. Esse fenômeno impressionará muito os homens, que não resistirão aos apelos religiosos do Falso Profeta e acabarão adorando a primeira besta, de quem ele é profeta. Obviamente esse poder não vem dele próprio, mas de Satanás.

O Falso Profeta terá autoridade de matar os homens que não adorarem a besta. Certamente, os cristãos que estiverem vivendo àquela altura não se dobrarão diante da imagem "vivificada" da besta para lhe adorar. Eles serão os únicos a morrer por causa da sua fidelidade a Cristo Jesus, o Cordeiro de Deus. Serão tempos difíceis, mas gloriosos para o povo de Deus, porque eles serão bem-aventurados por morrer pelo nome de seu Redentor!

(h) A Besta da Terra colocará um sinal da Besta do Mar nos homens ímpios

> Ap 13.16-17 – "A todos, os pequenos e os grandes, os ricos e os pobres, os livres e os escravos, faz que lhes seja dada certa marca sobre a mão direita ou sobre a fronte, para que ninguém possa comprar ou vender, senão aquele que tem a marca, o nome da besta ou o número do seu nome."

A Besta da Terra terá poder de controle sobre todos os seres humanos, quer crentes quer incrédulos. Esse controle será exercido através do poder que lhe foi dado de estabelecer marcas sobre as pessoas. Os seres humanos de todas as classes sociais, quer ricos quer pobres, grandes ou pequenos, receberão uma espécie de marca na mão ou na fronte para poderem exercer funções básicas de compra e venda. Sem ela, será uma impossibilidade o exercício desse direito básico da sociedade.

Os cristãos que, por qualquer razão, não forem mortos, serão privados de algumas funções básicas na sociedade, como de comprar e vender. Eles serão os únicos sem a marca (senha) na frente, ou em seus braços, para poderem exercer essas atividades. Os cristãos privados da marca sofrerão bastante nesse período, inclusive para poderem se alimentar. Serão tempos difíceis para eles, mas tempos em que eles se sentirão honrados em sofrer por causa do nome de Cristo!

1.5. O DESTINO DA BESTA DA TERRA

Ap 19.20 – "Mas a besta foi aprisionada, e com ela o falso profeta que, com os sinais feitos diante dela, seduziu aqueles que receberam a marca da besta e eram os adoradores da sua imagem. *Os dois foram lançados vivos dentro do lago de fogo que arde com enxofre.*"

Esse verso aponta para o destino final dos dois seres humanos mais significativos do final da história humana.

(a) A Besta da Terra será aprisionada

A Besta da Terra será aprisionada juntamente com a Besta do Mar. Ela estará em prisão por algum tempo junto com o seu comparsa, que é o Homem da Iniquidade. A prisão deles será um sinal de grande vergonha para eles. Antes, reinavam em sua maldade sobre os homens. Quando se der a prisão, serão humilhados perante todos os que os seguiam, criam neles, e que adoravam a Besta do Mar. Eles serão expostos à ignomínia diante de todos.

A prisão deles significa que Jesus Cristo porá um fim na tarefa da maldade que exercem. Eles não mais enganarão as pessoas, nem terão mais poderes para exercer os seus sinais miraculosos, nem mais perseguirão os resgatados do Senhor. Este, os porá à vergonha diante de todos.

(b) A Besta da Terra será lançada no lago de fogo

Assim como a Besta da Terra e a Besta do Mar serão aprisionadas juntas, elas também serão lançadas no lago de fogo, que é a condenação final. Além disso, serão lançadas vivas dentro desse lago de terror!

Juntas, elas serão completamente derrotadas e violentamente castigadas. Serão colocadas debaixo de um intenso calor. Eu não tenho nenhum problema de entender esses versos de modo literal, ainda que muitas passagens de Apocalipse possuam um sentido simbólico. Mesmo que essa passagem seja interpretada simbolicamente, os termos usados no texto apontam para um sofrimento físico inimaginável! Esse sofrimento será muito grande, porque a imposição judicial de Deus será resultado da sua santidade e justiça que não vai tolerar para sempre os pecados dos homens.

Essas duas personagens serão castigadas da mesma forma que Satanás. Essas três pessoas receberão um tratamento especial de sofrimento, porque não experimentarão a morte do modo como os outros homens experimentam; elas entrarão de corpo e alma no lugar de condenação.

É significativo que todos os que não estão em Cristo terão o mesmo fim, porque o lago de fogo nivela todos os seres espirituais e humanos no mesmo plano. É o destino final de todos eles.

Veja os textos abaixo, que apontam para essa terrível má nova para todos os que são opositores de Deus:

Ap 20.10 – "*O diabo, o sedutor deles, foi lançado para dentro do lago de fogo e enxofre*, onde já se encontram não só a besta como também o falso profeta; e serão atormentados de dia e de noite, pelos séculos dos séculos."

Ap 14.10-11 – "Também esse beberá do vinho da cólera de Deus, preparado, sem mistura, do cálice da sua ira, e *será atormentado com fogo e enxofre, diante dos santos anjos e na presença do Cordeiro. A fumaça do seu tormento sobe pelos séculos dos séculos, e não têm descanso algum, nem de dia nem de noite, os adoradores da besta e da sua imagem e quem quer que receba a marca do seu nome.*"

2. O FALSO PROFETA É CHAMADO DE "O ANTICRISTO"

O apóstolo João possui um ensino *sui generis* sobre a apostasia que não é levado em conta pela maioria dos cristãos, inclusive alguns dentre os Reformados. Muitas pessoas não têm prestado atenção à terminologia usada pelo apóstolo e têm feito uso indevido dos termos exclusivos de João sobre a apostasia. Trataremos aqui de modo mais extenso o ensino de João sobre o Anticristo.

2.1. A IDENTIFICAÇÃO DO ANTICRISTO NA HISTÓRIA DA IGREJA

A interpretação da palavra "Anticristo" tem sido muito variada na história da igreja. Pessoas individuais e confissões de fé têm se apegado mais a tradição da interpretação do que à terminologia bíblica onde essa palavra aparece. Vejamos algumas sugestões sobre a matéria:

(a) A identificação do Anticristo com Satanás

Para muitos teólogos, o termo "Anticristo" tem sido significativo de Satanás. Estes o têm considerado como Satanás vindo em carne, ou um homem que se havia entregado a Satanás para fazer a sua vontade, habilitado para fazer sinais miraculosos. Outros, chegaram a crer que o Anticristo fosse um homem ressuscitado por Satanás para cumprir todos os seus desígnios finais neste mundo.

Esses intérpretes nem sonham com a identificação do Anticristo com falsa profecia e nem mesmo com o Falso Profeta Final.

(b) A identificação do Anticristo como um movimento

Durante o longo período da Idade Média, uma outra ideia ganhou corpo: a ideia de que o Anticristo não era uma pessoa, mas sim um sistema ou organização.

(c) A identificação do Anticristo com o papado na *pré-Reforma*

John Wycliffe (1331-1384), no período da pré-Reforma, cria que o papado (como uma instituição, antes que um papa em particular) era o Anticristo.

> A partir desta suposição, dependendo do modo de vida de Cristo e do modo de vida do papa, parece reconhecidamente fiel que o papa é o Anticristo evidente, não apenas como pessoa individual que estabelece mais leis que são contra a lei de Cristo, mas a multidão de papas desde o tempo da dotação da Igreja – e dos cardeais, bispos, e seus outros cúmplices. A pessoa do Anticristo é um composto monstruoso.[2]

---

2 John Wycliffe, *Opus Evangelicum*, livro III, p.107; ver também p. 131-138, 181.

John Huss (1372-1415), o Reformador da Boêmia, que foi queimado por sua oposição a Roma, também assumiu a mesma posição de Wycliffe.

(d) A identificação do Anticristo com o papado na *Reforma*

Desde o período da Reforma, as igrejas protestantes não têm permanecido em apenas um posicionamento. As correntes oscilam entre a ideia de o Anticristo ser uma pessoa ou uma organização. Foi mais comum, entretanto, a ideia de o Anticristo ser uma organização (tal como o ofício do papado), porque o inimigo comum era a Igreja de Roma.

Por exemplo, o papado era considerado como uma organização poderosa que ensinava doutrinas errôneas, as quais foram combatidas fortemente no período da Reforma do século XVI.

Lutero vociferou contra Roma dizendo que "nós estamos convencidos de que o papado é a sede do verdadeiro e real Anticristo"[3]. E ainda:

> Vocês deveriam saber que o papa é o Anticristo real, verdadeiro e final, de quem a totalidade da Escritura fala, a quem o Senhor está começando a consumir com o espírito de sua boca e, muito logo, destruirá com o brilho da sua vinda, pela qual estamos esperando.[4]

Calvino disse:

> Daniel (9.27) e Paulo (2Ts 2.4) predisseram que o Anticristo haverá de se assentar no tempo de Deus; de nossa parte,

---

[3] Martinho Lutero, *What Luther Says*, ed. Ewald M. Plass (St. Louis: Concordia, 2006), 1:34.
[4] Martinho Lutero, *What Luther Says*, ed. Ewald M. Plass (St. Louis: Concordia, 2006), 1:36-37.

fazemos o pontífice romano o chefe e guarda-estandarte desse reino mau e abominado. Pelo fato de que seu assento está colocado no templo de Deus, com isso quer dizer que seu reino será tal que não extinguirá o nome de Cristo nem de sua igreja.[5]

Todos os outros Reformadores, seja de primeira, de segunda ou de terceira geração, sejam eles das ilhas ou do continente, vieram a pensar da mesma maneira que Lutero e Calvino.[6]

Esses intérpretes, também, nem sonham com a identificação do Anticristo com falsa profecia, nem mesmo com o Falso Profeta Final. Eles preferem falar de movimentos do que de pessoas.

(e) A identificação do Anticristo com o papado na *pós-Reforma*

Na época da Reforma, por causa dos acontecimentos históricos e da controvérsia com Roma, o papado foi identificado com o Anticristo. Praticamente todos os protestantes da época da pós-Reforma vieram a assimilar esse pensamento.

Os símbolos de fé de Westminster não fugiram à regra, dando combustível para essa interpretação entre Reformados:

> Não há outro cabeça da Igreja senão o Senhor Jesus Cristo; em sentido algum pode ser o Papa de Roma o cabeça dela, *mas ele é aquele anticristo, aquele homem do pecado e filho da perdição* que

---

5 João Calvino, *Institutas*, livro 4, trad. Elaine Sartorelli (São Paulo: Editora Unesp, 2009), cap. 2, seção 12.

6 Se você quiser conhecer mais sobre essas perspectivas históricas sobre o Anticristo, veja o livro de Bernard McGinn, *Antichrist: Two Thousand Years of the Human Fascination with Evil* (San Francisco: Harper, 1994). Outra obra importante sobre o assunto é a de Robert C. Fuller, *Naming the Antichrist: The History of an American Obsession* (Oxford: Oxford University Press, 1995). [N.A.]

se exalta na Igreja contra Cristo e contra tudo o que se chama Deus. (Confissão de Fé de Westminster, cap. XXV, VI)

No meu entendimento, o grande engano dos reformadores e pós reformadores, incluindo os documentos de Westminster, foi o de identificar o Anticristo com o Homem da Iniquidade, ao invés de identificá-lo simplesmente com o Falso Profeta ou com a Besta da Terra de Apocalipse. Essa interpretação seria justa, porque o Papa (ou o papado) sempre inventou novas doutrinas retiradas da tradução, para o prejuízo da igreja.

(f) A identificação do Anticristo na escatologia do *tempo presente*

Outras pessoas além do Papa já levaram a fama de Anticristo, como Hitler, Mussolini e Stalin. Quanto às organizações, podemos citar como exemplos de serem identificados como Anticristo o socialismo, o comunismo, a Rússia, a China, etc. Novamente, o Anticristo tem tido ligações mais íntimas com o Homem da Iniquidade, e não com o Falso Profeta Final de Apocalipse. É mais prudente, em todas as circunstâncias, considerar o papado (ou outra organização) em relação ao ensino da doutrina errônea, ao invés de ligá-lo à pessoa do Homem da Iniquidade ou da Besta do Mar.

Esses intérpretes, quer sejam pessoais ou confessionais, também nem sonham com a identificação do Anticristo com o Falso Profeta Final.

(g) A identificação do Anticristo na Escritura

Ao longo da história da igreja cristã, de maneira geral, o Anticristo tem sido identificado com o Homem da Iniquidade, conforme o relato de Paulo em 2 Tessalonicenses 2.3. Contudo, essa não é a ideia que a Escritura dá daquele a quem ela chama de "Anticristo". Há algumas verdades na Escritura sobre o Anticristo das quais não podemos abrir mão. O Anticristo da Escritura não é a mesma coisa que a Besta do Mar ou o Homem da Iniquidade, e sim igual ao Falso Profeta Final mencionado por João em Apocalipse.

Portanto, ao falar dos anticristos ou do Anticristo, você deve sempre ter em mente aqueles que ensinam uma doutrina falsa sobre a pessoa de Cristo ou a falsificação de qualquer outra doutrina basilar da Escritura.

3. A MENSAGEM ENGANOSA DO ANTICRISTO

> 1Jo 2.22 – "Quem é o mentiroso, senão aquele que nega que Jesus é o Cristo? *Este é o anticristo*, o que nega o Pai e o Filho."

No entendimento de João, uma heresia do Anticristo é a negação de algum ponto cristológico. Onde é encontrada a mensagem enganosa do Anticristo?

No entendimento de João, a mensagem enganosa está em qualquer pregação ou ensino que *nega a plena humanidade* de Jesus Cristo, negando a sua real corporeidade.

> 1Jo 4.2-3 – "Nisto reconheceis o Espírito de Deus: *todo espírito que confessa que Jesus Cristo veio em carne é de Deus*; e todo espírito que não confessa a Jesus não procede de Deus; pelo contrário, *este é o espírito do anticristo*, a respeito do qual tendes ouvido que vem e, presentemente, já está no mundo."

Além disso, podemos dizer que seria uma heresia do Anticristo a negação das distinções pessoais entre o Pai e o Filho.

1Jo 2.23 – "Todo aquele que nega o Filho, esse não tem o Pai; aquele que confessa o Filho tem igualmente o Pai."

Quando João fala dos anticristos, ele tem em mente essas pessoas que ensinavam doutrinas falsas, e não aquele personagem final que será o Homem da Iniquidade, como faz a maior parte dos teólogos (até mesmo alguns Reformados).

4. O TEMPO DA MANIFESTAÇÃO DO ANTICRISTO

1Jo 4.3b – "Pelo contrário, este é o espírito do anticristo, a respeito do qual tendes ouvido que vem e, presentemente, já está no mundo."

A apostasia tem início no período do Antigo Testamento, mas ela é tratada como apostasia no cristianismo já desde o primeiro século.

4.1 O ESPÍRITO DO ANTICRISTO JÁ TEM APARECIDO

1Jo 4.3b – "Pelo contrário, este é *o espírito do anticristo*, a respeito do qual tendes ouvido que vem e, *presentemente, já está no mundo*."

O espírito do Anticristo diz respeito aos pensamentos falsificados da revelação verbal que são desenvolvidos durante a história da igreja e que apontam para o Anticristo Final. Praticamente nunca houve geração neste mundo em que não tenha havido a manifestação do espírito do Anticristo, que é uma manifestação em engano teológico. Essa é uma constatação inequívoca feita por João, enquanto sofria por causa da pregação do evangelho.

4.2 OS ANTICRISTOS JÁ ESTÃO PRESENTES NO MUNDO

2Jo 1:7 – "Porque *muitos enganadores têm saído pelo mundo fora*, os quais não confessam Jesus Cristo vindo em carne; assim é o enganador e o *anticristo*."

Além de falar "do espírito do Anticristo", João fala de muitos anticristos que já estavam presentes no seu tempo. Ele chama esses anticristos de "enganadores" que já estavam se espalhando pelas igrejas do império romano e, especialmente, da Ásia Menor. Todos esses enganadores ensinavam uma doutrina errônea sobre Jesus Cristo, dizendo que ele não possuía uma plena humanidade, pois negavam uma verdadeira corporeidade nele.

1Jo 2.18 – "Filhinhos, já é a última hora; e, como ouvistes que vem o anticristo, *também, agora, muitos anticristos têm surgido*; pelo que conhecemos que é a última hora."

Como outros apóstolos do Novo Testamento, João também tinha um forte sentimento de que o tempo do fim estava chegando por causa das heresias que começavam a aparecer. Perceba que nesse verso, ele menciona duas vezes a expressão "última hora". Na verdade, a apostasia é um dos sinais que apontam para a volta do Redentor. Certamente, por causa do sofrimento do exílio, João tinha anelos de que o tempo da volta do Senhor viesse como consolação para os que passavam por tribulação. A perseguição já era forte nos tempos de João e, certamente, será ainda mais forte à medida que o dia do fim chega.

4.3. O ANTICRISTO É AINDA FUTURO

1Jo 4.3b – "Pelo contrário, este é o espírito do anticristo, *a respeito do qual tendes ouvido que vem* e, presentemente, já está no mundo."

O "espírito do Anticristo" se manifesta nos vários anticristos que, desde o início do cristianismo, tem perturbado a boa ordem teológica da igreja cristã; ele já está presente no meio das igrejas evangélicas. Na verdade, durante todos os séculos da igreja cristã, esse "espírito do Anticristo" tem influenciado muitas pessoas a crerem de modo incorreto.

Entretanto, João afirma com todas as letras que, além do "espírito do Anticristo" e dos anticristos que têm aparecido, um Anticristo Final (ou o Falso Profeta Final) ainda estava por aparecer. Parece-me que João está falando de uma pessoa (não de um movimento) que haverá de encarnar toda a rebeldia teológica, sendo o maior e o último dos profetas falsos; o inimigo, por excelência, da verdade de Deus. Não se esqueça de que o Anticristo Final virá para preparar o caminho de entrada do Homem da Iniquidade, para que este seja adorado, culminando naquilo que a Escritura chama de "grande apostasia".

1Jo 2.18 – "Filhinhos, já é a última hora; e, como ouvistes que vem o anticristo, também agora *muitos anticristos têm surgido*, pelo que conhecemos que é a última hora."

Há duas abordagens interpretativas desse texto.

(a) 1ª. Abordagem

Aqueles que creem que o Anticristo será uma pessoa no futuro, interpretam-no da seguinte forma: "Vocês têm ouvido que o Anticristo virá e, agora, em nosso tempo, há muitos anticristos que já são precursores do próprio Anticristo e, por isso, sabemos que sua vinda está próxima, e que estamos no fim dos tempos." Se interpretado dessa forma, podemos entender que João está falando de uma pessoa futura.

(b) 2ª. abordagem

Há outros que interpretam o texto de maneira diferente: "Vocês ouviram que o Anticristo virá antes do dia do juízo. A profecia se cumpre na aparição de muitos anticristos e, por isso, sabemos que estamos no último tempo, dirigindo-nos para o dia do juízo." Enxergar desse ponto de vista aponta para o fato de que João não cria no Anticristo como uma pessoa, mas como uma força do mal que se mostra por meio de falsos mestres e de falsos profetas no decorrer da história.

Qual dessas duas interpretações é a mais correta? Apenas pelo estudo desse verso de João não é possível chegar a uma conclusão definitiva. Comparemos esse verso com outros do mesmo apóstolo João.

1Jo 2.22 - "Quem é o mentiroso senão aquele que nega que Jesus é Cristo? Este é o anticristo, o que nega o Pai e o Filho."

É óbvio que o apóstolo está usando a expressão "anticristo" para denotar qualquer pessoa que sustenta um erro cristológico, como o que está mencionado no texto. No seu tempo havia um pensamento herético conhecido como gnosticismo. Debaixo do pensamento grego, um de seus erros era a identificação da matéria como algo de natureza má. É por isso que os gnósticos negavam Jesus Cristo vindo em carne. Não é sem razão que João inicia essa carta dizendo: "O que era desde o princípio, o que temos ouvido, o que temos visto com os nossos próprios olhos, o que *contemplamos* e as nossas mãos *apalparam*, com respeito ao Verbo da vida." (1Jo 1.1). João enfatiza a natureza humana de Jesus Cristo, que também tem consistência material. Contudo, muitos do tempo de João negavam a humanidade de Jesus e, na conta dele, os que ensinavam essa heresia eram anticristos. Obviamente, a negação do Filho levaria à negação do Pai. Porque, quem rejeita o Filho, também rejeita o Pai. Ou, quem não tem o Filho, não tem o Pai.

> 1Jo 4.2-3 – "Nisto reconheceis o Espírito de Deus: todo o espírito que confessa que Jesus Cristo veio em carne é de Deus; e todo espírito que não confessa a Jesus não procede de Deus; pelo contrário, este é *o espírito do anticristo*, a respeito do qual tendes ouvido que vem e, presentemente, já está no mundo."

Esses dois versos dão uma ideia bem clara da negação da humanidade de Jesus debaixo da influência gnóstica, em contraposição ao verdadeiro ensino de que Jesus Cristo é também humano e que possui uma natureza realmente visível (não imaginária) e palpável. Todas as pessoas que ensinavam tal cousa, fossem falsos mestres ou falsos profetas, possuíam o "espírito do Anticristo", que sempre tem a ver com a heresia que, em última instância, conduz à apostasia, ou seja, ao abandono da verdadeira doutrina. Esse "espírito do Anticristo" já era uma realidade no tempo de João e continuou a sê-lo nos séculos subsequentes, pois o gnosticismo durou muito tempo. Ainda hoje, temos manifestações dessa heresia. Contudo, o ensino geral da Escritura mostra que o "espírito do Anticristo" tem permeado a vida da igreja e, à medida que nos aproximamos do último dia, esse espírito que não procede de Deus invadirá o pensamento dos homens. Esses homens haverão de negar uma grande verdade a respeito de Cristo ou haverão de distorcer o ensino de sua Palavra. Esse espírito está muito presente em nossos dias, com o surgimento de tantas heresias.

João dá uma indicação muito clara no verso 5, dizendo que esses falsos profetas "procedem do mundo; por essa razão falam do mundo, e o mundo os ouve". À medida que o tempo do fim chega, os homens não-remidos haverão de dar mais atenção ao "espírito do Anticristo", que é o espírito do engano.

> 2Jo 1.7 - "Porque muitos *enganadores* têm saído pelo mundo fora, os quais não confessam Jesus Cristo vindo em carne; assim é o *enganador* e o *anticristo*."

A tendência dos intérpretes da Escritura é a separação do "enganador" do "Anticristo", como se eles fossem duas pessoas ou espíritos diferentes. Contudo, o texto, na sua totalidade, ensina que os enganadores de todos os séculos da era cristã tipificam o Enganador, que é o Anticristo Final. É meu entendimento desse verso, à luz do contexto das cartas de João, que os enganadores (isto é, os que ensinam doutrinas falsas a respeito de Cristo e de sua palavra) eram precursores do Anticristo Final. Os enganadores precedem o Enganador, que é o Anticristo.

Não tenho qualquer problema em dizer que o Anticristo é uma força que se expressa na vida de muitas pessoas, de cada geração, que ensinam coisas errôneas. É possível, também, que uma pessoa futura revele o espírito do engano de uma maneira até então desconhecida, e que faça parecer insignificantes os anticristos anteriores. Essa pessoa levará muitíssimos da igreja visível para a apostasia. Portanto, as duas ideias podem ser combinadas. Sempre houve um espírito de engano na vida dos falsos mestres e falsos profetas no decorrer da história, que vai culminar em uma pessoa que encarnará o espírito do engano, que é o espírito do Anticristo. Esse espírito do Anticristo, que tem atuado na história e que culminará na revelação de uma pessoa no final, é que causa a apostasia da igreja em todas as épocas; mas, a apostasia final será ímpar.

5. O ANTICRISTO DE JOÃO NÃO DEVE SER IDENTIFICADO COM O HOMEM DO PECADO DE PAULO

Como vimos anteriormente, os anticristos ou o Anticristo não pode ser identificado com o Homem do Pecado de Paulo em 2 Tessalonicenses 2.

A partícula grega "*anti*" pode significar o "oposto", ou algo "falso". A expressão "Anticristo", portanto, pode significar "oposto a Cristo" ou "falso Cristo", dentro do contexto da Escritura.

É significativo recordar que nem tudo que se opõe a Cristo pode ser chamado de "anticristo". Os judeus se opuseram a Cristo; assim, também, se portou o governo romano, que o perseguiu. Essas coisas aconteceram no tempo em que o apóstolo João escreveu a expressão "anticristo" nas suas cartas. No entanto, João não se referiu a eles como anticristos. O Anticristo não se refere a todos os que odeiam a Cristo e se opõem a ele, mas se refere especificamente àqueles que apresentam um Cristo falso, com a pretensão de adorar a Deus. João usa essa expressão "anticristo" exatamente no contexto de falso ensino.

Todos os bons comentaristas da Escritura concordam que João escreveu esse texto tendo em mente a heresia gnóstica. Como já vimos, parte dessa heresia era que tudo o que era físico seria mau, e o que era espiritual seria bom. Como consequência disso, negavam que Jesus Cristo era humano, porque a carne possuía uma natureza física e material e, por isso, impura. Em hipótese alguma Deus poderia ter qualquer coisa impura. Foi por essa razão que João disse que não era de Deus aquele que negava Jesus Cristo vindo em carne (1Jo 4.3). Nos tempos de João, essa heresia era pregada constantemente, sem que houvesse qualquer restrição da parte da igreja já estabelecida. Então, João toma as dores da verdade e insta aos crentes a quem escreve a não darem guarida a esses pregadores da heresia gnóstica (2Jo 1.7-10). Contudo, devemos lembrar que a heresia gnóstica não era algo grosseiramente pregado. Havia sofisticação no ensino errôneo. Se não houvesse essa sofisticação, os crentes em geral haveriam de perceber o engano do ensino. Se os falsos mestres negassem abertamente o Filho e o Pai, certamente, mesmos os crentes comuns haveriam de detectar, se eram sinceros na sua fé, e não haveriam de dar boas-vindas a eles.

Em outras palavras, segundo João, para que uma organização ou uma pessoa fosse o Anticristo não era suficiente que odiasse a Cristo e se opusesse a ele, como já observamos. Para ser Anticristo, era preciso negar um ponto fundamental da fé e, ainda assim, se declarar adorador e profeta do Deus Altíssimo, o Deus dos cristãos. O Anticristo não irá contra Cristo, mas tentará enganar o povo cristão, apresentando um falso Cristo, um Cristo que não combina com o que a Escritura apresenta; mas, fará isso de modo que os incautos não haverão de perceber, como historicamente já tem acontecido mas em escala menor.

Portanto, são anticristos organizações ou pessoas que, em nome de Deus, tratam de apresentar-nos um Cristo falso, uma espécie de imitação do verdadeiro, um salvador destituído de alguns atributos próprios do Filho de Deus encarnado.

Por essa razão, segundo a linguagem usada pela Escritura, o Homem do Pecado, mostrado por Paulo na segunda carta aos Tessalonicenses, não pode ser equivalente ao Anticristo apresentado por João. O Homem do Pecado declara a si mesmo que odeia a Jesus e a qualquer forma de Deus. Sua mensagem não tem nada a ver com a de um profeta enviado por Deus, de que "não há Deus além de mim", do modo como disse o Deus verdadeiro. Ele vai tentar colocar-se no lugar e no trono de Deus opondo-se violentamente contra Deus e contra o seu povo.

Não existe boa fundamentação baseada na Escritura para se identificar o Anticristo com o Homem do Pecado, como alguns teólogos fazem. Esse é um engano histórico do qual até mesmo os Padrões de Fé de Westminster não se livraram. Quase todos os reformados vêm repetindo esse posicionamento, sem darem conta do significado que a Escritura dá ao termo "anticristo". Um exame bem cuidadoso haverá de mostrar que esses dois são distintos. O Homem do Pecado será um perseguidor público do povo de Deus, como veremos adiante, enquanto que o Anticristo é um falso profeta que nega uma doutrina fundamental da fé mas que tenta enganar o povo de Deus, até mesmo os próprios eleitos se possível (Mt 24.24-25), preparando o caminho para o surgimento do Homem da Iniquidade (Besta do Mar).

Se quisermos identificar o Anticristo com uma outra personagem da Escritura, o único que se encaixará é o Falso Profeta, a Besta da Terra da qual o mesmo João fala (Ap 13.11). O texto diz que essa besta saía da terra "parecendo Cordeiro", aparentando ser o Cristo, mas falando como dragão. Esse texto é indicativo de que a Besta da Terra aparecerá com a autoridade de Satanás para enganar as pessoas a respeito da verdade.

CAPÍTULO 18

A NATUREZA DO FALSO PROFETA FINAL[1]

O presente capítulo consiste em uma breve análise de Apocalipse 13.11-18. Diante de nós, temos um texto que, por muitas vezes, foi e tem sido passível de várias especulações, razão essa que lamentavelmente tem levado muitos estudantes da Bíblia a uma atitude indiferente para com ele. A literatura apocalíptica é estereotipada como um gênero que trata "apenas" sobre o fim dos tempos e, por essa razão, somos privados da bem-aventurança que abre o Apocalipse: *"Bem-aventurados aqueles que leem e aqueles que ouvem as palavras da profecia e guardam as coisas nela escritas, pois o tempo está próximo"* (Ap 1.3). Fugindo de estereótipos e especulações, nos deteremos em analisar o presente texto tendo em vista as obras do Falso Profeta Final, e veremos como a presente análise será útil à nossa compreensão da teologia da revelação.

---

1 Parte da pesquisa deste capítulo devo ao acadêmico André Luís Araújo Brito, como cumprimento da exigência da disciplina *Teologia da Revelação*, ministrada no CPAJ, em 2014. [N.A.]

Apesar de termos diante de nós a mentira protagonizada e patrocinada pelo maligno, ser-nos-á importante que, em sua obra de imitação, observemos um padrão revelacional que perpassa toda a revelação bíblica.

1. O FALSO PROFETA É UM DISSIMULADOR

> Ap 13.11b – "Vi ainda outra besta emergir da terra; possuía dois chifres, *parecendo cordeiro*, mas falava como dragão."

Por detrás da fala e dos atos do Falso Profeta está Satanás. Toda a inspiração vem dele. A fala do Dragão é o fundamento da falsa profecia. O Dragão-Satanás (Ap 12.3,7,9) tem no Falso Profeta Final o seu porta-voz direto. A fala do Dragão consiste na mentira, porém nunca abertamente; essa foi a tática da serpente no princípio e em todo o desenrolar da história. Ou seja, o Dragão distorceu a verdade desde o Éden, como nos revela o texto bíblico:

> Gn 3.1 – "Mas a serpente, mais sagaz que todos os animais selváticos que o SENHOR Deus tinha feito, disse à mulher: É assim que Deus disse: Não comereis de toda árvore do jardim?"

A menção do nome de Deus pela serpente demonstra não só sua ousadia mas também sua estratégia de mesclar o que Deus disse com a sua mentira, a fim de não chocar de imediato a mulher. Desde então, essa tem sido sua estratégia.

Todos os falsos profetas no desenrolar da história bíblica sempre associaram o nome de Deus às suas mentiras e, assim, obtiveram muitas vezes êxito entre os incautos. Dessa forma, a serpente fará sua última investida concedendo ao Falso Profeta

Final sua inspiração em máxima intensidade, com o intuito de formar seu séquito.

O séquito do Dragão é atraído por uma falsa imagem expressa pela besta que emerge da terra – *parecendo cordeiro*, ela destila o veneno da serpente através do falso ensino. A imagem de um cordeiro evoca mansidão e humildade, características do Senhor Jesus, que afirmou: *"Aprendei de mim, porque sou manso e humilde de coração"* (Mt 11.29b). Não podemos deixar de mencionar, também, o cordeiro exaltado no meio do trono na visão de João, no capítulo 5 deste mesmo livro. Assim, tanto na própria estrutura esboçada por João como no agir do próprio Satanás, vemos que a obra da tríade satânica é uma imitação grotesca do Grandioso Deus, a fim de iludir os homens que amam a mentira; e, mais especificamente, podemos ressaltar que o Falso Profeta ardilosamente e sem originalidade irá seduzir a terra.

2. O FALSO PROFETA É UM SUBSERVIENTE

> Ap 13.11 – "Vi ainda outra besta emergir da terra; possuía dois chifres, *parecendo cordeiro*, mas falava como dragão."

O Falso Profeta Final estará debaixo do poder de Satanás, portando-se como Satanás se porta. Satanás é a "antiga serpente" e o "dragão". Ele procura atacar as pessoas "como leão que ruge procurando alguém para devorar" (1Pe 5.8b). Ele estará subservientemente agindo sob autoridade maligna de Satanás e da própria Besta do Mar.

De modo semelhante, debaixo do poder de Satanás, o Falso Profeta cairá sobre as pessoas para seduzi-las, cativá-las, tornando-as presas do Maligno no que diz respeito ao engano. Ele se portará como Satanás, imitando-o. É notória, também, a semelhança com que a Besta da Terra é "inspirada" pelo Dragão em sua fala; com certeza vemos aqui mais uma vez a grotesca imitação, pois sabemos que o Filho fala as palavras de Deus (Jo 3.34), e que também o Espírito dá testemunho de Cristo aqui na terra, levando os homens à adoração ao Pai em Jesus Cristo (Jo 16.14). E claro, ainda há o paralelo entre o séquito do Dragão e os santos de Deus.

CAPÍTULO 19

AS FUNÇÕES TEOLÓGICAS DO FALSO PROFETA FINAL

O Falso Profeta não terá outra função além de estabelecer o esquema teológico que o mundo haverá de seguir, nos dias que precederão a volta de Jesus Cristo. Ele tem funções eminentemente teológicas, porque ele será o maior dos líderes religiosos àquela altura no mundo.

1. O FALSO PROFETA PROMOVERÁ A BESTA DO MAR À CONDIÇÃO DE DEUS

A importante função do Falso Profeta (Besta da Terra) é promover a Besta do Mar (Homem da Iniquidade) à condição de divindade. O Falso Profeta é uma espécie de ministro de propaganda para a Besta do Mar (Homem da Iniquidade), com o intuito de espalhar o movimento mundial de engano. Ele será uma espécie de motivador das massas para que elas adorem a Besta do Mar.

Os homens enganados pelo Falso Profeta Final adorarão duas pessoas importantes do final do mundo: Satanás e a Besta do Mar.

2 O FALSO PROFETA INDUZIRÁ À ADORAÇÃO DE SATANÁS POR SER ELE UM DEUS

Ap 13.4 – "*E adoraram o dragão* porque deu a sua autoridade à besta; também adoraram a besta, dizendo: Quem é semelhante à besta? Quem pode pelejar contra ela?"

Satanás deu todo seu poder à Besta do Mar. Por isso, ela se tornou invencível. Por causa desse poder concedido à ela, todos os habitantes da terra prestarão reverência, respeito ou homenagem ao Diabo. Pessoalmente, prefiro interpretar o verbo grego *"proskineo"* como "adoração", pois Satanás sempre quis ser igual a Deus, desde o princípio. Afinal de contas, ser Deus significa ser senhor de todo o universo. Por seu poder concedido à Besta do Mar, os homens haverão de lhe prestar culto.

3. O FALSO PROFETA INCITARÁ A ADORAÇÃO DA BESTA DO MAR POR ELE SE FAZER DEUS

Todo os povos da terra adorarão dois grandes personagens da iniquidade. Tanto o Dragão como Falso Profeta promovem o trabalho de entronização à divindade da Besta do Mar. Os homens da terra adorarão Satanás, porque ele dará "a sua autoridade à Besta". A adoração do Homem da Iniquidade acontecerá por duas razões:

3.1. A PRÓPRIA BESTA DO MAR SE PROCLAMARÁ DEUS

Quando o Homem da Iniquidade se manifestar, a sua principal função será receber adoração por parte dos habitantes da terra, porque ele se elevará à condição de Deus. Veja o que Paulo diz sobre essa terrível situação:

2Ts 2.4 – "[O homem da iniquidade] o qual se opõe e se levanta contra tudo que se chama Deus ou é objeto de culto, a ponto de assentar-se no santuário de Deus, *ostentando-se como se fosse o próprio Deus.*"

Os homens prestarão culto ao Homem da Iniquidade porque ele refletirá, em mais alta medida, o que fizeram os grandes imperadores da história. Estes sempre exigiram adoração da parte dos seus súditos. Assim, de maneira superior a todos os imperadores que já existiram (e ainda existirão), o Homem da Iniquidade será adorado em seu poder e arrogância. Ele negará qualquer divindade e dirá aos homens que somente ele é Deus. Ele solicitará a adoração dos homens que estão debaixo do seu governo.

3.2. O PRÓPRIO FALSO PROFETA CONDUZIRÁ OS HOMENS À ADORAÇÃO DA BESTA DO MAR

Quando a Besta do Mar exigir adoração por parte dos habitantes da terra não será uma novidade, e nem os homens se espantarão diante do homem/deus. Por quê? Porque o Falso Profeta já terá preparado o caminho para a adoração dela. O Falso Profeta:

Ap 13.12 – "Exerce toda a autoridade da primeira besta na sua presença. *Faz com que a terra e os seus habitantes adorem a primeira besta,* cuja ferida mortal fora curada."

O propósito do Falso Profeta, em sua função teológica, é promover e glorificar a Besta, da mesma forma que o propósito do Espírito Santo é glorificar a Cristo. Por essa razão, o Falso Profeta ordena aos homens do mundo que construam estátuas para que a glória seja trazida à Besta.

Da mesma forma que somos educados na fé, e assim nos tornamos verdadeiros adoradores do Deus verdadeiro, o Falso Profeta Final, munido da autoridade e da fala do Dragão, catequizará os habitantes da terra à adoração a Satanás e ao seu principal agente aqui na terra.

Na sua promoção da Besta do Mar, o Falso Profeta incentivará a adoração do seu chefe imediato, através da sedução perpetrada sobre os homens da terra. Portanto, ele encorajará todos os habitantes da terra à adoração de um homem que faz de si mesmo deus.

> Ap 13.14 – "Seduz os que habitam sobre a terra por causa dos sinais que lhe foi dado executar diante da besta, *dizendo aos que habitam sobre a terra que façam uma imagem à besta*, àquela que, ferida à espada, sobreviveu."

Sem sombra de dúvida, podemos afirmar, sem exceção, que o falso ensino conduz à falsa adoração. De fato, podemos afirmar que não existe neutralidade, todos adoram, e se não adoram o Deus verdadeiro são catequizados em seus devaneios filosóficos à falsa adoração, que encontra sua expressão final na Besta do Mar e seu agente, a Besta da Terra.

A sedução é uma marcante arma do Dragão: "E foi expulso o grande dragão, (...) o sedutor de todo o mundo (...)" (Ap 12.9). Paulo fala que a mulher foi iludida, e Adão não foi; mas a mulher, sendo enganada, caiu em transgressão (1Tm 2.14). Também demonstra seu receio quanto ao engano e astúcia característicos da serpente. Tal ação é corruptora da mente, apartando os homens de Cristo, bem como de sua simplicidade e pureza. "Mas receio que, assim como a serpente enganou a Eva com a sua astúcia, assim também seja corrompida a vossa mente e se aparte da simplicidade e pureza devidas a Cristo" (2Co 11.3).

Observemos a fatídica sequência: falso ensino, sinais e, por fim, a falsa adoração. A iconização da falsa adoração é uma questão de autonomia diante de Deus, autonomia esta que tem sua origem no Éden com a serpente. Somos sabedores que nisso consistia o comer do fruto, ou seja, no estabelecimento do ego humano em uma projeção divina do mesmo: *"e, como Deus, sereis"* (Gn 3:5).

Outra função importante do Falso Profeta é promover a adoração da Besta do Mar.

4. O FALSO PROFETA LEVARÁ O MUNDO À ADORAÇÃO DA BESTA DO MAR

Ap 13.12b – "Faz com que a terra e os seus habitantes adorem a primeira besta, cuja ferida mortal fora curada."

Se o Falso Profeta haverá de promover a Besta do Mar à condição de Deus, obviamente, ele vai fazer com que ela seja adorada.

Se usarmos a linguagem do cinema, podemos dizer que a primeira besta é o ator principal e a segunda besta é o ator coadjuvante. O ator coadjuvante trabalha para que fique em evidência o papel do ator principal. Ele fica mais escondido na cena para encorajar as pessoas à adoração da Besta do Mar. Ao invés de dirigir a atenção para si mesmo, ele chama a atenção dos habitantes da terra para a primeira besta, a fim de que ela seja adorada.

A segunda besta não possui qualquer intenção de ser adorada pelos outros homens. Esse aspecto é altamente enganoso. Se ela procurasse a adoração dos homens ela não iludiria, porque os homens perceberiam claramente o seu engano. O que, então, o Falso Profeta faz? Ele chama a atenção para a adoração da primeira besta (que é o Homem da Iniquidade). Na verdade, o principal objetivo do engano do Falso Profeta é fazer com que os homens adorem a Besta.

Poucos homens pediram a adoração do povo para si mesmos, mas outros pediram a adoração deles. Foi este o papel da segunda besta: fazer "com que a terra e os seus habitantes adorem a primeira besta" (Ap 13:12).

Os falsos profetas hoje, via de regra, não pedem qualquer tipo de adoração para si mesmos, mas sempre acabam conduzindo o povo a adorar deuses que são diferentes do Deus da Escritura. Eles sempre promovem a adoração a falsos deuses. Portanto, não será diferente com a Besta da Terra. Ela será o último dos profetas e o maior deles, o Falso Profeta, promovendo a adoração da primeira besta.

CAPÍTULO 20

OS "MINISTÉRIOS" DO FALSO PROFETA FINAL

Pela palavra "ministérios", aqui, não entenda o exercício de dons espirituais, mas sim tarefas que o Falso Profeta fará para beneficiar a Besta do Mar e trazer segurança àqueles que não obedecem à Palavra do Deus verdadeiro.

1. O FALSO PROFETA EXERCE O "MINISTÉRIO" DE DIVULGAR A PRIMEIRA BESTA

Ap 13.12 — "Exerce toda a autoridade da *primeira besta na sua presença*. Faz com que a terra e os seus habitantes adorem a primeira besta, cuja ferida mortal fora curada."

O Falso Profeta é o ministro de propaganda da primeira besta, mas sob o controle supremo de Satanás. Ele exercerá o serviço de propagar o poder, a honra e glória da Besta do Mar (que é o Homem da Iniquidade).

Portanto, a grande meta do Falso Profeta é promover a primeira besta. Ele é o seu precursor, quem apontará o caminho até ela. Como João, o Batista, anunciava e apontava para o Messias como o Cordeiro de Deus que tira o pecado do mundo; sendo digno de adoração e de receber a obediência dos homens, o Falso Profeta atuará com relação à Besta do Mar.

O Falso Profeta apontará para o Homem da Iniquidade como sendo digno de adoração pelos homens. Ele unirá os homens de toda a terra sob o mesmo culto, um culto de adoração à Besta e ao Dragão. Por meio de sua pregação, o Falso Profeta conduzirá pessoas de todas as condições sociais e de todos os seguimentos religiosos a adoração da Besta. Ele persuadirá os homens a adorarem a Besta, conformando-os com a sua vontade. Por meio do Falso Profeta, "aqueles que não têm o seu nome escrito no livro da vida" prestarão serviço religioso a primeira besta, submetidos à escravidão espiritual por causa do engano profético e do falso ensino.

2. O FALSO PROFETA EXERCE O MINISTÉRIO DE SEDUZIR OS HOMENS

Ap 13.14 — "*Seduz os que habitam sobre a terra por causa dos sinais que lhe foi dado executar diante da besta,* dizendo aos que habitam sobre a terra que façam uma imagem à besta, àquela que, ferida à espada, sobreviveu."

Ao contrário do verdadeiro profeta do Senhor, que anuncia a verdade que liberta, a arma do Falso Profeta é a mentira e o engano que ocasionam a sedução. Com o objetivo de seduzir os homens, o

Falso Profeta age com mentiras tão convincentes que se não fora a condição de escolhidos por Deus, até estes seriam enganados.

2.1. O FALSO PROFETA SEDUZIRÁ ATRAVÉS DE SUAS MENSAGENS DE FALSAS ESPERANÇAS

Ap 13.14a – "*Seduz* os que habitam sobre a terra."

A princípio, o Falso Profeta tentará desviar os cristãos da genuína doutrina de Cristo. O verbo "seduzir" no grego é "πλαvαw" (*planao*), e pode ser traduzido também como "enganar" ou "desviar a trajetória". Como já acontece hoje através dos falsos profetas já existentes, assim acontecerá, em medida muito maior, com o ministério do Falso Profeta. Quando ele chegar, ele vai tentar desviar os cristãos da trajetória de fé e conduzi-los para longe da Palavra de Deus. Ele fará com que muitos membros das igrejas abandonem a Escritura e deem atenção ao seu ensino.

Àquela altura, mais do que agora, muitos cristãos não terão boa formação doutrinária, pelo desprezo que já vemos nos tempos de hoje à verdadeira palavra profética. A falsa profecia tem sido sedutora, porque ela apela para falsas esperanças em um tempo de muita vacilação teológica e ética: a falsa profecia prega esperança de paz, esperança de curas físicas, esperança de não mais ter enfermidade, além da esperança de prosperidade. Se essas pessoas ficarem vivas até o tempo do fim, uma porção delas vai acabar acreditando, ainda que parcialmente, nas mentiras do Falso Profeta; mentiras que possuem aparência de verdade. Se as mentiras não se parecerem com a verdade, não há sedução.

2.2. O FALSO PROFETA EXERCERÁ SEU PODER DE SEDUÇÃO NA PRESENÇA DA BESTA DO MAR

Ap 13.12 – *"Exerce toda a autoridade* [ἐξουσίαν] *da primeira besta na sua presença.* Faz com que a terra e os seus habitantes adorem a primeira besta, cuja ferida mortal fora curada."

Há uma espécie de cadeia de comando dentro da tríade do mal. A autoridade maior é a de Satanás, que tem o seu controle sobre a Besta do Mar e do Falso Profeta; em segundo lugar, vem a Besta do Mar, que tem ascendência sobre o Falso Profeta; em terceiro lugar, vem o Falso Profeta, que se reporta aos dois primeiros e engana toda a terra diante da primeira besta.

Entretanto, a ordem de autoridade não significa necessariamente a ordem de importância à vista de Deus. O Falso Profeta, o mais inferior da tríade, tem a maior responsabilidade teológica neste mundo. Ainda que ele receba seus ensinos dos demônios, ele tem autonomia para atingir todo o mundo. Essa autonomia dele é usada para se exibir à Besta do Mar e para se tornar conhecido do mundo. Por isso, ele fará vários sinais e prodígios para produzir fascinação, engano e sedução. Não obstante, o Falso Profeta tem que se reportar aos dois primeiros, através de dotação recebida de grandes poderes. Por isso, é dito que ele "exerce *autoridade* [ἐξουσίαν - *exousian*]".

Assim como um subalterno quer mostrar a sua capacidade de produção no trabalho ao seu superior, o Falso Profeta tentará impressionar o seu chefe (a Besta do Mar) com as coisas que vai fazer. Ele tem um grande poder, e ele não vai perder tempo para adquirir prestígio como um funcionário subalterno na tríade, porque a sua autoridade (poder) veio da Besta do Mar.

Curiosamente, o Falso Profeta, com toda sua *exousia* (autoridade), nunca reivindica adoração para si. Isso é notável, quando levamos em conta todo o poder que ele terá entre os homens e na presença da Besta do Mar.

Portanto, porque estará debaixo do domínio da Besta do Mar, que possui um domínio político/militar, o Falso Profeta vai exibir o seu poder na frente do seu superior imediato. É uma espécie de satisfação que ele dá, à Besta do Mar, de sua eficiência.

2.3. O FALSO PROFETA SEDUZIRÁ A TOTALIDADE DA TERRA

Ap 13.14a – "*Seduz os que habitam sobre a terra* por causa dos sinais."

No final desse ministério, a sedução, por parte do Falso Profeta, terá proporções mundiais, porque o texto diz que ele seduz "*os que habitam sobre a terra*". Essa expressão envolve mais do que os membros da igreja chamada cristã, os quais vão apostatar. Ela abrange pessoas de todas as outras religiões ainda existentes, que não possuem convicção da sua própria fé, e elas serão engodadas pela mensagem do Falso Profeta.

Se você quer aprender sobre sedução, você tem que ler, ouvir e ver o que os falsos profetas de hoje fazem nos cultos que promovem. Sempre houve pessoas, na história da igreja, alegando produção de sinais. A tendência é que essa sedução recrudesça à medida que o tempo do fim se aproxima. No tempo do Falso Profeta Final, a sedução terá proporções mundiais.

2.4. O FALSO PROFETA SE SERVIRÁ DE SEUS PODERES PARA SEDUZIR

Ap 13.14a – "Seduz os que habitam sobre a terra *por causa dos sinais.*"

Jesus Cristo já havia dito a respeito dos falsos profetas que eles haveriam de enganar, mesmo alguns escolhidos, através da realização de grandes sinais. As palavras de Jesus sobre essa matéria são inequívocas:

> Mt 24.24 – "Porque surgirão falsos cristos e *falsos profetas operando grandes sinais e prodígios para enganar,* se possível, os próprios eleitos."

No decorrer da história da igreja, sempre houve aqueles que diziam fazer grandes sinais e prodígios para enganar o povo. Na verdade, os falsos profetas não são hipócritas, porque eles creem que estão pregando a verdade. Eles também estão enganados. Mas Satanás se serve deles para enganar, já que ele é o Pai da mentira.

No tempo do fim, a feitura de "sinais e prodígios" será espantosa por parte do Falso Profeta Final. Assim como nos tempos apostólicos os apóstolos realizavam sinais para "autenticação da fé", no tempo do fim os falsos profetas e, finalmente, o Falso Profeta, farão coisas extraordinárias para engodar aos incautos.

Apenas relembre rapidamente os tipos de prodígios que o Falso Profeta Final (o Anticristo) fará, a fim de seduzir os habitantes da terra:

(a) O Falso Profeta fará descer fogo do céu:

Ap 13.13 – "Também opera grandes sinais, de maneira que *até fogo do céu faz descer à terra,* diante dos homens."

(b) O Falso Profeta comunicará fôlego à imagem da Besta:

Ap 13.15 - "E *lhe foi dado comunicar fôlego à imagem da besta,* para que não só a imagem falasse, como ainda fizesse morrer quantos não adorassem a imagem da besta."

(c) O falso profeta fará a imagem da Besta falar:

Ap 13.15 – "E lhe foi dado comunicar fôlego à imagem da besta, *para que não só a imagem falasse,* como ainda fizesse morrer quantos não adorassem a imagem da besta."

Um profeta com esses poderes pode convencer qualquer pessoa que não seja pertencente genuinamente a Jesus Cristo. Não é sem razão que há tanta gente hoje seduzida por sinais. O pior é que haverá bilhões de pessoas no tempo do fim que serão seduzidas pelos poderes do Falso Profeta Final!

2.5. O FALSO PROFETA FARÁ COM QUE CRISTÃOS MORRAM POR MEIO DA IMAGEM DA BESTA

Ap 13.15 - "E lhe foi dado comunicar fôlego à imagem da besta, para que não só a imagem falasse, *como ainda fizesse morrer quantos não adorassem a imagem da besta.*"

O Falso Profeta, através de seus ministérios, fará desencadear a maior perseguição de que se tem notícia. Nunca a perseguição dos cristãos, nem mesmo em tempos de grandes crises, terá sido da envergadura da perseguição que será causada pelo fato dos cristãos não adorarem a imagem da primeira besta, erigida pelo Falso Profeta.

Essa imagem será colocada, provavelmente, em todas as repartições públicas, escolas e logradouros. Ninguém poderá escapar de ver essa imagem. Ninguém poderá alegar que não a adorou porque não conhecia nada a respeito dela. Os cristãos fiéis, mesmo sabendo do terrível ministério do Falso Profeta, se manterão unidos na adoração somente do verdadeiro Deus.

Como consequência, muitos deles serão mortos por essa espantosa imagem, que terá algum tipo de vida animada; ela poderá se movimentar e terá o poder de perseguir, até à morte, os que não se inclinam perante ela em adoração.

2.6. O FALSO PROFETA SEDUZIRÁ O MUNDO APONTANDO UM NOVO DEUS

Ap 13.14b – *"Dizendo aos que habitam sobre a terra que façam uma imagem à besta, àquela que, ferida à espada, sobreviveu"*

Mt 24.11 – "Levantar-se-ão muitos falsos profetas e enganarão a muitos."

Se a função do profeta de Deus é anunciar a verdade que liberta e edifica o homem, levando-o a prática da obediência a Deus, o papel do Falso Profeta é exatamente o contrário. Paulo antevê esse estado de coisas quando escreve a Timóteo:

1Tm 4.1-2 – "Ora, o Espírito afirma expressamente que, nos últimos tempos, alguns apostatarão da fé, por obedecerem a espíritos enganadores e a ensinos de demônios, pela hipocrisia dos que falam mentiras e que têm cauterizada a própria consciência."

Os homens são atraídos pela mensagem do Falso Profeta, porque ele lhes oferece uma mensagem atraente aos ouvidos. Os homens sempre querem encontrar uma forma de acalmar a sua consciência, abrandar a culpa. Uma mensagem que tem como origem a verdadeira revelação de Deus, sendo anunciada por alguém que ab-roga ser homem de Deus, que promete liberdade sem cruz e salvação sem arrependimento, torna-se extremamente agradável aos ouvidos do pecador. Eis a razão porque o Falso Profeta sempre parte da deturpação da escritura para formalizar sua mensagem.

3. O FALSO PROFETA EXERCE O "MINISTÉRIO" DE COLOCAR A MARCA DA BESTA NOS HOMENS ÍMPIOS

Ap 13.16 – "A todos, os pequenos e os grandes, os ricos e os pobres, os livres e os escravos, *faz que lhes seja dada certa marca sobre a mão direita ou sobre a fronte.*"

O Falso Profeta não somente enganará pessoas, mas fará com que elas recebam uma marca de identificação de modo que somente elas possam receber benefícios naqueles dias tenebrosos.

3.1. A MARCA DA BESTA RELEMBRA A MARCA QUE DEUS COLOCA NO SEU POVO

O contexto imediato do livro de Apocalipse já menciona o ato de Deus em marcar os seus santos (Ap 7.3), o que mais uma vez destaca a imitação maligna. Acredito ser importante destacarmos, também, o contexto judaico do próprio autor que, embora mais remoto, é pertinente em nossa compreensão desta visão.

Como todo bom judeu, João conhecia e sabia a importância de Deuteronômio 6 para a adoração judaica. Esse texto destaca a devoção plena ao único Deus sendo, assim, o coração da verdadeira adoração:

> Dt 6.4-8 – "Ouve, Israel, o SENHOR, nosso Deus, é o único SENHOR. Amarás, pois, o SENHOR, teu Deus, de todo o teu coração, de toda a tua alma e de toda a tua força. Estas palavras que, hoje, te ordeno estarão no teu coração; tu as inculcarás a teus filhos, e delas falarás assentado em tua casa, e andando pelo caminho, e ao deitar-te, e ao levantar-te. *Também as atarás como sinal na tua mão, e te serão por frontal entre os olhos.*"

As palavras italicizadas do último versículo visam destacar a semelhança com o nosso texto em foco no livro de Apocalipse. Apesar das muitas especulações quanto ao que seja essa marca, ou como será aplicada, creio que seja importante ressaltarmos o princípio exposto nesse texto, que será útil em nossa compreensão da marca promovida pela Besta da Terra.

Moisés fala da importância da internalização da lei de Deus no coração do homem; ou seja, o povo de Deus ama a lei de seu Deus, e assim a transmitirá a seus filhos como seu bem mais precioso. Tão abrangente e poderosa é a Palavra de Deus que estará nas mãos de cada judeu; ou seja, todas as suas ações serão norteadas por essa lei. Mas, não somente terá um campo de ação em suas atitudes como também em toda sua cosmovisão; ou seja, ela estará entre seus olhos, em sua mente, como critério de interpretação para toda a vida.

Se especularmos ou forçarmos demais alguma alegorização, nos tornaremos semelhantes aos fariseus, que baseados nesse texto inventaram seus estranhos filactérios. O princípio coerente e saudável aplicado a Deuteronômio 6 deve ser o mesmo aplicado a Apocalipse no que se refere a marca da Besta; ou seja, o Dragão demandará devoção, cosmovisão e ações norteadas pelo seu falso ensino.

3.2. A MARCA DA BESTA SERÁ COLOCADA EM TODAS AS CAMADAS DE PESSOAS

Aqueles que forem enganados pelo Falso Profeta Final receberão um sinal de identificação que lhes dará privilégios naquela época, em contraposição aos que não receberem essa marca. Muita gente, de todas as partes do mundo, sejam grandes ou pequenos, ricos ou pobres, livres ou escravos, receberão essa marca.

O Falso Profeta será o responsável por colocar esse sinal da Besta nas pessoas que ele conseguir enganar. Certamente, a grande maioria dos habitantes da terra será enganada. Todas as camadas de pessoas, sejam religiosas ou não, acabarão se tornando membros da igreja mundial sob o controle teológico do Falso Profeta.

3.3. A MARCA DA BESTA SERÁ COLOCADA NA MÃO OU NA FRONTE

A marca do engano será alguma coisa visível, que será colocada em dois lugares bem aparentes nas pessoas, o que ajudará na identificação daqueles que foram enganados pelo Falso Profeta. Nenhum daqueles que são rebeldes a Deus deixará de ter a marca da Besta em um dos dois lugares mais visíveis que um ser humano pode ter: na mão ou na fronte. Essa marca mostrará uma plena lealdade ao estado constituído e representado pela Besta do Mar.

3.4. A MARCA DA BESTA TERÁ ALGUNS PROPÓSITOS

Ap 13.16-17 – "A todos, os pequenos e os grandes, os ricos e os pobres, os livres e os escravos, faz que lhes seja dada certa marca sobre a mão direita ou sobre a fronte, para que ninguém possa comprar ou vender, senão aquele que tem a marca, o nome da besta ou o número do seu nome."

O todo da vida é, praticamente, determinado pela religião. A sociedade falaciosamente tenta se desvencilhar da religião como sendo isso sinônimo de desenvolvimento de um povo; porém, tal ideia é impossível. De fato, tudo envolve a religião.

Sendo assim, a Besta da Terra abrangerá todas as esferas do viver humano, não se contentando apenas com uma parte da esfera do viver. No verso 16, é possível verificar todas as classes mencionadas e envolvidas nesse sistema, bem como no verso 17 podemos observar o comprar e o vender; ou seja, todas as relações que envolvem o trabalho humano (e claro, sua ética) pautados pelo novo sistema que se afirma totalitariamente no poder.

A adoração ao Deus verdadeiro reivindica legitimamente todas as esferas da vida humana. Podemos chegar à conclusão de que temos aqui a tentativa final de usurpação, por parte das trevas, do que pertence exclusivamente ao Deus Altíssimo. O texto clássico de Paulo confirma o que estamos argumentando: *"Portanto, quer comais, quer bebais ou façais outra coisa qualquer, fazei tudo para a glória de Deus"* (1Co 10.31).

O Falso Profeta mostrará a sua lealdade à Besta do Mar criando uma espécie de controle econômico que beneficia uns e prejudica outros. Os enganados receberão benefícios de comprar e vender muito facilmente, enquanto que os cristãos fiéis não serão contemplados com tais direitos básicos.

A base de toda a economia, na época, estará sob o controle dele. O controle do abastecimento será efetuado pelo Falso Profeta. Toda a comida e suprimentos poderão ser adquiridos por aqueles que foram enganados. Se uma pessoa quiser receber o que é básico para a vida, terá que se submeter ao engano do Falso Profeta. Ela terá que mostrar lealdade às autoridades supremas vigentes na época. Provavelmente, haverá casos de pessoas que tenham pertencido às igrejas cristãs que não serão enganadas como as outras pessoas do mundo, mas que cederão às pressões econômicas e acabarão seguindo os ensinamentos do Falso Profeta.

3.5. A MARCA IMPOSTA PELO FALSO PROFETA DEVE SER INTERPRETADA COM ENTENDIMENTO

Ap 13.18 – "Aqui está a sabedoria. Aquele que tem entendimento calcule o número da besta, pois é número de homem. *Ora, esse número é seiscentos e sessenta e seis.*"

Com certeza temos diante de nós um dos textos bíblicos mais passíveis, se não o mais passível, de discussões e interpretações divergentes. Não pretendemos, aqui, por fim a tão antigo debate. Também não é nosso objetivo trabalhar com especulações, apesar de ser essa, lamentavelmente, a metodologia de muitos.

Dentre os muitos problemas que enfrentamos diante do presente texto, existe o fato de estarmos lidando com uma variante textual; sendo assim, muitos acham que uma palavra final seria muita pretensão.

Portanto, nos restam apenas algumas considerações quanto ao princípio que já esboçamos em textos anteriores. Temos diante de nós um sistema que demanda plena devoção de seus seguidores, e também já consideramos acima que a marca em si é melhor interpretada como o agir e o pensar de acordo com esse sistema. Todas as suas relações visam usurpar o que pertence a Deus pela centralização no homem. Dessa forma, vemos que, ainda que seja revestida de autoridade e capacidade sobrenatural, a Besta da Terra não prescindirá de trabalhar com o que mais envaidece o homem - ou seja, ele mesmo. Por isso, nos atemos ao que João expressa como "número de homem" para enfatizarmos que, mais uma vez, temos diante de nós a velha mentira, *"como Deus, sereis"*, propagada pela velha serpente de forma final através de seu agente mais espetacular sobre a face da terra.

3.6. CONCLUSÃO

O Falso Profeta Final, como nos é apresentado no Apocalipse, é a investida final da antiga serpente em sua promoção da mentira. O Falso Profeta não surgirá para promover a si próprio, mas estará a serviço do Homem da Iniquidade que, por sua vez, também receberá sua autoridade do Dragão.

Analisando o presente texto de Apocalipse, observamos a estratégia recorrente da tríade satânica em sua tentativa de imitar o único Deus Trino; o Dragão, a Besta do Mar e a Besta da Terra conspiram e se empenham nessa obra.

As obras do Falso Profeta Final, em sua imitação do Reino de Deus, nos apresentam o *modus operandi*, o alcance e o resultado da verdadeira profecia. O Espírito de Cristo estava em seus profetas dando de antemão testemunho acerca dele (1Pe 1.10-12); sua mensagem era confirmada através de grandes sinais, que visavam a constatação da mão de Deus sobre eles (Ex 4.1-9; Hb 2.1-4); o ensino dos mesmos visava a totalidade do ser e consequentemente a devoção de todo o povo (Dt 8).

Embora tenhamos diante de nós um arremedo, podemos observar, no mesmo, o padrão e a eficácia da revelação divina através de seus santos profetas, compreendendo, assim, a teologia da revelação e a razão do apelo do maligno em sua imitação.

4. O FALSO PROFETA EXERCE O "MINISTÉRIO" DE DESTRUIR OS QUE CREEM EM JESUS

Além de comunicar fôlego à imagem da Besta e de fazê-la falar, o Falso Profeta vai comandar a matança dos cristãos que se recusarem a adorar a Besta do Mar.

O poder do Falso Profeta, com a sua autoridade, inclui o de matar os homens que não adorarem a Besta. Certamente, os cristãos que estiverem vivendo àquela altura, não se dobrarão diante da imagem "vivificada" da Besta para lhe adorar. Eles serão os únicos a morrer por causa da sua fidelidade a Cristo Jesus, o Cordeiro de Deus. Serão tempos difíceis, mas gloriosos para o povo de Deus, porque eles serão bem-aventurados por morrer pelo nome de seu Redentor!

> Ap 13.15-17 – "E lhe foi dado comunicar fôlego à imagem da besta, para que não só a imagem falasse, *como ainda fizesse morrer quantos não adorassem a imagem da besta. A todos, os pequenos*

e os grandes, os ricos e os pobres, os livres e os escravos, faz que lhes seja dada certa marca sobre a mão direita ou sobre a fronte, para que ninguém possa comprar ou vender, senão aquele que tem a marca, o nome da besta ou o número do seu nome."

Como não pode enganar os eleitos, o Falso Profeta os persegue. Foi assim em toda a história do povo de Deus. Aqueles que não forem seduzidos pela mensagem do engano pagarão com sua vida, ou com a sua liberdade, o preço de se manterem na verdade.

Os que amam a verdade serão perseguidos por amarem a verdade. Desde profetas (como Jeremias) até cristãos comuns (como aqueles que não conhecemos seus nomes mas que se descreve a perseguição a eles em Atos), quando a comunidade de cristãos é perseguida todos os que operam na verdade são odiados por aqueles que operam na mentira.

Com seus sinais e prodígios, o Falso Profeta encontrará uma comunidade fiel a ele. Os que são verdadeiramente fiéis ao Senhor se manterão alicerçados na palavra da verdade e serão, por isso, uma denúncia viva da falsidade do Falso Profeta. Aqueles que guardam a verdade operam como guardiões da verdade e denunciam o erro; por isso, serão mal-vindos no "reino" do Falso Profeta.

Aqueles que não são seduzidos pela mentira serão distintos daqueles que se embrenharão nela. Estes, serão marcados. Poderá se ver neles a marca do engano, serão reconhecidos como seguidores da Besta do Mar e terão acesso a todos os benefícios que o sistema corrompido pelo pecado pode oferecer.

CAPÍTULO 21

OS SINAIS OPERADOS PELO FALSO PROFETA FINAL[1]

A Besta da Terra tem o importante papel de promover a adoração da Besta do Mar pela força dos seus milagres. O Falso Profeta falará como dragão (Ap 13.11), possuindo a empáfia e o poder do pai da mentira, e desempenhará coisas espantosas para enganar os homens. Não se esqueça de que o Homem da Iniquidade (que é o mesmo que Besta do Mar) também fará seus sinais sob o mesmo poder de Satanás (2Ts 2.9).

A tentativa do Falso Profeta, com seus milagres, é angariar autoridade entre os homens para ser ouvido religiosamente entre eles.

A expressão "grandes sinais" aparece com referência a Jesus Cristo (Jo 2.11, 23; 6.2). O propósito dos grandes sinais operados pelo Falso Profeta é o engano das pessoas, para que elas adorem a Besta do Mar como se ela fosse o único deus.

---

[1] Boa parte da argumentação deste capítulo devo à pesquisa feita pelo acadêmico Anderson José da Silva, nos seus deveres da disciplina Teologia da Revelação, ministrada no CPAJ, em 2014.

Ap 13.11-12 – "Vi ainda outra besta emergir da terra; possuía dois chifres, parecendo cordeiro, mas falava como dragão. Exerce toda a autoridade da primeira besta na sua presença. Faz com que a terra e os seus habitantes adorem a primeira besta, cuja ferida mortal fora curada."

Analisaremos, a seguir, os três sinais operados pelo Falso Profeta: o primeiro, em Apocalipse 13.13, que trata-se do Falso Profeta fazer descer fogo do céu; o segundo, em Apocalipse 13.15, quando o Falso Profeta dá fôlego à imagem e a faz falar; e o terceiro, nesse mesmo capítulo, versículo 16, que coloca a sua marca nas mãos e na testa dos homens.

Nesta parte do capítulo, vamos analisar os sinais operados pelo Falso Profeta que possuem uma procedência não-humana. São poderes exercidos por homens, mas vindos de fora deles.

1. O SINAL DE FAZER DESCER FOGO DO CÉU

Além de outras manifestações poderosas, o Falso Profeta se apresentará com grandes sinais, como o de *"fazer descer fogo do céu à terra"*. É bom que o leitor não pense que esse fenômeno é ilusório. Ao contrário, será um fenômeno real, que fará com que os homens creiam na primeira besta, pois a segunda besta age para promover a primeira. Será um fenômeno espetacular e incomum, que confundirá os religiosos da época.

Inicialmente, esse fenômeno de fazer descer fogo do céu é próprio do Deus verdadeiro, que tem domínio sobre os elementos. Esse fenômeno divino aconteceu em Sodoma e Gomorra e, posteriormente, com Elias; será um sinal típico do engano do fim dos tempos (conforme mencionado no capítulo 16 deste livro).

Fazer descer fogo do céu, portanto, era típico dos tempos bíblicos. A menção de fogo descer do céu é abundante na adoração verdadeira a Iavé. É importante ressaltar que a vinda de fogo do céu é sinal (tanto no Antigo Testamento como no Novo Testamento) da aprovação divina, principalmente quanto à verdadeira adoração.

1.1. FOGO NO TABERNÁCULO, NO TEMPO DE MOISÉS

Lv 9:22-24 – "Depois, Arão levantou as mãos para o povo e o abençoou; e desceu, havendo feito a oferta pelo pecado, e o holocausto, e a oferta pacífica. Então, entraram Moisés e Arão na tenda da congregação; e, saindo, abençoaram o povo; e a glória do SENHOR apareceu a todo o povo. E eis que, saindo fogo de diante do SENHOR, consumiu o holocausto e a gordura sobre o altar; o que vendo o povo, jubilou e prostrou-se sobre o rosto."

Vemos, aqui, a aceitação e confirmação de Deus de toda prática cúltica vétero-testamentária. Isso se deu com fogo vindo de Deus sobre as ofertas apresentadas pelos sacerdotes diante do povo chancelando, assim, o tabernáculo, o sacerdócio Aarônico e a prescrição das ofertas diante de toda a congregação.

1.2. FOGO NO TEMPLO NO TEMPO DA MONARQUIA

2 Cr 7.1-3 – "Tendo Salomão acabado de orar, desceu fogo do céu e consumiu o holocausto e os sacrifícios; e a glória do SENHOR encheu a casa. Os sacerdotes não podiam entrar na Casa do SENHOR, porque a glória do SENHOR tinha enchido a Casa do SENHOR. Todos os filhos de Israel, vendo descer

o fogo e a glória do SENHOR sobre a casa, se encurvaram com o rosto em terra sobre o pavimento, e adoraram, e louvaram o SENHOR, porque é bom, porque a sua misericórdia dura para sempre."

À semelhança do tabernáculo, o templo também teve seu momento de dedicação que foi cercado de solenidade. A belíssima oração de Salomão foi respondida de imediato com fogo do céu. Tamanha era a glória, que os sacerdotes ficaram impossibilitados de oficiar e a multidão foi levada à adoração prostrando-se diante do único e verdadeiro Deus.

1.3. FOGO NO TEMPO DOS PROFETAS

O profeta Elias, que era típico dos profetas do Antigo Testamento, fez descer fogo do céu para mostrar que ele era verdadeiramente profeta e homem de Deus:

> 1Rs 18.38 – "Então, caiu fogo do Senhor, e consumiu o holocausto, e a lenha, e as pedras, e a terra, e ainda lambeu a água que estava no rego."

> 2Rs 1.7-14 – "Ele lhes perguntou: Qual era a aparência do homem que vos veio ao encontro e vos falou tais palavras? Eles lhe responderam: Era homem vestido de pelos, com os lombos cingidos de um cinto de couro. Então, disse ele: É Elias, o tesbita. Então, lhe enviou o rei um capitão de cinquenta, com seus cinquenta soldados, que subiram ao profeta, pois este estava assentado no cimo do monte; disse-lhe o capitão: Homem de Deus, o rei diz: Desce. Elias, porém, respondeu ao capitão de

cinquenta: *Se eu sou homem de Deus, desça fogo do céu e te consuma a ti e aos teus cinquenta. Então, fogo desceu do céu e o consumiu a ele e aos seus cinquenta.* Tornou o rei a enviar-lhe outro capitão de cinquenta, com os seus cinquenta; este lhe falou e disse: Homem de Deus, assim diz o rei: Desce depressa. Respondeu Elias e disse-lhe: *Se eu sou homem de Deus, desça fogo do céu e te consuma a ti e aos teus cinquenta. Então, fogo de Deus desceu do céu e o consumiu a ele e aos seus cinquenta.* Tornou o rei a enviar terceira vez um capitão de cinquenta, com os seus cinquenta; então, subiu o capitão de cinquenta. Indo ele, pôs-se de joelhos diante de Elias, e suplicou-lhe, e disse-lhe: Homem de Deus, seja, peço-te, preciosa aos teus olhos a minha vida e a vida destes cinquenta, teus servos; *pois fogo desceu do céu e consumiu aqueles dois primeiros capitães de cinquenta, com os seus cinquenta;* porém, agora, seja preciosa aos teus olhos a minha vida."

Essas realizações miraculosas eram atestadoras da sua posição de profeta de Deus. O Falso Profeta será um imitador de profetas do Antigo Testamento, para adquirir respeitabilidade e credibilidade dos homens, a fim de que creiam nas suas palavras e no seu governo religioso. Para isso, ele fará portentos semelhantes aos profetas verdadeiros de Deus no passado; ou seja, tentará imitar as ações dos verdadeiros profetas de Deus no passado.

É importante pensar que será realmente fogo vindo do céu, de tal forma que impressionará realmente os homens que presenciarem esses eventos.

1.4. FOGO NO TEMPO DA IGREJA DO NOVO TESTAMENTO

At 2.1-4 – "Ao cumprir-se o dia de Pentecostes, estavam todos reunidos no mesmo lugar; de repente, veio do céu um som, como de um vento impetuoso, e encheu toda a casa onde estavam assentados. E apareceram, distribuídas entre eles, línguas, como de fogo, e pousou uma sobre cada um deles. Todos ficaram cheios do Espírito Santo e passaram a falar em outras línguas, segundo o Espírito lhes concedia que falassem."

O templo espiritual, a igreja, não teve um momento de dedicação muito diferente. Apesar de não termos aqui uma tenda ou um edifício com seus aparatos cúlticos, temos o edifício espiritual; sendo Cristo Jesus a pedra angular, seus apóstolos como fundamento e os discípulos como pedras vivas, recebendo o fogo do céu como evidência da presença aprovadora de Deus.

A menção do fogo descendo do céu nos remete também ao profeta Elias que, apesar de não estar em um momento de consagração cúltica, desbanca a falsa adoração a Baal ao invocar fogo do céu como prova do Deus verdadeiro (1Re 18.20-40).

Assim, podemos observar que no caso do Falso Profeta Final temos um caminho inverso àquele que demonstramos em todo o ensino vétero e neo-testamentário; ou seja, enquanto ali vemos o fogo do céu conduzindo os adoradores à adoração verdadeira, aqui temos o fogo do céu conduzindo o povo à falsa adoração.

1.5. CONCLUSÃO

Ap 13.13 – *"Também opera grandes sinais, de maneira que até fogo do céu faz descer à terra, diante dos homens."*

Esse sinal operado pelo Falso Profeta Final é uma espécie de imitação daquilo que profetas do Antigo Testamento fizeram pelo poder de Deus. O Falso Profeta quererá ter o mesmo prestígio que os homens de Deus do passado tiveram. Nesse sentido, o Falso Profeta tenta se equiparar a profetas do Antigo Testamento, que fizeram descer do céu alguma coisa espetacular para que o povo entendesse que eles eram reais profetas de Deus. Todavia, o poder de causar o fenômeno não procederá de Deus, mas de Satanás.

À semelhança dos verdadeiros profetas de Deus, que faziam milagres na sua época, os falsos profetas (e especialmente o Falso Profeta Final) farão milagres para atrair o mundo e grande parte da igreja nominal que existir na época.

Como vimos rapidamente na introdução, o propósito da segunda besta, conhecida como Anticristo ou Falso Profeta, é imitar os feitos dos profetas de Deus e até mesmo a ressurreição de nosso Senhor Jesus Cristo, no caso da ferida mortal.

Assim, fazer fogo cair do céu é um dos sinais que o Falso Profeta fará para iludir os homens ímpios. Podemos voltar nossos olhos para os milagres sobrenaturais feitos pelos magos de Faraó, registrados em Êxodo:

> Êx 7.11 – *"Faraó, porém, mandou vir os sábios e encantadores; e eles, os sábios do Egito, fizeram também o mesmo com as suas ciências ocultas."*

> Êx 7.22 – "Porém os magos do Egito fizeram também o mesmo com as suas ciências ocultas; de maneira que o coração de Faraó se endureceu, e não os ouviu, como o SENHOR tinha dito."

> Êx 8.7 – "Então, os magos fizeram o mesmo com suas ciências ocultas e fizeram aparecer rãs sobre a terra do Egito."

Observe o destaque: os magos de Faraó fizeram o mesmo que Moisés, para impressionar o povo. Certamente, Satanás se utilizará da Besta da Terra, não para realizar truques mas sinais genuínos e portentos maravilhosos! Ele fará isso para entorpecer as mentes cauterizadas de um mundo em busca de coisas espetaculares.

Sabe-se que imperadores romanos gostavam de ser chamados de "senhor" e "salvador". Seus sacerdotes, para tal empreendimento, utilizavam-se de vários truques para manipular a grande massa, fazendo com que surgisse fogo de forma improvável.[2]

Vejamos como a Bíblia trata disso em alguns textos:

> Ap 16.13-14 – "Então, vi sair da boca do dragão, da boca da besta e da boca do falso profeta três espíritos imundos semelhantes a rãs; porque eles são espíritos de demônios, operadores de sinais, e se dirigem aos reis do mundo inteiro com o fim de ajuntá-los para a peleja do grande Dia do Deus Todo-Poderoso."

> Ap 19.20 – "Mas a besta foi aprisionada, e com ela o falso profeta que, com os sinais feitos diante dela, seduziu aqueles que receberam a marca da besta e eram os adoradores da sua

---
2 William Hendriksen, *Mais que vencedores: uma interpretação do livro do Apocalipse* (São Paulo: Cultura Cristã, 1987) p.180.

imagem. Os dois foram lançados vivos dentro do lago de fogo que arde com enxofre."

Mt 24.4-5 – "E ele lhes respondeu: Vede que ninguém vos engane. Porque virão muitos em meu nome, dizendo: Eu sou o Cristo, e enganarão a muitos."

Mt 24.11 – "Levantar-se-ão muitos falsos profetas e enganarão a muitos."

Mt 24.24-25 – "Porque surgirão falsos cristos e falsos profetas operando grandes sinais e prodígios para enganar, se possível, os próprios eleitos. Vede que vo-lo tenho predito."

2Ts 2.9 – "Ora, o aparecimento do iníquo é segundo a eficácia de Satanás, com todo poder, e sinais, e prodígios da mentira."

O interessante, aqui, é a ideia de poder supremo através desse sinal. O próprio apóstolo João teve uma reação nesse sentido. Em Lucas 9.54, vemos seu desejo de fazer cair fogo do céu sobre os samaritanos:

"Vendo isto, os discípulos Tiago e João perguntaram: Senhor, queres que mandemos descer fogo do céu para os consumir?"

John Gill, conhecido comentarista, menciona um relato sobre o papa Zacarias (século VIII) em que ele, em uma viagem a Ravenna (Itália), teria tido a experiência miraculosa de ter nuvens o protegendo do calor do dia e fogo do céu para protegê-lo do frio à noite. Tudo isso impressionava o povo. Certamente, manifestações propostas como a do Falso Profeta ratificam este desejo do homem em apresentar grandes poderes ou grandes experiências.[3]

No tocante ao povo que presenciará tais feitos, tudo parecerá como o poder máximo sobre terra e céus, de maneira que se prostrarão sem resistência diante da besta. O poder de convencimento do Anticristo, unido a uma postura que anseia por tais sinais e prodígios, é a receita ideal para Satanás manipular as multidões. O Falso Profeta será grande em poder de convencimento. Inclusive, repetindo grandes feitos e até a ressurreição de Cristo, obviamente em falseamento.

Antony Garland registra, em seu comentário sobre o versículo em foco, o fato de que sinais sempre expressaram uma autenticação das obras de Deus através de seus profetas e apóstolos. O Falso Profeta utilizará desse expediente para convencer as pessoas de que aquilo é verdadeiro. E certamente, os homens ímpios se convenceram disso. Ele nos lembra dos textos de Êxodo 7.22 e 8.7, nos quais os magos de Faraó realizavam os mesmos prodígios de Moisés, que esses portentos faziam com que Faraó permanecesse em seu estado de rebeldia. Mesmo sabendo que Deus havia endurecido a Faraó, esse fato é significativo.[4]

A relevância desses dados se dá também para os cristãos do tempo presente, que muitas vezes tem lançado fundamento sobre sinais e maravilhas.[5] As Escrituras devem ser nosso alicerce de fé, pois são a Revelação Especial.

---

3 John Gill, *Exposition of the old & new testament*. Disponível em: http://www.studylight.org/commentaries/geb/view.cgi?bk=re&ch=13#1. Acesso em: mai. 2014.

4 Anthony Garland, *Book of Revelation*. Disponível em: http://www.spiritandtruth.org/teaching/Book_of_Revelation/commentary/htm/chapters/13.html#Revelation%2013%3A13. Acesso em: mai. 2014.

5 Ibidem.

John MacArthur Jr., conhecido escritor e teólogo, nos lembra que o Falso Profeta é estratégico para Satanás, tendo em vista que a religião tem um poder grandioso sobre as mentes das pessoas.[6]

Ninguém consegue viver sem um sistema de crença transcendente. Está na constituição do homem acreditar em algum poder transcendente, algo além de si mesmo. Todos possuem fé em alguma coisa, divina ou invisível. E é a partir disso que Satanás trabalhará. Utilizará dessa realidade indubitável. Será a força religiosa unindo-se ao poderio militar e político.[7]

John Phillips, ao escrever sobre o livro do Apocalipse, diz de modo categórico:

> O apelo dinâmico do falso profeta vai estar na sua habilidade em combinar conveniência política com paixão religiosa. Seus argumentos serão sutis, convincentes e atraentes. Sua oratória será hipnótica, pois ele será capaz de mover as massas às lágrimas ou chicoteá-los em um delírio. Ele irá controlar os meios de comunicação do mundo e vai habilmente organizar a publicidade de massa para promover seus fins. Ele irá gerenciar e divulgar enganos através de sua mensagem. Ele moldará o pensamento do mundo (...).[8]

É algo assustador, e com indicativos em nossa sociedade no tempo presente. É a Palavra de Deus se cumprindo. Jesus nos advertiu: "Pois surgirão falsos cristos e falsos profetas, operando sinais e prodígios, para enganar, se possível, os próprios eleitos" (Mc 13.22).

---

6 John Fullerton MacArthur Jr., *The Final False Prophet, part 1*. Disponível em: http://www.gty.org/Resources/Sermons/66-47. Acesso em: abr. 2014.

7 Ibidem.

8 John Phillips, em John MacArthur Jr., *The Final False Prophet, part 1*. Disponível em: http://www.gty.org/Resources/Sermons/66-47. Acesso em: abr. 2014.

Alguns textos nos mostram a semelhança do que ele pretende:

Ap 13.15 – "E lhe foi dado comunicar fôlego à imagem da besta, para que não só a imagem falasse, como ainda fizesse morrer quantos não adorassem a imagem da besta."

Ap 14.9 – "Seguiu-se a estes outro anjo, o terceiro, dizendo, em grande voz: Se alguém adora a besta e a sua imagem e recebe a sua marca na fronte ou sobre a mão."

Ap 16.2 – "Saiu, pois, o primeiro anjo e derramou a sua taça pela terra, e, aos homens portadores da marca da besta e adoradores da sua imagem, sobrevieram úlceras malignas e perniciosas."

Ap 19.20 – "Mas a besta foi aprisionada, e com ela o falso profeta que, com os sinais feitos diante dela, seduziu aqueles que receberam a marca da besta e eram os adoradores da sua imagem. Os dois foram lançados vivos dentro do lago de fogo que arde com enxofre."

Ap 20.4 – "Vi também tronos, e nestes sentaram-se aqueles aos quais foi dada autoridade de julgar. Vi ainda as almas dos decapitados por causa do testemunho de Jesus, bem como por causa da palavra de Deus, tantos quantos não adoraram a besta, nem tampouco a sua imagem, e não receberam a marca na fronte e na mão; e viveram e reinaram com Cristo durante mil anos."

Dn 3.4-6 – "Nisto, o arauto apregoava em alta voz: Ordena-se a vós outros, ó povos, nações e homens de todas as línguas: no momento em que ouvirdes o som da trombeta, do pífaro, da harpa, da cítara, do saltério, da gaita de foles e de toda sorte de música, vos prostrareis e adorareis a imagem de ouro que o rei Nabucodonosor levantou. Qualquer que se não prostrar e não a adorar será, no mesmo instante, lançado na fornalha de fogo ardente."

Ora, quando seguimos o raciocínio de MacArthur e apreciamos com calma os textos bíblicos supracitados, não fica difícil de olhar à volta e perceber que a cultura pós-moderna, se é que podemos conceituar assim, se baseia em resultados.

Não seria o mesmo procedimento que vemos em cristãos da atualidade? Não seria algo semelhante termos homens e mulheres que balizam sua fé a partir de suas experiências? Quantos, em nossa geração, chegam ao ponto de rejeitar a Escritura, caso esta não ratifique racionalmente sua experiência? Chegam a dizer, nesses casos, que a "letra mata, mas o espírito vivifica". Além do erro hermenêutico nessas palavras, Garland não está equivocado ao fazer crítica aos cristãos que baseiam seu relacionamento com a Escritura a partir de sinais que dizem ter experimentado.[9]

Há mais alguns textos que nos advertem sobre tudo o que tratamos até aqui:

> Ap 19.20 – "Mas a besta foi aprisionada, e com ela o falso profeta que, com os sinais feitos diante dela, seduziu aqueles que receberam a marca da besta e eram os adoradores da sua imagem. Os dois foram lançados vivos dentro do lago de fogo que arde com enxofre."

---

9 Anthony Garland, *Book of Revelation*. Disponível em: http://www.spiritandtruth.org/teaching/Book_of_Revelation/commentary/htm/chapters/13.html#Revelation%2013%3A13. Acesso em: mai. 2014.

Ora, através dos sinais, o Falso Profeta seduz os homens. Se estes firmam seus passos fora da Escritura, não será difícil caírem em tal sedução.[10]

> At 8.9-11 – "Ora, havia certo homem, chamado Simão, que ali praticava a mágica, iludindo o povo de Samaria, insinuando ser ele grande vulto; ao qual todos davam ouvidos, do menor ao maior, dizendo: Este homem é o poder de Deus, chamado o Grande Poder. Aderiam a ele porque havia muito os iludira com mágicas."

É impressionante com a Escritura nos dá informações que, quando analisadas em conjunto, abrem nossos olhos para a profundidade do assunto.

Ainda vejamos este, agora no Antigo Testamento:

> Dt 13.1-4 – "Quando profeta ou sonhador se levantar no meio de ti e te anunciar um sinal ou prodígio, e suceder o tal sinal ou prodígio de que te houver falado, e disser: Vamos após outros deuses, que não conheceste, e sirvamo-los, não ouvirás as palavras desse profeta ou sonhador; porquanto o SENHOR, vosso Deus, vos prova, para saber se amais o SENHOR, vosso Deus, de todo o vosso coração e de toda a vossa alma. Andareis após o SENHOR, vosso Deus, e a ele temereis; guardareis os seus mandamentos, ouvireis a sua voz, a ele servireis e a ele vos achegareis."

---

10 Anthony Garland, *Book of Revelation*. Disponível em: http://www.spiritandtruth.org/teaching/Book_of_Revelation/commentary/htm/chapters/13.html#Revelation%2013%3A13. Acesso em: mai. 2014.

Observe que o alerta é dado. A história tem se repetido. Claro que estamos tratando de um tempo final; mas, em todo o caso, devemos estar alertas para as manipulações e enganos do Falso Profeta e dos demais enganadores. Certamente, a única maneira de proteção se dá quando há fidelidade para com a Revelação Especial.

2. SINAL DE COMUNICAR FÔLEGO À IMAGEM DA BESTA

Ap 13.15 – *"E lhe foi dado comunicar fôlego à imagem da besta, para que não só a imagem falasse, como ainda fizesse morrer quantos não adorassem a imagem da besta."*

Nesta parte do capítulo, vamos olhar esse fenômeno por um prisma diferente do que fizemos no capítulo anterior.

Além de exercer o seu poder diante da Besta, o Falso Profeta vai executar um milagre de proporções ininteligíveis. Sendo capacitado pelo poder maligno, o Falso Profeta executará um fenômeno inexplicável cientificamente, que é o de tornar viva uma estátua morta. Todas as imagens da Besta feitas pelos homens na face da terra serão vivificadas, a fim de que os homens possam adorar a Besta. A pregação do Falso Profeta é a de que a Besta é um deus e, portanto, digna da adoração dos homens. Ao "comunicar fôlego à imagem da Besta", o Falso Profeta estará unindo o mundo na crença de um só deus, havendo uma única religião. Todos os homens que não pertencerem a Cristo Jesus serão compelidos a adorar a imagem da Besta.

Este tipo de sinal operado pelo Falso Profeta não tem paralelo na Escritura. O Falso Profeta fará alguma coisa inusitada.

Provavelmente, todas as repartições públicas, escolas e logradouros públicos venham a ter imagens da Besta naquele período do fim da história humana. Essa ação será apenas o início de mais manifestações miraculosas. É importante que o leitor entenda que essas manifestações poderosas não são ilusórias, e sim reais. Não serão truques de mágica, mas serão feitas com poder sobrenatural, que vem do Maligno. A realidade delas é que tornará possível a mudança religiosa dos seres humanos da época. Eles mudarão de qualquer uma das religiões que houver no mundo para a religião que adorará a primeira besta.

O Falso Profeta terá a capacidade de vivificar as imagens em todos os lugares. Essas imagens serão capazes de movimentos e outras coisas próprias que indicam uma espécie de vivificação.

Esse fenômeno impressionará muito os homens que não resistirão aos apelos religiosos do Falso Profeta e acabarão adorando a primeira besta, de quem ele é profeta. Obviamente esse poder não vem dele próprio, mas de Satanás.

3. O SINAL DE FAZER A IMAGEM DA BESTA FALAR

> Ap 13.15 – "E lhe foi dado comunicar fôlego à imagem da besta, para que não só a imagem falasse, como ainda fizesse morrer quantos não adorassem a imagem da besta."

Além de exercer o seu poder diante da Besta, o Falso Profeta vai executar um milagre de proporções ininteligíveis. O arremedo ganha proporções inimagináveis. A tríade satânica não mede esforços em arrogar divindade e em empenhar esforços a fim de que toda a terra seja iludida ante a suposta divindade. Sim, pois sabemos que o único que possui vida em si mesmo, sendo também o autor de toda vida, é Deus. A confecção da imagem seguida da vivificação da mesma, claramente, é mais uma paródia da criação.

Conforme mencionado anteriormente, o Falso Profeta executará um fenômeno de tornar uma estátua viva. Alguns comentaristas relatam a proeza de um imperador romano que confeccionou uma imagem de si mesmo e dava ordens por detrás da mesma, incentivando e demandando, dessa forma, o culto ao imperador; uma espécie de ventriloquia. Porém, pela descrição joanina, podemos perceber que esse sinal é de uma magnitude bem além do que as dos truques usados pelos ventríloquos.

O Falso Profeta dará condições para que a imagem fale. O termo grego utilizado pelo escritor é *"pneuma"*. Isso nos leva ao ato criador de Deus. É isso que podemos ver na Escritura: "O qual se opõe e se levanta contra tudo que se chama Deus ou é objeto de culto, a ponto de assentar-se no santuário de Deus, ostentando-se como se fosse o próprio Deus" (2Ts 2.4). A Besta da Terra procura realizar tudo a partir da semelhança com aquilo que o Altíssimo fez. Esse tipo de acontecimento era utilizado por falsos religiosos para impressionar as pessoas e, neste caso,[11] alguns estudiosos fazem menção da arte do ventriloquismo. Esta arte era realizada, inclusive, por sacerdotes responsáveis pela adoração dos imperadores romanos.[12]

Esta linha de raciocínio também é mencionada por William Barclay, que também volta os olhos para o episódio entre Moisés e Faraó, além dos imperadores romanos que possuíam estátuas em

---

11 Thomas Constable, *Expository Notes*. Disponível em: http://www.studylight.org/commentaries/dcc/view.cgi?bk=65&ch=13. Acesso em: abr. 2014.

12 William Hendriksen, *Mais que vencedores: uma interpretação do livro do Apocalipse* (São Paulo: Cultura Cristã, 1987) p.180.

vários locais do Império Romano, exigindo adoração, sempre evocando a si mesmos como deuses.[13]

George Ladd relata que escritos cristãos da época tratam daquilo que Simão, o mago, fazia, conforme registrado em Atos 18. Diz-se que foi confeccionado um rosário de lendas, além de ênfase no fato dele fazer estátuas falarem.[14]

John MacArthur nos traz a memória alguns textos bíblicos que tratam dos deuses dos povos. São interessantes exatamente pelo fato de apresentarem o que são os ídolos dos povos. Em contraposição ao que a Escritura ensina, o Falso Profeta fará com que o anormal ocorra.[15] Vejamos os textos:

> Sl 115.4-7 – "Prata e ouro são os ídolos deles, obra das mãos de homens. Têm boca e não falam; têm olhos e não veem; têm ouvidos e não ouvem; têm nariz e não cheiram. Suas mãos não apalpam; seus pés não andam; som nenhum lhes sai da garganta."
>
> Sl 135.15-17 – "Os ídolos das nações são prata e ouro, obra das mãos dos homens. Têm boca e não falam; têm olhos e não veem; têm ouvidos e não ouvem; pois não há alento de vida em sua boca."
>
> Hc 2.18-19 – "Que aproveita o ídolo, visto que o seu artífice o esculpiu? E a imagem de fundição, mestra de mentiras, para que o artífice confie na obra, fazendo ídolos mudos? Ai daquele que diz à madeira: Acorda! E à pedra muda: Desperta! Pode o ídolo

---

13 William Barclay, *Revelation of John*, Vol. 2 (George Street, Edinburgh: The Saint Andrew Press, 1960) p.127-128.

14 George Eldon Ladd, *Apocalipse: introdução e comentário*, trad. Hans Udo Fuchs (São Paulo: Edições Vida Nova, 1986) p.137.

15 Ibidem.

ensinar? Eis que está coberto de ouro e de prata, mas, no seu interior, não há fôlego nenhum."

Percebemos, nesses textos, a necessidade daqueles que adoram imagens de escultura e o quanto Deus adverte e orienta seu povo para que entenda que ele é o verdadeiro Deus, o Deus vivo e verdadeiro.

Há sentido nisso, pois o termo apresentado, como vimos anteriormente, é "*pneuma*". Não é "*zoe*" ou "*bios*", que seriam os termos bíblicos para vida. Ora, Satanás e todos os seus agentes, não possuem o poder de conceder vida ou criar vida. Ele é um falsificador e impostor, um enganador.[16]

Ainda segundo MacArthur, é possível que o Falso Profeta utilize-se de toda tecnologia com seus avanços, e com os demais avanços em tempos vindouros, para fazer tais procedimentos. Aquilo que se vê em produções cinematográficas pode ser um indicativo de coisas que parecem ser, mas não são.[17]

A grande questão, segundo o mesmo autor, é que toda esta parafernália estará unida ao desejo ardente de pessoas idólatras por ídolos para realizar sinais e prodígios. Ainda que o Falso Profeta não possa dar a vida, os homens ímpios, cegos em seus próprios entendimentos, aceitarão a falsificação como sendo verdade e elevarão a imagem à posição de poder supremo.[18]

Realmente, Satanás utilizará de tudo o que for possível para ludibriar as pessoas, passando a ideia de que nele reside o poder criativo. Ter conhecimento da Palavra e das falsas doutrinas que

---

16 John Fullerton MacArthur Jr., *The Final False Prophet, part 2*. Disponível em: http://www.gty.org/Resources/Sermons/66-48. Acesso em: abr. 2014.
17 Ibidem.
18 Ibidem.

imperam nos tempos é algo fundamental. Seguem esse raciocínio Richard Brooks[19] e Donald Barnhouse.[20]

Barnhouse não economiza linhas para tratar seriamente deste assunto, abordando inclusive fatos que já foram abordados no primeiro capítulo. Todavia, vale ressaltar seu apanhado histórico, não apenas biblicamente falando mas abordando também reinos e impérios no decorrer da história da civilização.[21]

Já Philip Hughes, nos convida a refletir sobre alguns textos bíblicos interessantes,[22] sobre os quais já somos induzidos a pensar mas que neste momento torna-se importantes mencioná-los, ainda que já tenhamos apreendido o objetivo de Satanás através da aliança entre as duas bestas numa perspectiva anticristã, em que almeja-se apresentar o poder criativo de dar vida e também a morte.

Atentemos para estes textos:

Mt 4.10 – "Então, Jesus lhe ordenou: Retira-te, Satanás, porque está escrito: Ao Senhor, teu Deus, adorarás, e só a ele darás culto."

Aqui, devemos lembrar que como apenas Deus tem poder de dar a vida, e também poder sobre a morte, apenas ele deve ser adorado. Satanás sempre almejou a adoração dos homens, criados para adorar a Deus.

---

19 Richard Brooks, *The Lamb is all the glory: Revelation explained and applied*, Welwyn commentary series (Durham, England: Evangelical Press, 1986) p.126-129.

20 Donald Grey Barnhouse, *Revelation: an expository commentary - "God's last word"* (Grand Rapids: Zondervan, 1976) p.240-246.

21 Donald Grey Barnhouse, *Revelation: an expository commentary - "God's last word"* (Grand Rapids: Zondervan, 1976) p.240-246.

22 Philip Edgcumbe Hughes, *The book of the revelation: a commentary* (Grand Rapids: Inter varsity press, 1990) p.152-153.

Rm 1.25 – "Pois eles mudaram a verdade de Deus em mentira, adorando e servindo a criatura em lugar do Criador, o qual é bendito eternamente. Amém!"

Com a Queda, os homens rejeitam a Palavra de Deus. E por prazeres e egoísmo, criam seus próprios deuses. Não será nenhuma novidade a grande alegria de homens e mulheres, os quais buscam poder e glória, em contemplar o clímax de suas próprias maldades, expressa em uma imagem com "vida" e falante.

Gn 3.5 – "Porque Deus sabe que no dia em que dele comerdes se vos abrirão os olhos e, como Deus, sereis conhecedores do bem e do mal."

Junta-se a idolatria do coração, do próprio conhecimento, com alguém que promete a liberdade de independência de qualquer poder.

Dn 1.1-21 – "No ano terceiro do reinado de Jeoaquim, rei de Judá, veio Nabucodonosor, rei da Babilônia, a Jerusalém e a sitiou. O Senhor lhe entregou nas mãos a Jeoaquim, rei de Judá, e alguns dos utensílios da Casa de Deus; a estes, levou-os para a terra de Sinar, para a casa do seu deus, e os pôs na casa do tesouro do seu deus. Disse o rei a Aspenaz, chefe dos seus eunucos, que trouxesse alguns dos filhos de Israel, tanto da linhagem real como dos nobres, jovens sem nenhum defeito, de boa aparência, instruídos em toda a sabedoria, doutos em ciência, versados no conhecimento e que fossem competentes para assistirem no palácio do rei e lhes ensinasse a cultura e a língua dos caldeus. Determinou-lhes o rei a ração diária, das finas iguarias da mesa real e do vinho que ele bebia, e que assim fossem mantidos por três anos, ao cabo dos quais assistiriam diante do rei. Entre eles, se achavam, dos filhos de Judá, Daniel, Hananias, Misael e Azarias. O chefe dos eunucos lhes pôs outros nomes, a saber: a Daniel, o de Beltessazar; a Hananias, o de Sadraque; a Misael, o de Mesaque; e a Azarias, o de Abede-Nego. Resolveu Daniel, firmemente, não contaminar-se com as finas iguarias do rei, nem com o vinho que ele bebia; então, pediu ao chefe dos eunucos que lhe permitisse não contaminar-se. Ora, Deus concedeu a Daniel misericórdia e compreensão da parte do chefe dos eunucos. Disse o chefe dos eunucos a Daniel: Tenho medo do meu senhor, o rei, que determinou a vossa comida e a vossa bebida; por que, pois, veria ele o vosso rosto mais abatido do que o dos outros jovens da vossa idade? Assim, poríeis em perigo a minha cabeça para com o rei. Então, disse Daniel ao cozinheiro-chefe, a quem o chefe dos eunucos havia encarregado de cuidar de Daniel, Hananias, Misael e Azarias: Experimenta, peço-te, os teus servos dez dias; e que se nos deem legumes a comer e água a beber. Então, se veja diante de ti a nossa aparência e a dos jovens que comem das finas iguarias do rei; e, segundo vires, age com os teus servos. Ele atendeu e os experimentou dez dias. No fim dos dez dias, a sua aparência era melhor; estavam eles mais robustos do que todos os jovens que comiam das finas iguarias do rei. Com isto, o cozinheiro-chefe tirou deles as finas iguarias e o vinho que deviam beber e lhes dava legumes. Ora, a estes quatro jovens Deus deu o conhecimento e a inteligência em toda cultura e sabedoria; mas a Daniel deu inteligência de todas as visões e sonhos. Vencido o tempo determinado pelo rei para que os trouxessem, o chefe dos eunucos os trouxe à presença de

Nabucodonosor. Então, o rei falou com eles; e, entre todos, não foram achados outros como Daniel, Hananias, Misael e Azarias; por isso, passaram a assistir diante do rei. Em toda matéria de sabedoria e de inteligência sobre que o rei lhes fez perguntas, os achou dez vezes mais doutos do que todos os magos e encantadores que havia em todo o seu reino. Daniel continuou até ao primeiro ano do rei Ciro."

Observe, aqui, a fúria que o opositor tem contra aqueles que não querem fazer parte da imundícia que é a rebeldia contra o Eterno. Ora, não será diferente no momento histórico em que nos depararmos com as duas grandes bestas.

Rm 1.21-23 – "Porquanto, tendo conhecimento de Deus, não o glorificaram como Deus, nem lhe deram graças; antes, se tornaram nulos em seus próprios raciocínios, obscurecendo-se-lhes o coração insensato. Inculcando-se por sábios, tornaram-se loucos e mudaram a glória do Deus incorruptível em semelhança da imagem de homem corruptível, bem como de aves, quadrúpedes e répteis."

Por vezes, dar glórias a Deus é indispor-se com o mundo, com os hereges, com aqueles que deturpam as Escrituras. Se a Bíblia é interpretada de modo errôneo, pouco falta para que ídolos sejam erguidos; não meramente através de madeira ou pedra, mas ídolos do próprio coração.

O único destaque em meio a toda esta realidade, que traz, inclusive, alento ao coração do fiel a Deus, é o fato de que em tudo isso Deus permanece reinando e tem um propósito em todas as coisas. Além daquilo que encontramos em Romanos 8.28 ("Sabemos que todas as coisas cooperam para o bem daqueles que amam a Deus, daqueles que são chamados segundo o seu propósito"), vemos que a Palavra de Deus estará se cumprindo. Apocalipse 17.17 diz: "Porque em seu coração incutiu Deus que realizem o seu pensamento, o executem à uma e deem à Besta o reino que possuem, até que se cumpram as palavras de Deus."

Ora, tendo em vista essa verdade, cabe aos santos de Deus guardar com fidelidade a Palavra de Deus, como orienta 1 Coríntios 4.2: "Ora, além disso, o que se requer dos despenseiros é que cada um deles seja encontrado fiel."

É indubitável que o momento será histórico e marcante para todos que enfrentarem tal situação. Nunca devemos esquecer que o dar "fôlego de vida" à imagem da Besta precederá a fala. Tudo isso levará um povo ansioso por maravilhas à devoção.

David Stern é contundente: "A segunda besta engana o povo que vive na terra, da mesma forma que os magos e feiticeiros da corte do faraó o enganaram, rebaixando o Deus de Israel".[23]

O profeta Jeremias menciona em sua profecia algo relevante:

> Jr 10.14-15 – "Todo homem se tornou estúpido e não tem saber; todo ourives é envergonhado pela imagem que ele mesmo esculpiu; pois as suas imagens são mentira, e nelas não há fôlego. Vaidade são, obra ridícula; no tempo do seu castigo, virão a perecer."

Mas no caso da imagem que falará, ela receberá fôlego. Será algo espantoso! Mais uma vez somos levados à veracidade de que Satanás deseja repetir os feitos de Deus, ainda que, como sabemos, de modo falseado.

---

23 David H. Stern, *Comentário Judaico do Novo Testamento*, vários tradutores (Belo Horizonte: Editora Atos, 2008) p.901.

O mesmo profeta registra novamente:

Jr 51.17-18 – "Todo homem se tornou estúpido e não tem saber; todo ourives é envergonhado pela imagem que esculpiu; pois as suas imagens são mentira, e nelas não há fôlego. Vaidade são, obra ridícula; no tempo do seu castigo, virão a perecer."

Garland discorda daqueles que acham impossível que a imagem venha a receber tal espírito de vida. Ele entende que não haverá recursos tecnológicos para um falseamento desse fôlego.[24] Garland discorda, também, de Leon Morris, que defende que esse fenômeno pode ser a possessão de um espírito maligno a tomar a imagem e fazê-la falar. Morris crê que tal imagem estará sob autoridade de Satanás, que utilizará seus maiores demônios para realizar tais eventos. Assim, para ele, será um demônio a falar através da imagem.[25]

Garland nos lembra que o Falso Profeta exercerá toda autoridade da primeira besta, conforme encontramos em Apocalipse 13:12: "Exerce toda a autoridade da primeira besta na sua presença. Faz com que a terra e os seus habitantes adorem a primeira besta, cuja ferida mortal fora curada."

Somente isso, já demonstra a capacidade que ele terá de fazer a besta falar, além de produzir nela aparente capacidade intelectual. Todavia, ressalta-se o fato de que espíritos imundos sempre se apossaram de hospedeiros vivos, assim como podemos encontrar

---

24 Anthony Garland, *Book of Revelation*. Disponível em: http://www.spiritandtruth.org/teaching/Book_of_Revelation/commentary/htm/chapters/13.html#Revelation%2013%3A13. Acesso em: mai. 2014.

25 Leon Morris, em Anthony Garland, *Book of Revelation*. Disponível em: http://www.spiritandtruth.org/teaching/Book_of_Revelation/commentary/htm/chapters/13.html#Revelation%2013%3A13. Acesso em: mai. 2014.

em Marcos 5.12: "E os espíritos imundos rogaram a Jesus, dizendo: Manda-nos para os porcos, para que entremos neles."

Stedman, por outro lado, segue contrariamente a Garland, mencionando inclusive o caso na Disneylândia, em que uma espécie de robô do ex-presidente Abraham Lincoln era exibido de maneira que ele se levantava e falava com o turista. Segundo ele, era algo de muito impacto para os visitantes. Assim, entende Stedman, as pessoas serão levadas ao crédito por coisas maiores que os homens poderão produzir para enganá-las.[26]

É certo que será algo bem realista, que impressionará a maioria das pessoas, de maneira que a população será dividida entre aqueles que conservarão a vida espiritual e perderão a vida, e aqueles que manterão a vida física mas ficarão para sempre sem a vida espiritual.

O arremedo do Falso Profeta ganha proporções inimagináveis! Não só veremos o poder vital evocado pela Besta e comunicado a imagem, mas também veremos nessa imagem um poder mortal que é infringido sobre todos os que não se dobram em adoração à Besta. Mais uma vez, não podemos deixar de perceber a imitação, pois bem sabemos que Deus é o único que dá e tira a vida.

4. O SINAL DE COLOCAR A MARCA DA BESTA NOS HOMENS ÍMPIOS

Ap 13.16 – "A todos, os pequenos e os grandes, os ricos e os pobres, os livres e os escravos, *faz que lhes seja dada certa marca sobre a mão direita ou sobre a fronte.*"

---

26 Ray Stedman, *When Men become Beasts*. Disponível em: http://www.raystedman.org/new-testament/revelation/when-men-become-beasts. Acesso em: mai. 2014.

Penso que após as duas primeiras atitudes, em nível de sinais e prodígios da segunda besta, não haveria outra consequência se não o que lemos no versículo supracitado. O propósito primário de Satanás é ludibriar as pessoas, a fim de que possa dominá-las.

O Falso Profeta Final saberá que a totalidade da humanidade poderá ficar encantada e enfeitiçada com seus portentos. Como muitas pessoas estão em busca de sinais e prodígios, elas são presas fáceis para aquele que intenta contra a glória de Deus e sua criação.

Assim que o Falso Profeta conseguir seus súditos, através das maravilhas realizadas (como fogo do céu e imagem falante), poderá utilizá-los para guerrear contra os servos de Deus – aqueles que não aceitarão adoração e, por consequência, não receberão a marca da besta para comprar ou vender qualquer produto.

Essa marca é assunto de variadas teorias. São muitos os que a estudaram, estudam e defendem suas teses. Há quem diga que é "o símbolo da maçonaria, os dois lados de uma moeda americana, uma alcunha própria, a observância do sábado como primeiro dia da semana, as iniciais do Anticristo aparecendo na fronte dos ímpios", e daí por diante.[27]

Comumente, entende-se esta marca como lealdade ao sistema imposto pelo Anticristo, quando a mente e a atividade estarão sujeitas aos ideais de Satanás.[28]

Historicamente, não se marcava apenas o gado ou algum animal. Escravos também eram marcados. Até mesmo alguns

---

27 William Hendriksen, *Mais que vencedores: uma interpretação do livro do Apocalipse* (São Paulo: Cultura Cristã, 1987) p.180.

28 Thomas Constable, *Expository Notes*. Disponível em: http://www.studylight.org/commentaries/dcc/view.cgi?bk=65&ch=13. Acesso em: abr. 2014.

soldados romanos eram marcados com a marca de seu general, quando o apreciavam.²⁹

O princípio de lealdade e autenticidade é arrefecido quando a mão direita e a fronte são marcadas. Se tomarmos o Pentateuco e voltarmos nossos olhos para Deuteronômio, ficaremos boquiabertos com a astúcia satânica em querer ser ou fazer coisas semelhantes às que Deus fez. Vejamos:

> Dt 6.5-8 – "Amarás, pois, o SENHOR, teu Deus, de todo o teu coração, de toda a tua alma e de toda a tua força. Estas palavras que, hoje, te ordeno estarão no teu coração; tu as inculcarás a teus filhos, e delas falarás assentado em tua casa, e andando pelo caminho, e ao deitar-te, e ao levantar-te. Também as atarás como sinal na tua mão, e te serão por frontal entre os olhos."

É impressionante a maneira como o Falso Profeta age. Observe a orientação de Deus ao seu povo e observe, ao mesmo tempo, a estratégia do Falso Profeta de marcar os homens ímpios após a demonstração de maravilhas realizadas diante deles.

É certo que Deus tem um povo e seu povo não se curvará ante a pressão terrena, quer seja econômica, quer política, quer social.

Como é importante conhecer a Palavra de Deus! Na carta ao jovem pastor Timóteo, o apóstolo Paulo já ensinava:

> 1Tm 4.1-2 – "Ora, o Espírito afirma expressamente que, nos últimos tempos, alguns apostatarão da fé, por obedecerem a espíritos enganadores e a ensinos de demônios, pela

---

29 William Hendriksen, *Mais que vencedores: uma interpretação do livro do Apocalipse* (São Paulo: Cultura Cristã, 1987) p.181.

hipocrisia dos que falam mentiras e que têm cauterizada a própria consciência."

No primeiro século, antes do massacre dos cristãos sob os Césares, exigiu-se adoração ao imperados através do gesto de se lançar um punhado de sal sobre o altar onde havia uma imagem do imperador. Era simplesmente isso. Mas os cristãos não se submetiam a essa ordem, e assim muitos foram mortos.[30]

Outra questão é o fato de que os homens e mulheres, no passado, tinham praticamente todo os seus corpos cobertos pelas vestes. Assim, as mãos e a fronte, mesmo esta sendo coberta por véu, ficavam visíveis. Em religiões míticas do passado, e também no presente, utiliza-se a prática de marcar seus seguidores como sinal de lealdade.[31]

Gill aponta, de maneira contundente, não apenas esses fatos supramencionado mas, também, para o Papa e papistas, tomando dados históricos a fim de demonstrar que o Papa é o falso profeta.[32] Aliás, em muitos comentários, especialmente os mais antigos, encontramos de forma metódica a afirmação quanto à está questão da Igreja Romana.

O apóstolo Paulo, em Gálatas 6.17, faz menção da prática de escravos que eram marcados pelos seus senhores, muitos voluntariamente, para estabelecer o princípio de fidelidade ao seu senhor. Diz o texto: "Quanto ao mais, ninguém me moleste; porque eu trago no corpo as marcas de Jesus."

O único ponto a se observar nessa colocação de MacArthur é que, como nos lembra Garland, o termo grego utilizado por Paulo

---

30 John Fullerton MacArthur Jr., *The Final False Prophet, part 2*. Disponível em: http://www.gty.org/Resources/Sermons/66-48. Acesso em: abr. 2014.

31 Ibidem.

32 John Gill, *Exposition of the old & new testament*. Disponível em: http://www.studylight.org/commentaries/geb/view.cgi?bk=re&ch=13#1. Acesso em: mai. 2014.

é "στίγμα" (estigma), enquanto que o termo grego para a marca da Besta é "χάραγμα" (charagma), de "charassō", que traz a ideia de gravar; ou seja, esta seria uma marca ou selo, enquanto a marca da qual Paulo trata é de uma cicatriz,[33] não produzida por alguém no sentido de produção em escala semelhante em todas as pessoas, onde se retiraria a pele ou a perfuraria.

A gravação que será feita na mão direita e na fronte dos seguidores da Besta estabelece um elo de lealdade e fidelidade aos seus ideais.[34] Encontramos esse sentido em Atos 17.29, quando lemos: "Sendo, pois, geração de Deus, não devemos pensar que a divindade é semelhante ao ouro, à prata ou à pedra, trabalhados pela arte e imaginação do homem." A expressão "*trabalhados* pela arte" traz, em si, a ideia de lealdade colocada na palavra utilizada.

Garland ainda nos diz:

> Nos Papiros, χάραγμα (*charagma*), está sempre conectado com o Imperador, e às vezes contém o seu nome e efígie, com o ano de seu reinado. Era necessário para a compra e venda e deveria estar em todos os tipos de documentos, tornando-os válidos; e havia muitos em "notas de venda". Charagma é, portanto, o selo oficial.[35]

Quanto à marca na mão, o mesmo autor menciona o seguinte:

> Ela exige que o adorador desfigure permanentemente seu corpo como um ato de homenagem à imagem. Ela fornece um meio

---

33 Anthony Garland, *Book of Revelation*. Disponível em: http://www.spiritandtruth.org/teaching/Book_of_Revelation/commentary/htm/chapters/13.html#Revelation%2013%3A13. Acesso em: mai. 2014.

34 Ibidem.

35 Ibidem.

fácil de identificar aqueles que não terão a marca. É imune à fragilidade dos sistemas, especialmente técnicos, dada a natureza destrutiva do tempo do fim.[36]

Há ainda a observação da terminologia επι (epi), que traz a ideia de uma inserção subcutânea, o que leva alguns à defesa de inserção de *microchip*.[37] Neste sentido, Garland nos traz alguns textos que, segundo ele, nos apontam para esse fato, ainda que ele seja pela linha de uma gravação. Vejamos:

> Mt 18.8 – "Portanto, se a tua mão ou o teu pé te faz tropeçar, corta-o e lança-o fora de ti; melhor é entrares na vida manco ou aleijado do que, tendo duas mãos ou dois pés, seres lançado no fogo eterno."

> Ap 14.9-10 – "Seguiu-se a estes outro anjo, o terceiro, dizendo, em grande voz: Se alguém adora a besta e a sua imagem e recebe a sua marca na fronte ou sobre a mão, também esse beberá do vinho da cólera de Deus, preparado, sem mistura, do cálice da sua ira, e será atormentado com fogo e enxofre, diante dos santos anjos e na presença do Cordeiro."

> Ap 20.4 – "Vi também tronos, e nestes sentaram-se aqueles aos quais foi dada autoridade de julgar. Vi ainda as almas dos decapitados por causa do testemunho de Jesus, bem como por causa da palavra de Deus, tantos quantos não adoraram a besta, nem tampouco a sua imagem, e não receberam a

---

36 Anthony Garland, *Book of Revelation*. Disponível em: http://www.spiritandtruth.org/teaching/Book_of_Revelation/commentary/htm/chapters/13.html#Revelation%2013%3A13. Acesso em: mai. 2014.

37 Ibidem.

marca na fronte e na mão; e viveram e reinaram com Cristo durante mil anos."

Quanto a marca da Besta na testa, devemos nos lembrar de um texto do Antigo Testamento, em Êxodo 28, que nos revela que o Sumo Sacerdote carregaria uma lâmina de ouro, onde estava em alto relevo a frase "Santidade ao Senhor":

> Êx 28.34-36 – "Haverá em toda a orla da sobrepeliz uma campainha de ouro e uma romã, outra campainha de ouro e outra romã. Esta sobrepeliz estará sobre Arão quando ministrar, para que se ouça o seu sonido, quando entrar no santuário diante do SENHOR e quando sair; e isso para que não morra. Farás também uma lâmina de ouro puro e nela gravarás à maneira de gravuras de sinetes: Santidade ao SENHOR."

Esse texto nos leva, por exemplo, para Ezequiel, no qual é registrada a marca na testa como sinal, não de santidade mas de abominação: "E lhe disse: Passa pelo meio da cidade, pelo meio de Jerusalém, e marca com um sinal a testa dos homens que suspiram e gemem por causa de todas as abominações que se cometem no meio dela" (Ez 9.4).

Mais dois textos nos falam da marca em um sentido pecaminoso e vergonhoso de rebeldia:

> Jr 3.3 – "Pelo que foram retiradas as chuvas, e não houve chuva serôdia; mas tu tens a fronte de prostituta e não queres ter vergonha."

Ap 17.5 – "Na sua fronte, achava-se escrito um nome, um mistério: Babilônia, a Grande, a Mãe das Meretrizes e das Abominações da Terra."

Mas também temos o mesmo termo que trata daquilo que é original, a marca na fronte que estabelece o reinado de Cristo sobre os seus: "Olhei, e eis o Cordeiro em pé sobre o monte Sião, e com ele cento e quarenta e quatro mil, tendo na fronte escrito o seu nome e o nome de seu Pai" (Ap 14.1). E também: "Não danifiqueis nem a terra, nem o mar, nem as árvores, até selarmos na fronte os servos do nosso Deus" (Ap 7.3). Ou seja, a marca na fronte e na mão direita estabelece a quem se pertence. Mente e serviços dedicados a quem se adora. Certamente, aqueles que têm o coração fincado nesta presente terra, não conseguirão deixar que seus corações vivam o que sempre buscaram. Não apenas nos prazeres do mundo, mas neste desejo que foi buscado na religião. Esses receberão, sem dúvida, a marca da Besta.

Apenas os fiéis a Deus, pela graça do mesmo Deus, estabelecem uma caminhada de fidelidade, ainda que tenham que perder a vida. MacArthur faz um levantamento de acontecimentos presentes, relevantes ao menos para que pensemos sobre o fato de que tudo em nossa sociedade depende de uma marca.

Ele traz à tona os *microchips* subcutâneos que têm sido usados em cães. Recentemente, um artigo foi publicado informando que algumas pessoas também já o possuem. Esses *microchips* possuem os dados dos animais. Se eles se perderem, podem ser achados mais facilmente, além de poder se utilizado um *scanner* que confirmará a identidade do mesmo.[38]

Ora, isso não seria tão relevante se não tivéssemos o código de barra e os famosos e importantes computadores, que fazem refletir sobre como nossas informações estão, de maneira geral, armazenadas em várias esferas, seja econômica, política, militar ou religiosa. Tomando o exemplo de cartões bancários, atualmente já há estabelecimentos que fazem leitura de digitais e até mesmo de face.[39]

Sem tais códigos (marcas), não somos nada. Não podemos sacar dinheiro, não podemos movimentar a conta bancária, fazer uma compra, etc.[40]

Há identidade de tudo e de todos. Todas essas coisas apontam para a verdade de que há marcas que fazem com que sejamos quem somos. Sem tais credenciais, registros, identificações, cartões, digitais, entre outros, não somos reconhecidos. No Brasil, poderíamos ser considerados como indigentes.[41]

Assim, não será difícil um sistema político, militar e/ou religioso determinar o assassinato daqueles que não aceitarem a determinação do Falso Profeta. Mundialmente, as pessoas estão interligadas e com seus dados armazenados.

Podemos destacar, também, a questão da globalização, que tem integrado nações e onde culturas estão em intercâmbio e sofrendo mudanças profundas. Isso nos leva a pensar na globalização da perseguição que, a partir da marca, terá dois modos de ataque

---

[38] John Fullerton MacArthur Jr., *The Final False Prophet, part 2.* Disponível em: http://www.gty.org/Resources/Sermons/66-48. Acesso em: abr. 2014.

[39] Ibidem.

[40] John Fullerton MacArthur Jr., *The Final False Prophet, part 2.* Disponível em: http://www.gty.org/Resources/Sermons/66-48. Acesso em: abr. 2014.

[41] Ibidem.

aos que não se submeterem à ordem do falso profeta: o primeiro, será a ordem de assassinato sem direito de defesa, para aqueles que serão considerados rebeldes e infiéis; o segundo, quanto à questão de aquisição de coisas úteis para a sobrevivência.[42]

Stedman segue a mesma linha, destacando o comércio global no qual também podemos tratar das grandes corporações, ou multinacionais. Ele nos lembra, ainda, de que a marca da Besta é mais uma cópia que Satanás procurará fazer das coisas de Deus. Ele lembra que a marca é da primeira besta e que Deus já havia selado os 144.000 fiéis a ele.[43] Assim, o diabo deseja imitar a Deus. Quão tolo é ele.

Atentemos para o texto de Apocalipse 7:

> Ap 7.1-8 – "Depois disto, vi quatro anjos em pé nos quatro cantos da terra, conservando seguros os quatro ventos da terra, para que nenhum vento soprasse sobre a terra, nem sobre o mar, nem sobre árvore alguma. Vi outro anjo que subia do nascente do sol, tendo o *selo* do Deus vivo, e clamou em grande voz aos quatro anjos, aqueles aos quais fora dado fazer dano à terra e ao mar, dizendo: Não danifiqueis nem a terra, nem o mar, nem as árvores, até *selarmos na fronte* os servos do nosso Deus. Então, ouvi o número dos que foram *selados*, que era cento e quarenta e quatro mil, de todas as tribos dos filhos de Israel: da tribo de Judá foram *selados* doze mil; da tribo de Rúben, doze mil; da tribo de Gade, doze mil; da tribo de Aser, doze mil; da tribo de

---

[42] Anthony Garland, *Book of Revelation*. Disponível em: http://www.spiritandtruth.org/teaching/Book_of_Revelation/commentary/htm/chapters/13.html#Revelation%2013%3A13. Acesso em: mai. 2014.

[43] Ray Stedman, *When Men become Beasts*. Disponível em: http://www.raystedman.org/new-testament/revelation/when-men-become-beasts. Acesso em: mai. 2014.

Naftali, doze mil; da tribo de Manassés, doze mil; da tribo de Simeão, doze mil; da tribo de Levi, doze mil; da tribo de Issacar, doze mil; da tribo de Zebulom, doze mil; da tribo de José, doze mil; da tribo de Benjamim foram *selados* doze mil."

Além disso, vale ressaltar o que diz a Palavra de Deus quanto ao selo do Espírito Santo, que os crentes em Jesus Cristo recebem: "Acaso, não sabeis que o vosso corpo é santuário do Espírito Santo, que está em vós, o qual tendes da parte de Deus, e que não sois de vós mesmos? Porque fostes comprados por preço. Agora, pois, glorificai a Deus no vosso corpo" (1Co 6.19-20).

Ora, nitidamente o apóstolo diz à igreja que ela não pertence a si mesma. Ou seja, haverá sempre a existência de uma marca. A marca de Deus para aqueles que o servem, ou a marca da Besta para aqueles que seguiram a sua imagem. A humanidade estará dividida. De um lado, os seguidores da Besta; de outro, os fiéis ao Deus vivo e verdadeiro.

Em Daniel, encontramos o texto referente à imagem que o rei Nabucodonosor fez e que exigiu adoração do povo. A imagem não foi adorada pelos fiéis, os quais foram lançados na fornalha de fogo ardente. Estudiosos apontam para esta semelhança, ainda que com variações na aplicação do Falso Profeta: "No momento em que ouvirdes o som da trombeta, do pífaro, da harpa, da cítara, do saltério, da gaita de foles e de toda sorte de música, vos prostrareis e adorareis a imagem de ouro que o rei Nabucodonosor levantou" (Dn 3.5).

Graças a Deus, temos a Bíblia Sagrada, revelação do Deus vivo e verdadeiro, que nos fala dos acontecimentos difíceis deste período, mas também de nossa vida eterna com Ele. Vejamos os textos a seguir, que é um consolo para os fiéis, ainda que morram por guardar a fé:

Ap 7.14 – "Respondi-lhe: meu Senhor, tu o sabes. Ele, então, me disse: São estes os que vêm da grande tribulação, lavaram suas vestiduras e as alvejaram no sangue do Cordeiro."

Ap 15.2 – "Vi como que um mar de vidro, mesclado de fogo, e os vencedores da besta, da sua imagem e do número do seu nome, que se achavam em pé no mar de vidro, tendo harpas de Deus."

Ap 20.4 – "Vi também tronos, e nestes sentaram-se aqueles aos quais foi dada autoridade de julgar. Vi ainda as almas dos decapitados por causa do testemunho de Jesus, bem como por causa da palavra de Deus, tantos quantos não adoraram a besta, nem tampouco a sua imagem, e não receberam a marca na fronte e na mão; e viveram e reinaram com Cristo durante mil anos."

Os cristãos, como nos lembra Eugene Peterson (citado por Stedman), que corroboram com tal raciocínio, devem se preocupar em guardar a Palavra e proclamá-la em fidelidade. Não devem gastar tempo fazendo contas e mais contas para saber qual é a marca da Besta. Peterson cita vários estudiosos que, ao longo da história, têm apresentado diversos nomes, do Imperador Nero à Adolf Hitler.[44] Seria mais sábio trilhar o caminho da fidelidade a Deus e guardar o coração em oração para dias tão difíceis.

Penso, também, que melhor do que os cálculos e apostas sobre qual será a marca da Besta é cuidar daquilo que a Palavra revela, pois muitos enganos têm sido ensinados e muitos não têm tido o cuidado de proclamar a verdade bíblica com fidelidade. Antes, têm desejado colocar suas ideias para criar seus próprios reinos.

---

44 Eugene Peterson, em Ray Stedman, *When Men become Beasts*. Disponível em: http://www.raystedman.org/new-testament/revelation/when-men-become-beasts. Acesso em: mai. 2014.

Embora muitos estudiosos mantenham suas expectativas no Papa e na igreja romana, penso que não deveríamos ficar restritos a eles. Kretzmann segue por esta linha também. Cita, inclusive, Martinho Lutero, o qual foi um convicto neste quesito.[45]

Lutero menciona em seu comentário sobre o capítulo 13 de Apocalipse:

> As abominações que este papado cometeu no mundo não podem ser relacionadas em apenas um livro. Idolatria, mosteiros, instituições, santos, peregrinações, purgatório, indulgências, a falta de casamento, e inúmeros outros exemplares de doutrina humana e de obras. Em segundo lugar, quem é capaz de dizer o quanto o derramamento de sangue, assassinato, guerra e miséria os papas têm sido a causa, ambos com suas próprias guerras e provocando imperadores, reis e príncipes?[46]

Todavia, Wilcock nos dá uma boa visão, mais uma vez, quando nos convida a refletir sobre a força da religião na vida humana, fazendo com que foquemos no falso ensino e não exatamente em qual instituição estão as bestas que se levantarão:

> Em outras palavras, onde quer que esta segunda besta se manifeste, ela leva os homens a dizer "esta religião é tão impressionante, que estamos prontos a consagrar nossas vidas para serem salvas pelo sistema para o qual ela nos aponta" (...). Religião é, de fato, uma descrição muito restrita para caracterizar esta segunda besta. Ela é, na forma hodierna de expressão, a ideologia, seja

---

[45] Paul Kretzmann, *Bible Commentaries*. Disponível em: http://www.studylight.org/commentaries/kpc/view.cgi?bk=re&ch=13#1-4. Acesso em: mai. 2014.

[46] Martinho Lutero, em Paul Kretzmann. Disponível em: http://www.studylight.org/commentaries/kpc/view.cgi?bk=re&ch=13#1-4. Acesso em: mai. 2014.

religiosa, filosófica ou política — que "dá vida" a toda estrutura social humana organizada independentemente de Deus. Ela é "a mensagem". Quando em Apocalipse 19.20 essa besta é rotulada como o falso profeta, o texto nos leva de volta à passagem que descreve profecias falsas em Deuteronômio, e lá encontramos uma advertência, a qual, pela linguagem religiosa utilizada, aplica-se a qualquer tipo de ideologia: "Quando profeta ou sonhador se levantar no meio de ti e te anunciar um sinal ou um prodígio, e suceder o tal sinal ou prodígio de que te houver falado, e disser: Vamos após outros deuses, que não conhecestes, e sirvamo-los, não ouvirás as palavras desse profeta" (Dt 13.1-3).[47]

5. O SINAL DA PRESENÇA DE ESPÍRITOS MALIGNOS

Ap 16.13-14 – "Então, vi sair da boca do dragão, da boca da besta e da boca do falso profeta três espíritos imundos semelhantes a rãs; porque eles são espíritos de demônios, operadores de sinais, e se dirigem aos reis do mundo inteiro com o fim de ajuntá-los para a peleja do grande Dia do Deus Todo-Poderoso."

5.1. O TEXTO NOS ENSINA SOBRE A COOPERAÇÃO NA TRÍADE DO MAL NA PRODUÇÃO DE ESPÍRITOS MALIGNOS

Ap 16.13 – "Então, vi sair da boca do dragão, da boca da besta e da boca do falso profeta três espíritos imundos semelhantes a rãs."

Os três personagens finais e mais importantes da história humana (o Diabo, a Besta do Mar e o Falso Profeta) são dedicados

---

[47] Michael Wilcock, *A mensagem de Apocalipse: eu vi o céu aberto*, 3ª Reimpressão, trad. Alexandros Meimaridis (São Paulo: ABU Editora, 2003) p.54.

exclusivamente à obra do mal. A sinergia entre eles será muito forte, porque a associação deles é alguma coisa que aponta para uma grande harmonia da maldade. Eles andarão de braços dados para executar os seus propósitos de malignidade. Eles compartilharão da mesma maldade e também, posteriormente, compartilharão do mesmo destino eterno.

A tríade será capaz de apresentar três espíritos demoníacos, sendo um provindo de cada uma das pessoas da tríade do mal.

(a) Esses espíritos são espíritos imundos

No Antigo Testamento, os falsos profetas estão associados ao "espírito imundo" (Zc 13.2). Pessoalmente, creio que esses espíritos imundos do texto em estudo tenham alguma coisa a ver com a disseminação da falsa profecia. Esses espíritos imundos são agentes da tríade da maldade, espalhando o erro e preparando o mundo para uma grande batalha contra aqueles que são da verdade.

(b) Esses espíritos possuem formas corpóreas

João afirma que *viu* "três espíritos imundos" saindo da boca dos três personagens da tríade do mal. João não poderia ver aquilo que não possui forma corpórea. Por essa razão, o texto diz que espíritos se apresentarão como *"semelhantes a rãs"*.

Praticamente, toda vez que um ser espiritual vai tratar com os seres humanos, eles têm que tomar forma corpórea a fim de que sejam vistos pelos homens.

Este é o único lugar no Novo Testamento onde aparece a expressão *"batrachoi"* (βατράχοι), que é traduzida como rãs (ou sapos). Obviamente, a expressão "rãs" é usada como um símbolo de alguma coisa detestável e nojenta.

Além disso, os sapos coaxam sempre durante a noite, da mesma forma que os espíritos imundos trabalham no tempo das trevas espirituais. Eles fazem o erro proliferar e são os grandes auxiliadores da tríade da maldade.

(c) Esses espíritos são demoníacos

Ap 16.14a – "Porque eles são espíritos de demônios."

É curioso que tanto um ser espiritual (que é Satanás) quanto os seres humanos (a Besta do Mar e o Falso Profeta) possuam os mesmos poderes de produzir espíritos de demônios, ou seja, de espírito que executam maldade. Portanto, esses espíritos estarão a serviço da tríade da maldade. Paulo já havia advertido, antes de João no Apocalipse, que os espíritos enganadores são espíritos demoníacos que trabalham no sistema de maldade. Eles é que estão por detrás dos falsos profetas, falsos mestres, falsos pastores e falsos apóstolos.

(d) Esses espíritos produzem sinais

Ap 16.14b – "Operadores de sinais."

Por causa da procedência deles, esses espíritos serão capacitados a desempenhar sinais, que sempre têm o objetivo de enganar as pessoas de sobre a face da terra, naquela geração final.

Como esses espíritos procedem da tríade do mal, eles farão obra que combine com os propósitos malignos da sua procedência. Eles farão exatamente aquilo para o que são capacitados. Como eles procedem do mal, eles somente farão as coisas do mal, para o engano e espanto dos homens.

5.2. O TEXTO NOS ENSINA SOBRE A FINALIDADE DOS ESPÍRITOS DE DEMÔNIOS

Ap 16.14c – "E se dirigem aos reis do mundo inteiro com o fim de ajuntá-los para a peleja do grande Dia do Deus Todo-Poderoso."

(a) Os espíritos demoníacos se dirigem aos reis do mundo inteiro

Esses espíritos demoníacos serão de grande ajuda para o Falso Profeta, porque eles se dirigem aos reis do mundo inteiro com suas finalidades de enganos pelos sinais. É significativo que eles se dirijam às autoridades maiores de cada nação. Quando se convence o líder da nação, toda a nação segue o seu rei; da mesma forma que, quando você convence o chefe de uma casa, toda a casa o acompanha. Este é o sentido do texto.

(b) Os espíritos demoníacos tentarão reunir todos para a peleja final

O engano produzido pelos espíritos demoníacos é para todos eles se juntarem para a batalha contra as hostes do bem. O texto afirma que essa batalha haverá de acontecer "no grande dia do Todo-Poderoso". Eles tentarão invadir a região onde está a cidade querida. Do Oriente, virão reis juntamente com um exército extremamente numeroso (Ap 16.12). Na verdade, quando eles cruzarem o rio Eufrates, eles não terão permissão para entrar na antiga terra de Canaã, e essa batalha desejada por eles nunca acontecerá, por duas razões: porque os cristãos não terão um exército aparelhado com armas, e porque Deus e seu Cristo lutarão de forma que o seu povo não precise lutar contra as forças do mal. A tríade do bem, por si mesma, sem a ajuda de seus remidos, terá a função de derrotar a tríade do mal e seus asseclas.

5.3. APLICAÇÃO

Aqueles de nós que não estivermos presentes nos dias terríveis da manifestação do Falso Profeta, já podem ter um antegosto daquilo que ele fará em grande medida no tempo do fim.

(a) Os falsos profetas de nosso tempo dão ênfase a sinais e maravilhas

Muitos brasileiros, cristãos do evangelicalismo herdado dos Estados Unidos, desde algumas décadas atrás estão sendo enganados por falsos profetas que se aplicam na operação de milagres. Por causa dos sinais supostamente realizados, eles atraem muitos incautos que estão desesperadamente atentos a coisas sobrenaturais e têm a sua vida pautada em eventos espetaculares. A espetacularidade de uma religião seduz muitas pessoas. Jesus Cristo e Paulo já nos advertiram de que, nos últimos tempos, muitos estariam prestando atenção aos operadores de sinais e maravilhas que seduzem até os que são seguidores de Cristo. Portanto, os crentes que prestam atenção às advertências da Escritura não são enganados pelos falsos profetas, os quais são operadores de sinais e maravilhas. Os falsos profetas que apresentam sinais e maravilhas têm a potencialidade de seduzir pessoas. Os eleitos de Deus que se cuidem!

O que acontece hoje, em medida qualitativa menor, acontecerá em medida qualitativa muito maior quando o Falso Profeta se levantar sobre a terra.

(b) Os falsos profetas de nosso tempo se preocupam com o evangelho da prosperidade

Talvez o Brasil seja campeão de igrejas locais e denominacionais que pugnam pelo evangelho da prosperidade. É um evangelho descaracterizado da verdade de Deus. Se Paulo vivesse entre nós, hoje, provavelmente ele seria tão ou mais duro com eles do que foi com a igreja gálata (Gl 1.6-9). É muito triste mexer no rádio ou na TV e ouvir uma grosseira caricatura do evangelho. O mais triste ainda é que milhões de evangélicos, que não sabem distinguir teologicamente a mão direita da esquerda, dão suporte financeiro para que vários de seus líderes se tornem ricos. Esses próprios crentes vivem na expectativa de se tornarem ricos; mas essa é uma quimera, porque não existe promessa na Escritura que os defensores da teologia da prosperidade propalam. Assim, muitos vão vivendo e morrendo na escuridão espiritual, a despeito de estarem envolvidos com a igreja chamada evangélica.

Esses falsos profetas enganam o povo de Deus com uma mensagem que nasce nos corações deles, e não na Palavra de Deus e no verdadeiro evangelho de Cristo Jesus. Os falsos profetas de nossa geração estão preparando o caminho para a entrada do Falso Profeta (Anticristo ou Besta da Terra) no cenário mundial. Com grande probabilidade, esse Falso Profeta virá do mundo chamado evangélico.

(c) Os falsos profetas de nosso tempo ainda se preocupam com sonhos e visões

Esse tipo de pregação baseada em sonhos e visões não é tão comum hoje, exceto em alguns círculos pentecostais mais tradicionais. Embora ele ainda exista no neopentecostalismo, não é o que mais atrai o povo. Esse tipo de pregação certamente ilude o povo de Deus, mas não promete muitas vantagens de riquezas, porque os sonhos comumente não se realizam.

No entanto, ainda há aqueles que vivem dependurados nesses falsos profetas (especialmente mulheres dependentes de profetizas), guiando suas vidas por sonhos e visões. É uma tentativa de reviver o profetismo do passado. Como a ênfase, hoje, está mais ligada ao aparecimento de apóstolos (que é um movimento mais moderno), a ideia do profetismo já está sendo deixada de lado. Mas essa tendência nunca irá morrer, apenas enfraquecer com o aparecimento de outras heresias, antes que o Falso Profeta Final se manifeste.

A temática do capítulo 13 de Apocalipse gira em torno destas duas bestas: a que emerge do mar e a que emerge da terra, sendo que esta é serva da primeira e tem como missão levar os homens a adorarem a besta que emerge do mar (a qual claramente já demonstramos ser o Homem da Iniquidade descrito por Paulo na segunda carta aos Tessalonicenses).

Arthur W. Pink, apesar de divergir em determinados aspectos sobre as Bestas no livro de Apocalipse, corrobora com o parágrafo acima quando nos diz que o Anticristo é a obra-mestra do Diabo, de forma que ele satisfará os desejos do mundo que anseia por um super-homem. Será o Anticristo a consumação das suas obras. Diz ele que "será a pessoa mais extraordinária que jamais havia aparecido no cenário da história humana"[48], com exceção, claro, de Jesus Cristo, o Deus-Homem.

O mesmo autor considera que haverá genialidade no Anticristo quanto à intelectualidade, quanto à oratória, quanto à política, quanto ao comércio, quanto ao governo, quanto ao militarismo e quanto à religiosidade.[49]

---

48 W. Arthur Pink, *El Anticristo* (Barcelona: Editorial CLIE, 1923) p.74. Entretanto, Pink confunde o Anticristo com o Homem da Iniquidade, que é uma confusão comum inclusive dentro de círculos Reformados. [N.A.]

49 W. Arthur Pink, *El Anticristo* (Barcelona: Editorial CLIE, 1923) p.74-78.

William Hendriksen nos diz que a Besta da Terra é mais perigosa do que a Besta do Mar, pois é a mente de Satanás, enquanto que a primeira é sua mão. É mais perigosa, também, porque tem aparência inofensiva. Segundo ele, tal besta simboliza as falsas religiões e filosofias, as quais fazem oposição contínua à Igreja de Cristo.[50]

É interessante, para os estudiosos do assunto, pesquisar as semelhanças que o Falso Profeta (ou Anticristo, ou ainda a Besta da Terra) procura ter com Jesus Cristo, o Rei dos reis. Inclusive, quanto aos sinais operados, e que a Bíblia nos diz que Cristo realizou.

> At 2.22 – "Varões israelitas, atendei a estas palavras: Jesus, o Nazareno, varão aprovado por Deus diante de vós com milagres, prodígios e sinais, os quais o próprio Deus realizou por intermédio dele entre vós, como vós mesmos sabeis."

Ora, é exatamente essa uma das semelhanças que o Falso Profeta estabelecerá com Jesus Cristo. A Bíblia fala sobre isso:

> 2Ts 2.9 – "Ora, o aparecimento do iníquo é segundo a eficácia de Satanás, com todo poder, e sinais, e prodígios da mentira."

Vale, ainda, mencionar a sagacidade do Diabo, ao querer reproduzir a Trindade, quando tomamos os capítulos 12 e 13 do Apocalipse. Claro que só consegue estabelecer a trindade do mal, que há de perseguir cristãos e alegrar os ímpios com seus sinais e prodígios.

---

50 William Hendriksen, *Mais Que Vencedores: Uma interpretação do livro do Apocalipse* (São Paulo: Cultura Cristã, 1987) p.175.

Boa é a colocação de Oliver Martin Thomson em seu comentário:

> Infelizmente, a cristandade está cheia dessas cousas, hoje em dia. Há milagreiros, sedutores e falsificadores de línguas por toda a parte, e o poder atrás de tudo isso, é o dragão; é satânico.[51]

Interessante é que seu comentário data de 1979. Imagine se pudesse ver o que tem acontecido no descortinar do terceiro milênio!

51　Oliver Martin Thomson, *O Apocalipse* (Jaú: Refúgio gráfica e editora, 1979) p.93.

CAPÍTULO 22

A IMPORTÂNCIA DOS SINAIS NO MINISTÉRIO PROFÉTICO

Este capítulo tratará sobre a grande importância dos sinais, tanto dos verdadeiros como dos falsos profetas:

1. A IMPORTÂNCIA DOS SINAIS NO MINISTÉRIO DOS *VERDADEIROS* PROFETAS

Em geral, o exercício do ofício profético do Antigo Testamento era acompanhado do desempenho de milagres, pois os milagres autenticavam a atividade profética. Deus sempre deu testemunho de sua palavra junto aos seus santos profetas. Se olharmos o rio da inspiração bíblica perceberemos que, no decorrer da revelação de sua vontade, Deus sinalizou sua palavra. Moisés, Elias, Eliseu, os demais profetas, Cristo e seus apóstolos foram aprovados em palavras e sinais. Os sinais confirmam a mensagem, apontando para a verdade proclamada.

Observemos o ministério de nosso Senhor Jesus Cristo, mais especificamente no evangelho de João. Sendo este o mesmo o autor de apocalipse, é pertinente que consideremos a maneira como João organiza seu evangelho em torno de sinais. Podemos observar um padrão em seu evangelho de sinais e ensino, ou ensino e sinais.

> Jo 2.11 — "Com este, *deu Jesus princípio a seus sinais* em Caná da Galiléia; manifestou a sua glória, e os seus discípulos creram nele."

Jesus Cristo é o profeta supremo. Ele tomou para si o ofício profético e, para seguir na mesma linha dos profetas do Antigo Testamento, começou seu ministério realizando milagres, dos quais esse foi o primeiro. A apresentação de um milagre aponta para a glória do profeta e, de certa forma, o habilita a ser visto como um verdadeiro profeta de Deus. Pelo que Jesus fez em Caná, os seus discípulos creram nele, ou em sua messianidade.

Um dos admiradores e seguidor de longe, durante a noite, "foi ter com Jesus e lhe disse: Rabi, sabemos que és Mestre vindo da parte de Deus; porque ninguém pode fazer estes sinais que tu fazes, se Deus não estiver com ele" (Jo 3.2). Vemos, aqui, o testemunho de uma autoridade judaica de que era evidente que Jesus procedia de Deus, pois tais sinais eram provas irrefutáveis de sua aprovação.

"E, contudo, muitos de entre a multidão creram nele e diziam: Quando vier o Cristo, fará, porventura, maiores sinais do que este homem tem feito?" (Jo 7.31). Era consenso por parte da multidão que o Cristo, quando viesse, faria grandes sinais e assim, diante do que presenciavam quanto a Jesus, ficaram em suspenso se porventura não seria ele o Cristo.

> Jo 20.30-31 — "Na verdade, fez Jesus diante dos discípulos muitos outros sinais que não estão escritos neste livro. Estes,

porém, foram registrados para que creiais que Jesus é o Cristo, o Filho de Deus, e para que, crendo, tenhais vida em seu nome."

Aqui, João define sua intenção em seu evangelho de forma clara: ele selecionou alguns sinais, a fim de conduzir seus leitores à crença e à vida mediante o Filho de Deus.

Diante dos discípulos, diante das autoridades, diante da multidão e, por fim, diante dos leitores do evangelho, Jesus é apresentado como Filho de Deus por meio de seu ensino *sinalizado*. João sabia da importância dos sinais a ponto de organizar seu evangelho em torno dos mesmos.

2. A IMPORTÂNCIA DOS SINAIS NO MINISTÉRIO DOS *FALSOS* PROFETAS

Quando os falsos profetas apareceram, durante o decorrer da história, eles tentaram imitar o grande profeta, que é Cristo Jesus. O Falso Profeta não agirá de modo diferente. Todavia, diferentemente de muitos falsos profetas do tempo presente, que apresentam sinais que não podem ser comprovados, o Falso Profeta se apresentará publicamente para desempenhar sinais reais, os quais causarão grande impacto na vida do povo.

Para poderem enganar o povo, os falsos profetas, no decorrer da história, sempre se apresentam com sinais, ainda que estes procedam do pai da mentira, que é Satanás. Não será diferente na manifestação do Falso Profeta Final. Ele se apresentará como capaz de fazer sinais e prodígios.

Ap 13.13 — "Também opera grandes sinais, de maneira que até fogo do céu faz descer à terra, diante dos homens."

Assim, quando nos voltamos para o Apocalipse de João e sua descrição do Falso Profeta a operar *grandes* sinais, sabemos que a ação do Dragão nele é de uma magnitude singular. Dessa forma, a Besta da Terra consegue seduzir uma multidão inumerável, de proporções mundiais, à crença e à adoração a Besta do Mar.

É pertinente, aqui, não deixarmos de mencionar o ensino clássico do apóstolo Paulo que, de fato, é também uma revelação acerca desses dias de domínio das trevas:

> 2Ts 2.9-10 — "Ora, o aparecimento do iníquo é segundo a eficácia de Satanás, com todo poder, e *sinais*, e *prodígios* da mentira, e com todo engano de injustiça aos que perecem, porque não acolheram o amor da verdade para serem salvos."

Os falsos profetas ensinam a mentira e são assistidos por poderes do engano, a fim de validarem a mentira segundo a eficácia de Satanás. Observe a ênfase paulina quanto a manifestação do iníquo ser assistida com poder, sinais e prodígios associados ao falso ensino.

Desde os tempos antigos, a estratégia de Satanás é a mesma. Os falsos profetas sempre se apresentaram com sinais e prodígios. Moisés já advertira o povo de Israel quanto a esse estratagema:

> Dt 13.1-5 — "Quando profeta ou sonhador se levantar no meio de ti e te anunciar um *sinal* ou *prodígio*, e suceder o tal *sinal* ou *prodígio* de que te houver falado, e disser: Vamos após outros deuses, que não conheceste, e sirvamo-los, não ouvirás as palavras desse profeta ou sonhador; porquanto o SENHOR, vosso Deus, vos prova, para saber se amais o SENHOR, vosso Deus, de todo o vosso coração e de toda a vossa alma. Andareis

após o SENHOR, vosso Deus, e a ele temereis; guardareis os seus mandamentos, ouvireis a sua voz, a ele servireis e a ele vos achegareis. Esse profeta ou sonhador será morto, pois pregou rebeldia contra o SENHOR, vosso Deus, que vos tirou da terra do Egito e vos resgatou da casa da servidão, para vos apartar do caminho que vos ordenou o SENHOR, vosso Deus, para andardes nele. Assim, eliminarás o mal do meio de ti."

A ingenuidade consiste em não perceber o conteúdo do ensino por ficar maravilhado com os feitos prodigiosos. Os falsos profetas pregam rebeldia contra o Senhor; falam mentira procedente do pai da mentira, que a fundamenta com conteúdo e poder.

Os sinais são muito importantes para conseguir a confiança daqueles que ouvem os falsos profetas. Na verdade, eles são imitadores dos verdadeiros profetas de Deus do Antigo Testamento e de Jesus Cristo, o supremo profeta, apóstolo e bispo de nossas almas.

CAPÍTULO 23

A NATUREZA DOS MILAGRES OPERADOS PELOS FALSOS PROFETAS

O Falso Profeta será um homem de muitos milagres. Os sinais e prodígios serão a sua ferramenta para enganar o coração dos homens e conduzi-los ao erro e a adorar a primeira besta e, consequentemente, o Dragão.

Ap 13.13-14 – "Também opera grandes sinais, de maneira que até fogo do céu faz descer à terra, diante dos homens. *Seduz os que habitam sobre a terra por causa dos sinais* que lhe foi dado executar diante da besta, dizendo aos que habitam sobre a terra que façam uma imagem à besta, àquela que, ferida à espada, sobreviveu."

1. OS MILAGRES DO FALSO PROFETA NÃO SERÃO MERAS FALSIFICAÇÕES

Ap 13.13 – "Também opera grandes sinais, *de maneira que até fogo do céu faz descer à terra*, diante dos homens."

Ele operará sinais e maravilhas; se reais ou ilusórios, não temos como saber exatamente. Todavia, é minha crença pessoal que os milagres apresentados por eles não serão mero exercício de prestidigitação ou de algum truque, porque não serão sinais feitos como se faz em um show de mágica. Eles terão propriedades enormes e espantarão os que estiverem presentes nos eventos miraculosos. Do que podemos ter certeza é que seus sinais terão uma noção de falsidade (porque procedem, em última instância, do pai da mentira) e a sua finalidade é enganar o povo; mas, serão milagres reais, que poderão ser comprovados.

O Falso Profeta usará de milagres para promover a falsa adoração. Elias pediu fogo do céu justamente como uma forma de determinar quem eram os falsos profetas em Israel e, assim, eliminá-los da face da terra e reestabelecer o culto a Javé, o qual havia sido corrompido pelos profetas de Baal.

Agora, o Falso Profeta irá fazer descer fogo do céu como uma maneira de provocar culto a Satanás. É bem provável que as pessoas façam correlações com os atos dos profetas de Deus e, por isso, creiam que o ele que faz é da parte de Deus.

Lidamos com um ser das trevas que é enganador, algo expresso no seu nome. Pela instrumentalidade do Falso Profeta, Satanás irá enganar os homens.

Nesses falsos milagres, Deus observará aqueles que verdadeiramente o amam. Quando o profeta anuncia e faz algo, e conduz o povo para um caminho que não é o do Senhor, esse profeta deve ser reconhecido como falso. É isso que preceitua a lei do Senhor (Dt 13.1-3).

2. OS MILAGRES DO FALSO PROFETA SERÃO CONVINCENTES.

Ap 13.14 –*"Seduz os que habitam sobre a terra por causa dos sinais que lhe foi dado executar diante da besta, dizendo aos que habitam sobre a terra que façam uma imagem à besta, àquela que, ferida à espada, sobreviveu."*

Os efeitos sedutores dos milagres serão muito grandes. Os homens que estiverem em dúvida sobre quem é a Besta do Mar serão convencidos pelo poder da Besta da Terra de que ele deve ser adorado. Muitos milagres são realizados em nome de Deus e convencem as pessoas de que, realmente, elas foram alvos de algum benefício vindo do céu, quando na verdade se trata de ação diabólica. Albert Barnes[1] traz, em seu comentário, uma lista de grandes milagres creditados aos santos romanos e que mantém inúmeras pessoas presas a adoração a esses santos.

A realização de milagres não autentica o ministério de uma pessoa. Satanás e sua trindade profana produzirão milagres que enganarão o mundo. Jesus já nos advertiu quanto a isso:

Mt 7.15 – "Acautelai-vos dos falsos profetas, que se vos apresentam disfarçados em ovelhas, mas por dentro são lobos roubadores."

Mt 7.21-23 – "Nem todo o que me diz: Senhor, Senhor! entrará no reino dos céus, mas aquele que faz a vontade de meu Pai, que está nos céus. Muitos, naquele dia, hão de dizer-me: Senhor, Senhor! Porventura, não temos nós profetizado em teu nome, e

---

1 Albert Barnes, *Notes on the Bible*, Disponível em: e-Sword.

em teu nome não expelimos demônios, e em teu nome não fizemos muitos milagres? Então, lhes direi explicitamente: nunca vos conheci. Apartai-vos de mim, os que praticais a iniquidade."

Se homens fizeram milagres, e a Escritura não diz que foram milagres falsos, o que impede que as duas figuras finais mais importantes façam reais milagres para o engano das pessoas? Se hoje já é assim, quanto mais nos dias finais!

3. OS MILAGRES DO FALSO PROFETA SERÃO UMA FORMA DE COERÇÃO

Ap 13.14 – "Seduz os que habitam sobre a terra por causa dos sinais que lhe foi dado executar diante da besta, *dizendo aos que habitam sobre a terra que façam uma imagem à besta, àquela que, ferida à espada, sobreviveu.*"

Os milagres do Falso Profeta serão capazes de manipular a vontade das pessoas. Os homens se sentirão tão seduzidos por esse líder religioso que não serão capazes de pensar por si mesmos, mas se submeterão completamente a influência maligna do falso profeta. Ele lhes dirá o que fazer e as pessoas obedecerão! Seguirão as suas ordens sem questionamento, por que foram seduzidos pela grandeza de seus sinais.

O nível de submissão será tão grande, que os homens entregarão a esse profeta o controle total de suas vidas.

Ap 13.16-18 – "A todos, os pequenos e os grandes, os ricos e os pobres, os livres e os escravos, faz que lhes seja dada certa marca sobre a mão direita ou sobre a fronte, para que ninguém possa comprar ou vender, senão aquele que tem a marca, o nome da besta ou o número do seu nome. Aqui está a sabedoria. Aquele que tem entendimento calcule o número da besta, pois é número de homem. Ora, esse número é seiscentos e sessenta e seis."

Os homens, em obediência ao Falso Profeta, se permitirão serem marcados, ricos e pobres, escravos e livres; será dado a eles uma marca para que tenham acesso aos bens de consumo. Os homens serão completamente subjugados por esse líder religioso. A marca essencial do poder religioso do Falso Profeta é a opressão. É um poder religioso que cerceia a liberdade do indivíduo, que o escraviza. Os falsos profetas que já operam em nosso meio fizeram exatamente isso. Operam de forma muito opressora na vida de seus seguidores, obrigando-os a se portarem com fidelidade absoluta aos seus ensinamentos, afastando-os de seus familiares e de qualquer pessoa que possa ser ameaça a essa escravidão.

Muito se discute sobre o número da besta. Existem posições variadas quanto ao significado desse número. Para alguns é o papado, outros apostam em um líder político. Já se fez todo tipo de numerologia, na tentativa de identificar o significado desse número. De Hitler a Gorbachev, todos os grandes líderes mundiais já tiveram seus nomes associados ao número da besta.

Precisamos considerar, primeiro, que a besta que emerge da terra é um líder religioso que surgirá para proclamar a adoração a primeira besta. Ele seduzirá os homens não pelo poder político, mas pelo poder religioso. Segundo, que a intenção de João não é que consigamos identificar com antecedência quem, entre os homens, é o candidato a Besta da Terra. Isso, os que se mantiverem fiéis ao Senhor saberão pelas indicações que a própria revelação nos oferece. Em terceiro lugar, devemos considerar que parece sensato entender esse número como uma forma de João dizer aos seus leitores que é possível identificar o Falso Profeta; é possível conhecer usando a sabedoria, porque é humano.

> Ap 13.18 – "Aqui está a sabedoria. *Aquele que tem entendimento calcule o número da besta*, pois é número de homem. Ora, esse número é seiscentos e sessenta e seis."

Assim, a ênfase de João não está sobre o significado do número mas sobre a possibilidade de se reconhecer o Falso Profeta. Esse número, de alguma maneira, expressa o caráter do Falso Profeta, expondo sua identidade.

CAPÍTULO 24

OS OBJETIVOS DO FALSO PROFETA NA OPERAÇÃO DOS SINAIS

É importante observar que o verbo grego *"poieo"* (traduzido como "operar") está no presente do indicativo, e sugere que o Falso Profeta passará toda a sua existência apresentando atos espetaculares diante do mundo que o observa encantado. Portanto, a operação de sinais feita por ele será contínua.

1. O FALSO PROFETA OPERARÁ GRANDES SINAIS PARA EXIBIÇÃO

O Falso Profeta, parece-nos, quer prestígio dos que dominam e dos que são dominados; ou seja, da Besta do Mar e dos homens ímpios. Ainda que ele opere milagres a fim de enganar os homens para que adorem a Besta, ele apresenta seus milagres para receber agrado, tanto dos homens como da Besta.

1.1. A EXIBIÇÃO DOS SINAIS É FEITA DIANTE DO POVO

Ap 13.13 – "*Também opera grandes sinais*, de maneira que até fogo do céu faz descer à terra, *diante dos homens.*"

Da mesma forma como os profetas verdadeiros de Deus faziam seus portentos perante o povo, assim também fará o Falso Profeta. Todas as pessoas ímpias prestarão atenção à performance do Falso Profeta e, certamente, o louvarão pelo seu poder. O texto diz que "até fogo do céu faz descer à terra, *diante dos homens*". Se um líder religioso quer o prestígio dos homens, ele tem que fazer coisas que encantam aqueles que vão reconhecer o seu poder.

1.2. A EXIBIÇÃO DOS SINAIS É FEITA DIANTE DA BESTA

Ap 13.14a – "Seduz os que habitam sobre a terra por causa dos sinais que lhe foi dado executar diante da besta."

O Falso Profeta receberá o poder de executar milagres; mas ele se preocupará em executá-los, também, perante a Besta do Mar (que, àquela altura, será a governante da política mundial). Ele certamente quererá o prestígio e os elogios vindos do maior governante humano de toda a história, pois o poder que este terá ultrapassará o poder dos governantes até agora existentes.

O Falso Profeta, como oficial imediato da Besta, se exibirá diante do "chefe" para receber prestígio dele perante o povo. O povo verá que ele tem prestígio, porque a presença da Besta na hora da execução dos milagres aponta para o prestígio do Falso Profeta; assim, todos darão crédito a ele e adorarão seu "chefe".

2. O FALSO PROFETA OPERARÁ GRANDES SINAIS PARA ATRAIR AS PESSOAS

Ap 13.14a – "*Seduz* os que habitam sobre a terra por causa dos sinais que lhe foi dado executar diante da besta."

Debaixo da influência de Satanás, o Falso Profeta estará certo de que a única maneira de convencer os homens do mundo será com a performance de coisas que lembrarão Cristo, com seus sinais e prodígios. Ele quererá provar que está servindo ao deus verdadeiro, mas que não é o Deus e Pai de Jesus. Porém, a essa altura, o povo não saberá da procedência dele. A apresentação de sinais e maravilhas será uma estonteante demonstração de que ele é um profeta verdadeiro!

2.1. O FALSO PROFETA SEDUZIRÁ PORQUE SE APRESENTARÁ DISFARÇADO

O método do Falso Profeta é o uso do engano. Não tem como haver sedução sem haver algo que engane. A fim de seduzir um homem, uma mulher usa artifícios que não pertencem a ela mas que atraem o homem incauto. Essa tática funciona em qualquer empreitada onde uma pessoa quer convencer outra a passar para o seu lado ou para crer nas coisas que crê.

Não se esqueça de que o texto em estudo diz que a Besta da Terra "se parece com cordeiro mas fala como dragão" (Ap 13.11). Ela parecerá mansa e humilde, mas fala com grande autoridade. Esses dois aspectos de um profeta são elementos fortíssimos para seduzir pessoas.

Jesus advertiu que os falsos profetas sempre se apresentarão disfarçados de ovelhas, mas que por dentro são lobos devoradores.

> Mt 7.15 – "Acautelai-vos dos falsos profetas, que *se vos apresentam disfarçados em ovelhas*, mas por dentro são lobos roubadores."

Paulo diz que o "chefe" da Besta da Terra também se servirá de artifícios para seduzir as pessoas, a fim de que estas o adorem. Essa é a artimanha mais poderosa que aparecerá na história humana para tentar arrebanhar inclusive os crentes que estiverem vivendo no mundo.

> 2Ts 2.9-12. – "Ora, o aparecimento do iníquo é segundo a eficácia de Satanás, *com todo poder, e sinais, e prodígios da mentira, e com todo engano de injustiça aos que perecem,* porque não acolheram o amor da verdade para serem salvos. É por este motivo, pois, que Deus lhes manda a operação do erro, para darem crédito à mentira, a fim de serem julgados todos quantos não deram crédito à verdade; antes, pelo contrário, deleitaram-se com a injustiça."

Certamente, os crentes não serão definitivamente enganados; porém, poderão ficar em dúvida sobre algumas coisas em virtude do que vierem a ver e a ouvir.

Os dias que precedem a vinda de Cristo serão dias em que a igreja de Deus precisará de muitas pessoas com um real dom de discernimento espiritual, a fim de ajudar os cristãos que estiverem claudicando.

2.2. O FALSO PROFETA SEDUZIRÁ PORQUE OS SEUS SINAIS SERÃO IMPRESSIONANTEMENTE CONVINCENTES

Eu já mencionei, em outro lugar deste livro, que os sinais apresentados pelo Falso Profeta serão muito impressionantes devido ao portento deles. Todos os que não derem crédito à verdade de Deus, àquela altura, serão seguidores certos dos ensinos do Falso Profeta. Mesmo os que sejam cristãos, mas não possuírem uma porção boa da luz de Deus, certamente seguirão aos ensinos do Falso Profeta, ainda que temporariamente, em virtude da força dos sinais apresentados por ele.

A realidade dos sinais colocará em cheque a crença de muitas pessoas, porque os sinais serão muito convincentes. Quando falsos profetas apresentam alguns sinais hoje, não é difícil provar a falsidade deles, porque eles tentam simplesmente manipular as pessoas; mas os milagres do Falso Profeta Final terão por detrás o poder de Satanás, assim como o da própria Besta do Mar. Os sinais dele serão convincentes e porão muitas pessoas debaixo de grandes dúvidas espirituais.

É minha oração que se alguns de meus leitores estiverem vivos no tempo da manifestação do Falso Profeta, não se dobrem diante do engano. Serão tempos em que os cristãos serão postos à prova, e rogo a graça de Deus sobre esses irmãos para que eles sejam mais que vencedores, por causa de seu amor a Cristo e do amor de Cristo por eles, sobre o falso ensino e a falsa profecia desses tempos finais.

2.3. O FALSO PROFETA SEDUZIRÁ PORQUE OS SEUS SINAIS SERÃO EFICAZES

Se há alguém que pode seduzir outro alguém, é aquele que tem poder em suas mãos. Nos dias de hoje, os falsos profetas já seduzem muitos crentes incautos e desejosos de ver manifestações espetaculares. Muitos crentes têm sido seduzidos pelos sinais operados pelos falsos profetas. Veja o que Cristo disse desses falsos profetas:

Mt 24.24 – "Porque surgirão falsos cristos e falsos profetas *operando grandes sinais e prodígios para enganar,* se possível, os próprios eleitos."

Os sinais encantam muitos crentes ainda hoje. Além disso, há eleitos de Deus que podem ficar enganados, ao menos temporariamente, pelo encanto dos sinais. Portanto, é importante que os crentes em Cristo Jesus prestem atenção a esses perigos e não se exponham à pregação e às operações miraculosas desses falsos profetas; porque, por detrás da pregação e dos sinais deles, há o intuito satânico do engano dos crentes.

Se isso é verdadeiro a respeito dos falsos profetas que hoje existem, que se pode dizer, então, do Falso Profeta? Ele terá poderes muito grandes de sedução.

2.4. O FALSO PROFETA SEDUZIRÁ PORQUE OS SEUS SINAIS SERÃO CONTROLADORES

Ap 13.14 – "Seduz os que habitam sobre a terra por causa dos sinais que lhe foi dado executar diante da besta, *dizendo aos que habitam sobre a terra que façam uma imagem à besta,* àquela que, ferida à espada, sobreviveu."

Por causa dos sinais operados diante do povo e da Besta, o Falso Profeta terá o controle dos homens para levá-los à obedecê-lo. O Falso Profeta ordenará que os homens da terra façam uma imagem à Besta, e ele será ouvido naquilo que ordenou.

A humanidade perdida não terá como não obedecer ao Falso Profeta, pela força e prestígio dele em razão dos sinais que executa. O povo que habita sobre a terra não mais será capaz de pensar e agir por si mesmo, mas pensará e agirá de acordo com a mente do Falso Profeta, que é o líder religioso do governo da Besta. Assim como hoje muitos já começam a pensar pela mente de homens inteligentemente maus, praticando coisas más, de maneira muito mais eficaz os seres humanos serão subservientes ao Falso Profeta.

2.5. O FALSO PROFETA SEDUZIRÁ PORQUE OS SEUS SINAIS SERÃO ESPANTOSOS

Ap 13.15 – "E lhe foi dado comunicar fôlego à imagem da besta, para que não só a imagem falasse, como ainda fizesse morrer quantos não adorassem a imagem da besta."

Os homens ficarão tão extasiados com o poder sedutor do Falso Profeta que eles serão completamente submissos a ele. Eles ficarão confusos diante dos sinais, porque nunca se ouviu na história que imagens viessem a possuir vida e a serem capazes de falar.

Aqueles de nós que vivemos em uma geração de robótica e de tecnologia, dantes impensável, podemos ter várias ideias a esse respeito. Alguns filmes mostram algumas possibilidades com efeitos gráficos fantásticos; mas, pessoalmente, não creio que os sinais operados pelo Falso Profeta terão qualquer caráter científico. Serão sinais que estarão além da compreensão da razão humana, porque possuem uma origem não-humana. Eles não podem encontrar razão na simples capacidade humana, meramente porque esses milagres operados pelo Falso Profeta serão executados pelo poder de Satanás. O Falso Profeta operará sinais que deixarão os homens sem fôlego e eles acabarão obedecendo e sendo subservientes ao seu líder religioso.

2.6. O FALSO PROFETA TENTARÁ SEDUZIR OS PRÓPRIOS CRISTÃOS

O Falso Profeta Final, como seus antecessores na história, tentará não simplesmente enganar os membros de outras religiões mundiais mas enganar, se possível, os próprios eleitos.

> Mt 24.24-25 – "Porque surgirão falsos cristos e falsos profetas operando grandes sinais e prodígios para enganar, se possível, os próprios eleitos. Vede que vo-lo tenho predito."

Essa profecia de Jesus Cristo é muito significativa. Podemos estar certos de que os que estiverem vivendo naquela época serão tentados a passar para o outro lado, de tão sedutora que será a mensagem e a performance poderosa do Falso Profeta.

O alvo de um Falso Profeta será sempre o de seduzir os que o veem e o ouvem. Até àquela altura, os cristãos estarão no meio da multidão, observando as peripécias espirituais e proféticas do Falso Profeta. Eles estarão sujeitos ao engano, ao menos temporariamente, até que tenham seus olhos abertos pelo próprio Deus. Não se esqueçam de que a performance de sinais é extremamente sedutora.

Ainda hoje, muitos crentes vão atrás de sinais e ficam em igrejas apóstatas por causa de sinais. Não é incomum vermos pessoas que ingenuamente permanecem em algumas igrejas simplesmente por causa de sinais. O engano deles é muito sutil e gradual. Há uma crescente de engano para que haja uma real sedução. Os que estão sob engano não caíram de uma hora para outra. Pouco a pouco eles vieram a ser encantados com o que se oferece em muitas igrejas evangélicas. Se a graça divina não operar, eles vão ficar por muito tempo sob o feitiço dos sinais e prodígios supostamente feitos nesses lugares.

Para esses crentes sob engano, os sinais são atestados da veracidade dos profetas. Alguns deles ficam seduzidos por muitos anos, até que um dia caem na realidade e choram de tristeza.

CAPÍTULO 25

A CONDENAÇÃO DO FALSO PROFETA FINAL

O que aconteceu com os falsos mestres do passado é o que acontecerá, em medida muito mais rigorosa, ao Falso Profeta Final. O que Deus exigiu do seu povo fiel, com respeito ao castigo que eles deviam impingir aos falsos profetas, é o que ele próprio fará com o Falso Profeta Final. O castigo deste, possuirá alguns passos que estudaremos abaixo:

Ap 19.20 – "*Mas a besta foi aprisionada, e com ela o falso profeta que, com os sinais feitos diante dela, seduziu aqueles que receberam a marca da besta e eram os adoradores da sua imagem. Os dois foram lançados vivos dentro do lago de fogo que arde com enxofre.*"

1. A PRIMEIRA PARTE DA CONDENAÇÃO É O APRISIONAMENTO

Ap 19.20a – "*Mas a besta foi aprisionada, e com ela o falso profeta.*"

Nesse verso, os dois personagens mais importantes dos dias finais, que precedem a vinda de Cristo, sofrerão sua primeira grande derrota. O grande revés do Falso Profeta e da primeira besta é que eles serão aprisionados.

1.1. A PRISÃO DO FALSO PROFETA SERÁ REPENTINA

Quando todas as forças inimigas tiverem contando vitória sobre os cristãos, haverá uma ação divina inesperada. O aparecimento de Cristo colocará um fim na liderança do mal. Portanto, não haverá um combate longo entre as duas forças, do bem e do mal, porque são exércitos de natureza diferente. Os exércitos inimigos de Cristo não poderão fazer frente aos exércitos do bem.

Parece-me que, repentinamente, como em um piscar de olhos, os exércitos do mundo ficarão sem os seus líderes mundiais – a Besta do Mar (que é a primeira besta) e o Falso Profeta ("ψευδοπροφήτης" [*pseudoprophētēs*]), que é a segunda besta. A primeira besta é a realeza do mal, e a segunda é a porta-voz da primeira.

A Besta e o Falso Profeta estarão prontos para a batalha do grande dia e estarão esperando que os reis que vêm do leste cheguem (Ap 16.12). Não sabemos se eles realmente chegarão, mas de qualquer forma, os dois personagens serão aprisionados repentinamente, sem que possam iniciar a batalha. Eles terão esperança de exterminar os crentes da cidade querida, mas não contarão com a intervenção do céu que virá contra eles de modo rápido, sem lhes dar a oportunidade de fuga. A prisão deles será a primeira manifestação do castigo divino.

1.2. A PRISÃO DO FALSO PROFETA POSSUIRÁ UMA NATUREZA FÍSICA

Esses dois grandes comandantes do mundo ímpio são tomados e levados à prisão. A expressão grega para "foram aprisionadas" é "ἐπιάσθη" [*epiasthē*], que pode ser traduzida como "ficar sob custódia". Essas duas pessoas não mais estariam comandando suas forças, nem poderiam instruí-las.

Geralmente, a tendência dos evangélicos é espiritualizar todas as coisas, especialmente as de Apocalipse. Eles não conseguem ver quase nada de modo literal; ou seja, eles têm muita dificuldade de interpretar um texto literalmente. Por quê? Porque o livro do Apocalipse é um livro simbólico. Ora, é verdade que o livro seja altamente simbólico, mas não quer dizer que todas as coisas devam ser interpretadas simbolicamente. Certamente, a prisão deles não será algo sem fisicalidade. Por causa da humanidade deles, serão colocados em uma prisão, como deve acontecer com todos os malfeitores. Lembre-se, também, de que as duas bestas possuem fisicalidade, sendo perfeitamente humanos e, portanto, podem ser colocadas por detrás das grades, sem qualquer poder para comandar suas tropas do mal de dentro das prisões.

Não vejo como a prisão deles deva ser algo simbólico, ou que a prisão não seja em um lugar físico. É perfeitamente possível entender essa prisão como sendo um lugar seguro, mantendo-os sob custódia até o momento da condenação. Portanto, não devemos interpretar todas essas passagens espiritualizando-as, como se a fisicalidade delas fosse uma irrealidade.

Não sabemos onde estará essa prisão, mas existe a probabilidade de que sejam levados a Jerusalém, onde será o refúgio dos cristãos àquela altura.

1.3. A PRISÃO DO FALSO PROFETA ACONTECERÁ NA IMINÊNCIA DE UM COMBATE

O texto parece sugerir que um conflito está prestes a acontecer entre as forças da Besta do Mar e a dos cristãos. Entretanto, as forças do mal serão pegas de surpresa, porque os seus líderes serão sorrateiramente presos. É possível que o aprisionamento das duas grandes figuras seja um só evento, ou seja, que as duas sejam presas juntas.

A ideia de um combate iminente aparece no contexto mais amplo do texto em estudo:

> Ap 16.12-14 – "Derramou o sexto [anjo] a sua taça sobre o grande rio Eufrates, cujas águas secaram, para que se preparasse o caminho dos reis que vêm do lado do nascimento do sol. Então, vi sair da boca do dragão, da boca da besta e da boca do falso profeta três espíritos imundos semelhantes a rãs; porque eles são espíritos de demônios, operadores de sinais, *e se dirigem aos reis do mundo inteiro com o fim de ajuntá-los para a peleja do grande Dia do Deus Todo-Poderoso.*"

A prisão da Besta e do Falso Profeta acontecerá após um enorme movimento militar, liderado por eles com a finalidade de serem vencedores na maior batalha da história. O lugar desse combate é conhecido na Escritura como "*Armagedom*" (Ap 16.16), descrito como um lugar imenso dentro do Oriente Médio em que, supostamente, caberia muitíssimos soldados para a batalha.

Além disso, os aliados da Besta e do Falso Profeta, que são os grandes reis do "mundo inteiro", virão do oriente de nosso planeta, do lugar onde o sol nasce. É nessa época que a Escritura diz que Satanás será solto para "seduzir as nações que há nos quatro cantos da terra" (Ap 20.8a) e ajuntará todos para a peleja do grande dia do Senhor. Eles marcharão pela superfície da terra, até chegar a *Armagedom*, sitiando o acampamento dos santos. Estes, não serão soldados, e sim refugiados, tentando se proteger da grande perseguição.

Entretanto, essa batalha no *Armagedom*, na realidade, nunca acontecerá, porque os crentes não possuem exército para vencer uma multidão tão inumerável de inimigos.[1] É nessa hora que entrarão em cena os anjos e o Senhor Jesus Cristo, que lutarão por eles.

Depois do combate, que na realidade não existirá, o Falso Profeta e a Besta serão presos, sendo envergonhados diante dos reis da terra e de seus exércitos.

1.4. A PRISÃO DO FALSO PROFETA SE DARÁ NA CHEGADA DE CRISTO

Os cristãos, a essa altura, sofrerão muito pelas perseguições mortais impostas pela Besta e pelo Falso Profeta. Sozinhos, por si mesmos, os cristãos não teriam como vencer as forças do mal. Somente quando o Capitão da Salvação deles chega é que eles podem ver sua primeira grande vitória, com o aprisionamento dessas duas figuras. Somente Jesus terá força maior do que aqueles homens, que estarão sob as forças espirituais do mal. Será Jesus a causa do aprisionamento deles.

Não podemos esquecer que os cristãos não serão chamados à luta, porque a batalha é feita contra homens que estão debaixo do poder de Satanás. Portanto, não seremos nós a lutar, mas Jesus e seus anjos.

---

1 Não sei se João faz uso de uma hipérbole ao falar do tamanho desses exércitos que vem do leste. A informação que temos na Escritura é que os exércitos serão compostos de cerca de 200.000.000 de soldados (Ap 9.16) que marcharão sobre a terra.

Não podemos esquecer que quando Jesus Cristo voltar, ele virá com suas miríades de anjos. Esse grande exército será composto de seres espirituais, mas se apresentarão em uma espécie de *angelofania*, ou seja, os seres espirituais se apresentarão com aparência de formas físicas. Veja o que o texto diz:

> Ap 19.13-14 – "Está vestido com um manto tinto de sangue, e o seu nome se chama o Verbo de Deus; e seguiam-no os exércitos que há no céu, montando cavalos brancos, com vestiduras de linho finíssimo, branco e puro."

Esse será o exército usado por Jesus para aprisionar os maiores inimigos do cristianismo. Esses seres celestiais, montados em cavalos, farão o serviço de aprisionamento e nenhuma das bestas terá poder sobre eles.

Não podemos nos esquecer de que as forças do exército de Cristo não usam armas belicosas, como as armas do exército comandado pelas duas bestas. Jesus Cristo e seus anjos não precisam de armas físicas, porque eles possuem força suficiente para tornar os libertinos presos.

1.5. A PENA DE MORTE PARA OS FALSOS PROFETAS ERA PARA A EXISTÊNCIA PRESENTE

A Escritura está repleta de ordens divinas, no Antigo Testamento, para que se mate os falsos profetas por causa do engano que eles causavam no meio do povo de Deus:

> Dt 13.1-10 – "Quando profeta ou sonhador se levantar no meio de ti e te anunciar um sinal ou prodígio, e suceder o tal sinal ou prodígio de que te houver falado, e disser: Vamos após outros

deuses, que não conheceste, e sirvamo-los, não ouvirás as palavras desse profeta ou sonhador; porquanto o SENHOR, vosso Deus, vos prova, para saber se amais o SENHOR, vosso Deus, de todo o vosso coração e de toda a vossa alma. Andareis após o SENHOR, vosso Deus, e a ele temereis; guardareis os seus mandamentos, ouvireis a sua voz, a ele servireis e a ele vos achegareis. *Esse profeta ou sonhador será morto*, pois pregou rebeldia contra o SENHOR, vosso Deus, que vos tirou da terra do Egito e vos resgatou da casa da servidão, para vos apartar do caminho que vos ordenou o SENHOR, vosso Deus, para andardes nele. Assim, eliminarás o mal do meio de ti. Se teu irmão, filho de tua mãe, ou teu filho, ou tua filha, ou a mulher do teu amor, ou teu amigo que amas como à tua alma te incitar em segredo, dizendo: Vamos e sirvamos a outros deuses, que não conheceste, nem tu, nem teus pais, dentre os deuses dos povos que estão em redor de ti, perto ou longe de ti, desde uma até à outra extremidade da terra, não concordarás com ele, nem o ouvirás; não olharás com piedade, não o pouparás, nem o esconderás, *mas, certamente, o matarás. A tua mão será a primeira contra ele, para o matar, e depois a mão de todo o povo. Apedrejá-lo-ás até que morra*, pois te procurou apartar do SENHOR, teu Deus, que te tirou da terra do Egito, da casa da servidão.

Dt. 18.20 – "Porém o profeta que presumir de falar alguma palavra em meu nome, que eu lhe não mandei falar, ou o que falar em nome de outros deuses, *esse profeta será morto*."

Jr 14.14-15 – "Disse-me o SENHOR: Os profetas profetizam mentiras em meu nome, nunca os enviei, nem lhes dei ordem, nem lhes falei; visão falsa, adivinhação, vaidade e o engano do seu íntimo são o que eles vos profetizam. Portanto, assim diz o SENHOR acerca dos profetas que, profetizando em meu nome, sem que eu os tenha mandado, dizem que nem espada, nem fome haverá nesta terra: À espada e à fome serão consumidos esses profetas."

A morte da qual o texto de Deuteronômio 13.1-10 fala é a respeito da chamada "morte física", que é a separação das duas partes constituintes do ser humano. Ou seja, o seu corpo é separado de sua alma. Esta vai para Deus e aquele para a sepultura, a fim de se tornar pó.

Os fiéis que, conforme o ensino de Deuteronômio 13, são os executores da morte, não possuem poder para lançar as pessoas na condenação eterna. Eles são, somente, os instrumentos da justiça divina para a condenação dos falsos mestres nesta presente existência. É prerrogativa somente de Deus a condenação ao lago de fogo.

1.6. A PENA DE MORTE PARA O FALSO PROFETA FINAL É PARA A EXISTÊNCIA FUTURA

Parece-me que a punição dada ao Profeta Final (assim como ao Homem da Iniquidade) será diferente da dos homens comuns. Enquanto estes recebem alguma punição nesta presente existência, o Falso Profeta Final e a Besta do Mar serão punidos para a existência futura. Além disso, parece-me, eles não experimentarão a chamada "morte física" que os outros homens experimentam, porque serão lançados vivos dentro do lago de fogo.

2. A SEGUNDA PARTE DA CONDENAÇÃO É O LANÇAMENTO NO LAGO DE FOGO

Depois de serem aprisionados, os dois líderes das forças do mal serão mortos, ressuscitados e lançados no lugar definitivo de morada deles, que é o lago de fogo.

Digo que serão "ressuscitados" porque ambos os líderes são homens e terão de experimentar a morte, como pagamento de seus pecados (Hb 9.27). Serão, então, ressuscitados e lançados de corpo e alma no lugar definitivo de existência sob tormento.

É curioso que essas duas bestas, possivelmente já ressuscitadas, serão lançadas vivas dentro do lago de fogo. Se você comparar a primeira besta com o Homem da Iniquidade (que é o que eu faço), você verá no texto de 2 Tessalonicenses que ela será morta por Jesus Cristo. Veja:

> 2Ts 2.7-8 – "Com efeito, o mistério da iniquidade já opera e aguarda somente que seja afastado aquele que agora o detém; então, será, de fato, revelado o iníquo, a quem o *Senhor Jesus matará com o sopro de sua boca e o destruirá pela manifestação de sua vinda.*"

Jesus matará a Besta do Mar, que eu identifico como sendo o Homem da Iniquidade. Depois da morte deste e do Falso Profeta, todos os outros serão mortos pela espada do Cordeiro, que é o que monta o cavalo branco:

> Ap 19.21 – "Os restantes foram mortos com a espada que saía da boca daquele que estava montado no cavalo. E todas as aves se fartaram das suas carnes."

Portanto, após morrerem e serem ressuscitados, com os corpos adaptados para o lugar devido, todos os ímpios, a liderança e os liderados, serão banidos deste mundo e serão lançados em um outro lugar, o qual é de tormento eterno.

A expressão "fogo e enxofre" precisa ser devidamente entendida. A alusão a "fogo" e "enxofre" parece se relacionar ao que aconteceu em Sodoma e Gomorra (que tornaram-se em um lago sulfuroso), e a expressão é usada como um emblema de "fogo eterno" que nunca cessa (Jd 1.7). Essa expressão denota a inevitabilidade, a intensidade e a severidade da condenação do Falso Profeta e da Besta.

Esses dois personagens serão lançados vivos (de corpo e alma) no lago de fogo. Esse lançamento será contemplado por todos os seus asseclas. Depois, então, haverá o lançamento dos demais, como castigo divino:

> Ap 21.8 – " Quanto, porém, aos covardes, aos incrédulos, aos abomináveis, aos assassinos, aos impuros, aos feiticeiros, aos idólatras e a todos os mentirosos, a parte que lhes cabe será no lago que arde com fogo e enxofre, a saber, a segunda morte."

Essa é a ordem das condenações eternas que são devidas a todos os inimigos de Deus, por causa de seus pecados, e que não foram objeto da bondosa, graciosa e amorosa graça divina!

> Ap 20.10 – "O diabo, o sedutor deles, foi lançado para dentro do lago de fogo e enxofre, onde já se encontram não só a besta como também o falso profeta; e serão atormentados de dia e de noite, pelos séculos dos séculos."

O castigo definitivo será manifesto, em primeiro lugar, aos três personagens significativos do final dos tempos: O Falso Profeta, a Besta e Satanás, por ordem de importância. Eles compõe o que chamamos, aqui, de tríade do mal.

2.1. A CONDENAÇÃO DEFINITIVA DA TRÍADE MALIGNA SERÁ EM UM LUGAR FÍSICO, PARA ONDE VÃO TODOS OS INIMIGOS DE DEUS

Defendo que Deus habitará eternamente em um lugar físico – a Nova Terra (Ap 21). Mesmo que Deus seja um ser eminentemente espiritual, ele poderá ser contemplado pelos homens porque assumirá formas físicas. Se isso não acontecer, ninguém poderá contemplá-lo. Mas as Escrituras dizem que os remidos estarão em pé, diante do trono, e contemplarão a sua face. De igual modo, também defendo que acontecerá o mesmo com o grande opositor de Deus – o Diabo.

Da mesma forma como o destino final dos remidos será em um lugar físico (a Nova Terra, a terra restaurada), assim também o destino dos ímpios; sejam anjos ou homens, experimentarão a ira divina em um único lugar. Os seres humanos caídos (e não redimidos) estarão juntos no mesmo lugar, que será um lugar físico, longe do *habitat* natural dos homens, que é a terra. Creio eu que parte do sofrimento deles será estar fora do *habitat* natural de todos os seres humanos. Mas você objetará que Satanás não é um ser físico, e sim espiritual. Como ele precisa viver em um ambiente físico, que é o lago de fogo? Pessoalmente, creio que o Diabo, o sedutor deles, tomará forma física para que seja contemplado pelos dois personagens humanos (Besta e Falso Profeta) e por todos os outros seres humanos, para ser visto por todos eles em sua derrota. Todos experimentarão a vergonha e o horror eterno, do qual Daniel fala (Dn 12.2).

2.2. A CONDENAÇÃO DEFINITIVA DA TRÍADE MALIGNA SERÁ NO FINAL DA HISTÓRIA DESTE MUNDO CAÍDO

Ap 20.10b – "E serão atormentados de dia e de noite, pelos séculos dos séculos."

Todos nós, quando vemos a injustiça campear em nosso mundo, ficamos atônitos dos ímpios por continuarem a viver (e alguns deles recebendo muitas coisas boas da parte de Deus como sol, chuva, saúde, dinheiro, projeção, etc., enquanto muitos crentes sofrem profundamente). À vista desse quadro, ficamos pensando por qual razão Deus não coloca um fim nessas pessoas de uma vez. Nós gostaríamos de ver os ímpios, de cada geração da história humana, serem punidos. No entanto, não é assim que Deus resolveu fazer. Ele decidiu que os todos os ímpios, a começar da tríade, deveriam receber a merecida punição somente no ocaso da história humana, no último e grande dia!

A cortina da história humana, debaixo da maldição divina por causa da queda, se fechará no dia em que a tríade for lançada no lago de fogo e, consequentemente, também aqueles que os seguiram.

2.3. A CONDENAÇÃO DEFINITIVA DE SATANÁS SERÁ EM ÚLTIMO LUGAR

Ap 20.10a – "O diabo, o sedutor deles, foi lançado para dentro do lago de fogo e enxofre, onde já se encontram não só a besta como também o falso profeta."

Nesse verso de Apocalipse 20.10, há a menção de mais uma criatura, a mais importante dos inimigos de Deus, que fará companhia ao Falso Profeta e ao Homem da Iniquidade (a Besta do Mar). A tríade do mal experimentará os ardores da ira divina. Esse grande inimigo a ser colocado em punição é a Antiga Serpente, Satanás, o Diabo.

Perceba que a condenação da tríade começa por ordem de importância dentre os três grandes inimigos de Cristo e de seu povo.

O primeiro a ser lançado no lago de fogo é a primeira besta, que, supostamente, tem sido considerada por muitos intérpretes cristãos como sendo a besta mais importante. É verdade que ela será a mais feroz das bestas, e o chefe executivo de todas as sanhas diabólicas que são maquinadas pelo Falso Profeta.

O segundo a ser lançado no lago de fogo é o Falso Profeta. Essa ordem de morte aponta para uma importância muito grande dada por Deus ao verdadeiro ensino. A punição divina não vai falhar ao Falso Profeta. Muitos falsos profetas hoje não sofrem punição, mas o Falso Profeta Final vai experimentar o poder da ira divina, porque Deus ama a verdade e o supremo falsificador dela receberá o duro castigo. Pessoalmente, creio que o Falso Profeta é ainda mais responsável do que a primeira besta, em relação ao que acontecerá nos dias finais, porque ela ocasionará todas as coisas más visando o mal dos remidos:

(1) O Falso Profeta preparará o mundo com o seu falso ensino e sua falsa profecia para a manifestação da primeira besta.

(2) O Falso Profeta preparará o mundo para a adoração da primeira besta. Muitos que se encontrarem ainda dentro da igreja cristã serão convencidos a seguir e adorar a primeira besta.

(3) O Falso Profeta preparará totalmente o ambiente do mundo para que aconteça a grande perseguição dos cristãos, que ocasionará a chamada "grande tribulação".

Portanto, não podemos nos esquecer de que o Falso Profeta é o causador da apostasia, da adoração da primeira besta e da perseguição do povo de Deus. O poder e a importância da falsa profecia é muito mais sério do que imaginamos. Os estragos que ela causou na história do povo foram muito grandes.

O terceiro a ser lançado na prisão é o Diabo. Depois do lançamento desses dois primeiros no lago de fogo, vem a terceira e mais importante figura da tríade. Satanás é o mais importante deles, pois é o incitador e o dominador de ambos; será o último a experimentar a justiça divina. Por essa razão, o texto diz que ele será enviado ao lago de fogo *"onde já se encontram não só a besta como também o falso profeta"*. Ele fará companhia aos dois importantes ocupantes deste mundo.

Os dois líderes (a Besta e o Falso Profeta) serão lançados no lago de fogo. Eles são apenas seres humanos, mas agindo sob o controle de Satanás (Ap 16.13-14). Depois da sentença condenatória deles, o último a ser lançado na condenação definitiva é o controlador de suas mentes. Portanto, como Satanás é o principal personagem, ele enfrentará o ápice da aplicação do juízo divino.

Lembre-se de que Satanás é um ser espiritual e, portanto, não precisa experimentar a morte física. Ele irá direto para o lago de fogo com aqueles que tinham experimentado a morte física por serem seres físicos. A trindade maligna experimentará, na sua plena forma, a ira daquele que estará assentado no trono e a ira daquele que está junto dele, à direita do trono.

2.4. A CONDENAÇÃO DEFINITIVA DA TRÍADE MALIGNA SERÁ NO LAGO DE FOGO

Ap 21.10a - "O diabo, o sedutor deles, foi lançado para dentro do lago de fogo e enxofre."

Nenhum ser humano é capaz de imaginar o tipo de sofrimento que haverá nesse lugar físico!

O lançamento do Diabo e de seus comparsas no lago de fogo é mencionado duas vezes (Ap 19.20 e 20.10). A repetição da ideia enfatiza a singularidade do tratamento que eles receberão em comparação com os demais homens que são inimigos de Deus. A tormenta no lago de fogo será muito mais forte para eles.

Pessoalmente, creio que o Falso Profeta e a Besta morrem, como argumentei anteriormente, ainda que haja alguns autores que pensam que eles não morrem e são lançados de corpo e alma, do jeito em que viveram neste mundo. Entretanto, vejo a necessidade da morte deles, porque a Escritura diz que é necessário que todo homem morra uma vez e, depois disso, o juízo. O profeta Isaías nos ensina que os remidos "sairão e verão os cadáveres dos homens [porque sofrem a morte física], que prevaricaram contra mim" (Is 66.24a). Então, o profeta fala do destino final deles: "porque o seu verme nunca morrerá, nem o seu fogo se apagará; e eles serão um horror para toda a carne" (Is 66.24b). No entanto, você não deve se esquecer de que o lago de fogo é a mesma coisa que "segunda morte" (Ap 20.14).

Só poderá ter a segunda morte aquele que passou pela primeira (que é a física, neste caso). O Diabo foi o primeiro e o único ser que não passa pela morte entre os caídos. Por isso, será tratado com especialidade no lago de fogo.

O lago de fogo é muito pior do que as penas deste mundo. O exército do mal será vencido pelas forças do Messias. Elas serão penas definitivas, impostas aos líderes que acabaram se tornando prisioneiros de guerra pela ação dos anjos e do Cordeiro. Os líderes espirituais do mal (a Besta e o Falso profeta) sofrerão uma derrota muito grande, que ultrapassa a vergonha de serem aprisionados. Eles estão destinados a um sofrimento muito mais severo do que a derrota no campo de batalha com o aprisionamento.

2.5. A CONDENAÇÃO DA TRÍADE DURARÁ PARA SEMPRE

Ap 20.10 – "O diabo, o sedutor deles, foi lançado para dentro do lago de fogo e enxofre, onde já se encontram não só a besta como também o falso profeta; *e serão atormentados de dia e de noite, pelos séculos dos séculos.*"

(a) Este verso nos ensina que haverá um tormento eterno

A condenação da Tríade maligna nunca terá um fim. Será um sofrimento interminável. Não dá para imaginar o que isso realmente significa! Eles serão atormentados intensiva e extensivamente.

Satanás, a Besta e o Falso Profeta experimentarão incessantemente o sofrimento vindo da parte de Deus. A Escritura diz que "horrível coisa é cair nas mãos do Deus vivo" (Hb 10.31). Há um sentido em sofrerem mais do que os demais homens, pois eles foram os responsáveis pelo engano no mundo. Satanás é o sedutor deles, o Falso Profeta é o proclamador do engano, e a Besta é o executor dos filhos de Deus; estes, os quais, só não serão dizimados totalmente porque Deus os livrará desse fato pelo aparecimento do Redentor em nuvens, com poder e glória!

A punição de Deus à Tríade do Mal, e aos que a seguem, será tremendamente forte!² O "lago de fogo" não necessariamente precisa ser interpretado literalmente, mas aponta para algum tipo de sofrimento físico provocado pela ira divina. A referência ao fogo e ao enxofre nos lembra o lago sulfuroso que veio sobre Sodoma e Gomorra, queimando tudo o que havia. Entretanto, se a alusão de João é ao enxofre de Sodoma, então podemos crer que o fogo e o enxofre da punição definitiva poderá ser físico. O uso da expressão "enxofre" aponta para algum odor intolerável, que causa náuseas e que não termina nunca!

(b) Este texto nos ensina que o tormento eterno será inevitável

A inevitabilidade do tormento é algo claríssimo na Escritura. Não há como escapar da ira divina. Em suas visões, João narra algo que acontecerá nos dias que precedem a vinda de Cristo, quando os homens tentarão escapar da ira daquele que está assentado no trono e da do Cordeiro. Veja o que ele diz:

> Ap 6.15-17 – "Os reis da terra, os grandes, os comandantes, os ricos, os poderosos e todo escravo e todo livre se esconderam nas cavernas e nos penhascos dos montes e disseram aos montes e aos rochedos: Caí sobre nós e escondei-nos da face daquele que se assenta no trono e da ira do Cordeiro, porque chegou o grande Dia da ira deles; e quem é que pode suster-se?"

---

2 Ap 21.8 – "Quanto, porém, aos covardes, aos incrédulos, aos abomináveis, aos assassinos, aos impuros, aos feiticeiros, aos idólatras e a todos os mentirosos, *a parte que lhes cabe será no lago que arde com fogo e enxofre*, a saber, a segunda morte."

Não importa a qualificação de poder dos homens como "reis, grandes, ricos, poderosos" e mesmo os "pequenos e pobres". Todos eles tentarão fugir da ira divina, mas ninguém "poderá se suster". Não há como fugir da ira divina. Não há escapatória para aqueles que não estão em Cristo, seja Satanás, as duas bestas ou os homens que seguem a tríade do mal. Todos eles, certamente, experimentarão o terror do juízo divino.

(c) Esse verso nos ensina que o tormento será incessante

Esse verso nos ensina que o tormento será eterno, mas que também será incessante. Um sofrimento contínuo acometerá todos os que não estão em Cristo. Os seres humanos (sejam crentes ou incrédulos) possuem sofrimento nesta presente vida; mas esses sofrimentos frequentemente possuem intervalos, onde há alívio e momentos de repouso. Porém, não será assim com o tormento experimentado pelos ímpios.

João nos diz que essas pessoas *"serão atormentadas de dia e de noite"* (Ap 10.20). Essa expressão leva à ideia de continuamente. Isso significa que não haverá nenhum intervalo de alívio ou momento de descanso para as pessoas contra as quais Deus ficará irado! Assim como haverá continuidade nas bênçãos para os remidos (Lc 18.7), inversamente, os sofrimentos dos ímpios serão incessantes, não lhes dando descanso algum.

(d) Esse verso nos ensina que o tormento eterno virá de Deus

Essa é a parte mais terrível que o texto nos ensina. Para muitos, essa parte é uma grande surpresa. Se pensa, muito erroneamente, que o Deus de amor não seria capaz de ser um atormentador dos homens; mas o texto implica que os aplicadores da ira serão o Pai e o Filho.

> Ap 6.16b – "Caí sobre nós e escondei-nos da face daquele que se assenta no trono e da ira do Cordeiro."

O Senhor (Pai e Filho) será o atormentador deles, porque a ira lhe pertence. Entretanto, poucas pessoas param para pensar nesse assunto, porque não conhecem a totalidade das Escrituras, por se apegarem a crendices que a igreja pregou desde tempos muito antigos.

A ideia de tormento interminável tem sofrido uma deturpação muito grande no decorrer dos séculos dentro da igreja cristã. É quase que generalizada a crença infeliz, na igreja cristã, de que Satanás é o chefe do inferno e o aplicador do tormento. A ideia é que os ímpios estarão sob o tacão poderoso de Satanás, o qual é o dirigente do lugar de condenação. A igreja cristã, seja católica ou mesmo vários setores da igreja evangélica, assimilou essa ideia estranha porque a igreja adotou mais o ensino pagão do que o da própria Escritura. Nessa teologia, Deus é o Senhor de tudo, menos do Inferno. O dono e o administrador dele é Satanás, e os ímpios vão sofrer nas mãos dele.

Entretanto, não podemos (e nem devemos!) nos esquecer de que a glória de Deus se manifesta de várias maneiras:

1 - A glória de Deus se manifesta na redenção de pecadores, que hoje são escravos mas tornados livres. Nesse grande milagre regenerador, a igreja glorifica ao Senhor.

2 - A glória de Deus se manifestará ainda mais abundantemente amanhã, no Novo Céu e na Nova Terra, onde muitas coisas

maravilhosamente esplendorosas terão lugar! Enquanto a Nova Terra não chega, Deus manifesta de modo espetacular a sua glória de uma outra maneira.

    3 - A glória de Deus se manifestará, igualmente, pelo uso justo de sua ira, no lago de fogo. Aquilo pelo que os santos tanto esperaram - a vingança de Deus aos pecadores impenitentes - será uma grande realidade nesse dia final. Ali, veremos a glória da justiça de Deus ser manifestada! Então, nós nos regozijaremos na manifestação de sua justiça gloriosa, em um vitória completa e definitiva de Deus sobre o mal.

CAPÍTULO 26

POSTURAS DOS CRENTES DIANTE DOS FALSOS PROFETAS[1]

A Escritura nos aponta algumas posturas que os verdadeiros crentes devem ter em relação aos falsos profetas. Essas posturas devem ser válidas ainda hoje, em tempos de tanta vacilação teológica.

Mais do que nunca, as posturas a serem estudadas devem ser tomadas pelos genuínos cristãos. Não é uma questão de opção, mas de sobrevivência no meio da tempestade que se avizinha sobre todos nós!

1. OS CRENTES FIEIS DEVEM SE ACAUTELAR DOS FALSOS PROFETAS[2]

Mt 7.15-20 – "Acautelai-vos dos falsos profetas, que se vos apresentam disfarçados em ovelhas, mas por dentro são lobos

---

1 A argumentação desta parte do capítulo é devida ao inestimável esforço do acadêmico Josué Francisco dos Santos Filho, em cumprimento de suas tarefas da disciplina "Teologia da Revelação" ministrada no CPAJ, a quem muito agradeço.

2 Algumas notas deste capítulo devo também à pesquisa feita pelo acadêmico Giovanni G.R. Zardini, em cumprimento de exigências da disciplina "Teologia da Revelação" ministrada no CPAJ, no primeiro semestre de 2014.

roubadores. Pelos seus frutos os conhecereis. Colhem-se, porventura, uvas dos espinheiros ou figos dos abrolhos? Assim, toda árvore boa produz bons frutos, porém a árvore má produz frutos maus. Não pode a árvore boa produzir frutos maus, nem a árvore má produzir frutos bons. Toda árvore que não produz bom fruto é cortada e lançada ao fogo. Assim, pois, pelos seus frutos os conhecereis."

A leitura do verso 15, nesse sermão de Jesus, nos leva intuitivamente a pensar que um novo (e aparentemente desconexo) assunto é introduzido em relação ao que o precede imediatamente. Contudo, após descrever o mais excelente e solene modo de vida guiado através da estreita porta de seu evangelho, a advertência subsequente de Jesus visa alertar-nos, precisamente, contra um dos principais impedimentos para andar nesse caminho: os falsos guias e suas mentiras encobertas ("aqueles que, sob o pretexto de oferecer-nos direções divinas, irão fatalmente nos enganar se lhes dermos ouvidos"[3]). Em seu sermão, o Senhor quer que seus ouvintes saibam que no caminho do reino haverá ladrões da verdade, mascarados na sutileza de sua falsidade, para iludir e desviar todos que lhes dedicarem oportunidade, crédito e atenção. Destes, os discípulos devem manter-se em cautelosa alerta.

A forma minuciosa e consideravelmente sistemática com que Mateus registra o evento do Sermão do Monte demonstra seu foco de importância em torno dos ensinamentos de Jesus. A audiência desses ensinamentos específicos é formada, além de seus discípulos e seguidores, por multidões, incluindo entusiastas e incrédulos,

---

[3] Arthur W. Pink. Disponível em: http://www.pbministries.org/books/pink/Sermon/sermon_50.htm. Acesso em: abr. 2014.

sem qualquer indício de compromisso com a pessoa ou a mensagem de Jesus. Contudo, mesmo diante desse público de disposições do coração tão distintas, Mateus registra o encadeamento da fala de Jesus que, em suma, aponta a direção para o superior caminho da vida através da porta estreita de seu discipulado[4]. A realidade de engano cerca a todos. A ambos cabem cautela e discernimento diante da falsa profecia.

1.1. "ACAUTELAI-VOS..."

Após apontar o caminho estreito que conduz à vida (Mt 7.13-14), a admoestação de Jesus, a seus discípulos e à multidão evidencia que mesmo nesse caminho, onde poucos trilham, há diversos e astutos inimigos que caminham lado a lado, trazendo em sua companhia sorrateira o engano e a necessidade de vigilância.

As advertências sobre os falsos profetas, e suas respectivas falsas profecias, revelam que: existem profetas que não são genuínos e, portanto, desautorizados da parte de Deus; a verdade pode ser adulterada no mundo e no meio do povo de Deus; e que tais inimigos do evangelho podem estar ocultos em meio a disfarces cristãos.[5] Ao chamar seus discípulos à cautela, Jesus está revelando uma realidade de engano que cerca a vida da igreja e concorre com a atividade do evangelho.

A exortação de Jesus se posiciona em tom profético, pois anuncia a presente e futura responsabilidade que a igreja neotestamentária[6] tem perante a existência dos falsos profetas:

---

4 I. Howard Marshall, *Teologia do Novo Testamento* (São Paulo: Vida Nova, 2007) p. 90-92.

5 Donald A. Carson, *O Comentário de Mateus* (São Paulo: Shedd Publicações, 2011) p. 232.

6 Ver também Atos 20.29; 2 Coríntios 11.11-15; 2 Pedro 2.1-3,17-22; 1 João 2.18,22, 4.1-6.

Mt 24.11,24 – "Levantar-se-ão muitos falsos profetas e enganarão a muitos. (...) porque surgirão falsos cristos e falsos profetas operando grandes sinais e prodígios para enganar, se possível, os próprios eleitos."

At 20.29-31a – "Eu [Paulo] sei que, depois da minha partida, entre vós penetrarão lobos vorazes, que não pouparão o rebanho. E que, dentre vós mesmos, se levantarão homens falando coisas pervertidas para arrastar os discípulos atrás deles. Portanto, *vigiai*."

Rm 16.17-18 – "Rogo-vos, irmãos, que noteis bem aqueles que provocam divisões e escândalos, em desacordo com a doutrina que aprendestes; afastai-vos deles, porque os tais não servem a Cristo, nosso Senhor, e sim a seu próprio ventre; e, com suaves palavras e lisonjas, enganam os corações dos incautos."

2Pe 2.1-2 – "Assim como, no meio do povo, surgiram falsos profetas, assim também haverá entre vós falsos mestres, os quais introduzirão, dissimuladamente, heresias destruidoras, até o ponto de renegarem o Soberano Senhor que os resgatou, trazendo sobre si mesmos repentina destruição. E muitos seguirão as suas práticas libertinas, e, por causa deles, será infamado o caminho da verdade."

1Jo 4.1 – "Amados, não deis crédito a qualquer espírito; antes provai se os espíritos procedem de Deus, porque muitos falsos profetas têm saído pelo mundo a fora."

Além disso, há o grave histórico de testemunhos registrados no Antigo Testamento[7] da atividade de tais mensageiros do engano e de suas profecias absolutamente perniciosas e desautorizadas:

> Jr 5.30-31a – "Coisa espantosa e horrenda se anda fazendo na terra: os profetas profetizam falsamente, e os sacerdotes dominam de mãos dadas com eles."

> Jr 14.14 – "Disse-me o Senhor: Os profetas profetizam mentiras em meu nome, nunca nos enviei, nem lhes dei ordem, nem lhes falei; visão Falsa, adivinhação, vaidade e o engano do seu íntimo são o que eles vos profetizam."

> Jr 23.14,16 – "Mas nos profetas de Jerusalém vejo coisa horrenda; cometem adultérios, andam com falsidade e fortalecem as mãos dos malfeitores, para que não se convertam cada um da sua maldade; todos eles se tornaram para mim como Sodoma, e os moradores de Jerusalém, como Gomorra. (...). Assim diz o Senhor dos Exércitos: Não deis ouvidos às palavras dos profetas que entre vós profetizam e vos enchem de vãs esperanças; falam as visões do seu coração, não o que vem da boca do Senhor."

> Ez 22.25 – "Conspiração dos profetas há no meio dela [Jerusalém]; como um leão que ruge, que arrebata a presa, assim eles devoram as almas; tesouros e coisas preciosas tomam, multiplicam as suas viúvas no meio dela."

Os falsos profetas, e a mentira de suas profecias autóctones, foram um dos principais fatores para a apostasia e a ruína do povo de Deus ao longo do Antigo Testamento. Esse histórico estrutura a

---

7 Ver também Jeremias 6.13-15, 8.8-12; Ezequiel 13, 22.27; Sofonias 3.4.

gravidade da admoestação na advertência de Jesus para seus discípulos e para as multidões.

No relato de Mateus, a exclamação de Jesus chama a atenção para a densa realidade de ilusão, proveniente tanto da existência como da atividade hostil e má intencionada dos falsos guias autoproclamados "profetas". Eles existem, estão (como sempre estiveram) no meio do povo de Deus, e se "apresentam" a fim de roubar. Cabe ao discípulo cautela e responsabilidade constantes no estreito caminho que conduz à vida. São estas bagagens imprescindíveis, através das quais o cuidado de Deus se faz presente e a caminhada torna-se mais segura.

1.2. O DEVER DE CAUTELA É UM IMPERATIVO DIVINO

A primeira palavra desse texto, o verbo grego *"proséchete"* (*"prose,cete"*) que se encontra no imperativo, impõe um dever de cautela, de cuidado; ele ordena ao ouvinte e leitor guardar-se, acautelar-se, estar atento, proteger a si mesmo, premunir-se, com o objetivo de evitar maus resultados.

O termo grego é o mesmo existente em Atos 20.28, no qual o apóstolo Paulo, através desse imperativo, ordena aos presbíteros de Éfeso o cuidado, zelo, atenção e proteção ao rebanho adquirido pelo Senhor.

A ordem do Senhor é que seus ouvintes, literalmente, "se mantenham (de mentes e ouvidos) longe"[8] dos falsos profetas. Há neles um padrão objetivo e, portanto, identificável em suas mentiras, que se distingue da verdade do Evangelho. Enquanto verdadeiros profetas ensinavam a verdade por inspiração divina,

---
8 William Hendriksen, *Comentário do Novo Testamento - Mateus, Vol.1* (São Paulo: Cultura Cristã, 2001), p.460.

o falso reivindicava para si e para sua mensagem a mesma inspiração da parte de Deus, pregando, então, sobre uma base falsa de autoridade, conteúdo e designação. Isto é, ensinando a mentira em nome e com aparência de verdade. Desse modo, o profeta Jeremias contrastou o verdadeiro do falso quando disse que diferentemente dos profetas de Deus, que permanecem no conselho divino (Jr 23.18,22), os falsos profetas "falam visões do seu coração, não o que vem da boca do Senhor" (Jr 23.16).

Quando Jesus declara sua ordem em relação aos falsos profetas, está claramente dizendo que sua verdade é objetiva e que, ainda que semelhante, todo ensino que lhe seja distinto é mentira, que seus portadores são arautos do engano e da falsidade dos quais a igreja deve se acautelar.[9]

O texto parece afirmar que o risco não estava apenas em alguma questão doutrinária específica, mas também na pessoalidade dos envolvidos, ou seja, no próprio proceder, através do qual já seria possível saber o grau de legitimidade do locutor mesmo antes de ouvir a sua mensagem.

1.3. O DEVER DE CAUTELA É UM ALERTA À SUTILEZA

Quando observamos as palavras do Senhor ordenando acautelar-nos dos falsos profetas que se nos apresentam disfarçados de ovelhas, devemos notar esta sutileza: eles nos aparecerão como ovelhas.

Tal fato deve levar-nos a reforçar a guarda, avaliando à luz das escrituras não apenas os que demonstram alguma evidência de falsidade, mas sim todo e qualquer profeta, a fim de não incorrermos no risco de recebermos palavras de lobo como sendo de ovelhas.

---

9 John Stott, *A mensagem do Sermão do Monte - Contracultura Cristã* (São Paulo: ABU, 1981) p.209.

A realidade de engano é construída através de movimentação e interatividade sutis dos "falsos", que não apenas existem desde os tempos antigos, quando Deus começou a falar aos homens, mas que aumentarão em número e eficácia. Jesus avisou-nos de que o período que precede o fim será caracterizado tanto pela expansão da pregação do verdadeiro Evangelho quanto pela exponencial manifestação de falsos mestres pregando evangelho falso (Mt 24.11-14). Através de engano e sugestão, pela imitação da forma e aparência, discípulos foram e ainda correm o risco de serem conduzidos para "o caminho largo que leva à destruição por homens que professam ser mestres da Verdade e ministros de Cristo, embora não sejam dele e sequer tenham o seu espírito: líderes cegos, que com os seus crédulos caem na vala"[10].

Os "pseudoprofetas" são assim designados por, certamente, se autodesignarem portadores de uma mensagem inspirada de Deus. De modo semelhante, sua falsa identidade (pseudo) é condizente com a atividade dos "pseudoapóstolos", por presumirem para si autoridade apostólica designada pelo próprio Cristo; condiz, também, com a dos "pseudocristos", tanto por afirmarem para si mesmos identidade messiânica, quanto por, consequentemente, negarem a identidade do verdadeiro Cristo ou sua vinda em carne (Mt 24.24; Mc 13.22; 1Jo 2.18,22). Além disso, há também os mais condizentes com nosso tempo: "pseudomestres" (pseudopregadores), que, apesar das suas diferentes prerrogativas, juntamente com os demais são identificados com o engano que segue seus nomes. Afinal, "pseudo" é o nome grego para "mentira".[11]

---

10 Arthur W. Pink. Disponível em: http://www.pbministries.org/books/pink/Sermon/sermon_50.htm. Acesso em: abr. 2014.

11 John Stott, *A mensagem do Sermão do Monte - Contracultura Cristã*. (São Paulo: ABU, 1981) p.207-208.

Logo após a parábola do semeador, a sutileza da mentira tecida pelos lobos que cercam o rebanho é evidenciada na declaração de Cristo: *"Veio o inimigo e semeou joio no meio do trigo e retirou-se"* (Mt 13.25b). O Senhor está dizendo que a semelhança visível entre o joio e o trigo é suficiente para que cresçam juntos sem serem distinguidos. E que isso é um parâmetro de comparação com a aparência e atividade dos falsos profetas. Assim, somente na colheita é que ficaria desmascarado o "falso trigo", ao se atentar para a fraude de seus frutos.

Ao colocar essas parábolas em justaposição, o Senhor está expondo o método de seu inimigo. Seu estratagema é a imitação da verdade para produzir o engano, o desvio e a destruição. De modo que, *como "Janes e Jambres* [os magos de Faraó] *resistiram a Moisés"* (2Tm 3.8) imitando seus milagres, quando Deus envia seus servos para pregar o Evangelho, o Diabo comanda seus emissários para proclamar um "outro evangelho" logo em seguida - quando Deus fala, o Diabo dá um eco zombeteiro.[12] Satanás descobriu que suas chances de sucesso seriam imensamente maiores através da falsificação da verdade ao invés da autenticidade de seu mal.

Para que sejam analisados os frutos, deve-se acompanhar o desenvolvimento da árvore; neste caso, devemos estar atentos a qualquer profeta ou profecia, avaliando-os sob o crivo das escrituras, uma vez que "os espíritos dos profetas estão sujeitos aos próprios profetas" (1Co 14.32).

Se há uma área com alto risco de manifestar uma tendência enganosa entre o povo de Deus, é a profecia e o ensino. Falsos

---

12 Arthur W. Pink. Disponível em: http://www.pbministries.org/books/pink/Sermon/sermon_50.htm. Acesso em: abr. 2014.

profetas e falsos mestres têm trabalhado juntos, às vezes sob a mesma pessoa, para alcançar seus fins.

Alerta o apóstolo (2Pe 2.1) que, da mesma forma como surgiram os falsos profetas, surgiriam entre nós os falsos mestres e introduziriam suas heresias destruidoras de forma dissimulada (***pareisa,gw*** = pareisago), enganosa e sorrateiramente.

Não pensemos que sua falsa profecia é declaradamente infiel, frontalmente anticristã, liturgicamente inaceitável: ela é sutil, maliciosa, secreta, com verdadeiras intenções escusas (Jd 1.12).

Através dela, clama-se "Senhor, Senhor", profetiza-se em nome do Senhor, expelindo demônios e realizando muitos milagres, enganando a muitos com essa prática.

Jensen, ao comentar esse texto, afirma que "as partes culpadas não são simplesmente aqueles que receberam experiências espirituais, mas aqueles que as ministraram"[13].

Mateus (7.21-23) registra que essas pessoas faziam tudo o que os verdadeiros profetas de sua época faziam, verdadeiros lobos se passando por ovelhas ministrando ao povo de Deus e ensinando pelos púlpitos. Mas Jesus nos alerta: "Acautelai-vos!" Por isso, dele eles ouvirão: "Nunca vos conheci."

1.4. O DEVER DE CAUTELA SE EVIDENCIA NA ANÁLISE NOS FRUTOS

A melhor forma de identificar uma árvore é através de seu fruto. Afinal, ela foi plantada, desenvolvida e florida com o fim específico de produzir seu produto final: os frutos. Portanto, ele não é algo independente, mas sim um resultado natural de todo um processo com um fim específico.

---

13 Peter Jensen, *A Revelação de Deus – Série Teologia Cristã* (São Paulo: Cultura Cristã, 2007) p. 131

O fruto não é algo que surge primeiro em uma planta; ele surge apenas posteriormente, pois é o seu objetivo, seu fim, sua razão de existência, e não uma consequência incidental.

Ao observar as folhas ou galhos de uma árvore, é possível que sejamos enganados pela similaridade na aparência de várias espécies. Porém, o fruto é uma evidência inequívoca do tipo de árvore que o produziu; afinal, "não pode a árvore boa produzir frutos maus, nem a árvore má produzir frutos bons" (Mt. 7.18).

Por isso, adverte João Batista que seus ouvintes deveriam produzir frutos dignos de arrependimento (Lc 3.8), ou seja, frutos legitimamente resultantes, como que um produto final de um processo de conversão ou mudança de vida.

Aqueles contra os quais estamos advertidos são homens que, estando sob uma falsa comissão, pregam o erro de modo subversivo, como *"doutrina que é segundo a piedade"* (1Tm 6.3); dessa maneira, o fruto que possuem é, sempre, uma imitação do fruto do Espírito.

> A marca distintiva dos falsos profetas sempre foi sua declaração vazia por "paz" quando não há (Jr 23.17; Mq 3.5; 1Ts 5.3). Eles curam superficialmente as feridas dos pecadores (Jr 8.11) e tingem com fino cal (Ez 8.14; 22.28). Eles profetizam "as coisas irão bem" (Is 30.10), inventando maneiras fáceis para o céu, e favorecem a natureza corrupta. Não há nada em sua pregação que busca a consciência; nada que leve seus ouvintes a se humilharem e chorarem diante de Deus; mas sim o que os exalta, os satisfazem, e o que os deixam descansados em uma falsa segurança.[14]

---

14 Arthur W. Pink. Disponível em: http://www.pbministries.org/books/pink/Sermon/sermon_50.htm Acesso em: abr. 2014.

2. OS CRENTES FIEIS NÃO DEVEM TEMER OS FALSOS PROFETAS

Não ouvir aos falsos profetas significa não ter temor deles:

> Dt 18.22 – "Sabe que, quando esse profeta falar em nome do Senhor, e a palavra dele se não cumprir, nem suceder, como profetizou, esta é palavra que o Senhor não disse; com soberba, a falou o tal profeta; *não tenhas temor dele.*"

O mandamento final do verso 22 não é para que o profeta seja morto (o que já está afirmado no verso 20), mas para que o falso profeta não seja temido. É comum entre os falsos profetas aqueles que tentam impor respeito e obediência por ameaças de quem está no poder. Não se esqueça de quem "tem o microfone", tem muita autoridade nas mãos. Por isso, muitos deles abusam da autoridade que geralmente eles próprios se atribuem.

Geralmente, o povo se retrai e não tem coragem de enfrentar um falso profeta com medo de estarem lutando contra o "ungido" de Deus. Esse é o tipo de comportamento imposto pelos próprios falsos profetas. Muitos crentes têm medo de serem feridos por Deus por estarem em oposição aos falsos profetas.

Em todas as épocas, sempre houve crentes que tiveram temor de homens. No entanto, a ordem de Deus é para que os crentes não temam um homem que falseia a verdade de Deus com medo do que lhe possa acontecer. Os israelitas deveriam temer a Deus, que era a verdade expressa.

A geração anterior à daquele tempo havia presenciado as manifestações poderosas diretas de Deus e de seu profeta Moisés. Todos os que temem a Deus devem temer os seus verdadeiros profetas, obedecendo-os. Quando um profeta "semelhante a Moisés" surge no meio do povo de Deus, este deve ser temido. Todavia, os crentes devem desobedecer aos ensinos dos falsos profetas, sem qualquer temor deles. Devemos temer os verdadeiros profetas de Deus, que falam a real palavra de Deus, mas não os falsos profetas com suas ameaças.

3. OS CRENTES FIÉIS TÊM O DEVER DE ELIMINAR OS FALSOS PROFETAS

Na sua Palavra, Deus ordena que os falsos profetas sejam mortos pelos que são fiéis à sua Palavra.

> Dt 13.6-11 – "Se teu irmão, filho de tua mãe, ou teu filho, ou tua filha, ou a mulher do teu amor, ou teu amigo que amas como à tua alma te incitar em segredo, dizendo: Vamos e sirvamos a outros deuses, que não conheceste, nem tu, nem teus pais, dentre os deuses dos povos que estão em redor de ti, perto ou longe de ti, desde uma até à outra extremidade da terra, não concordarás com ele, nem o ouvirás; não olharás com piedade, não o pouparás, nem o esconderás, mas, certamente, o matarás. A tua mão será a primeira contra ele, para o matar, e depois a mão de todo o povo. Apedrejá-lo-ás até que morra, pois te procurou apartar do Senhor, teu Deus, que te tirou da terra do Egito, da casa da servidão. E todo o Israel ouvirá e temerá, e não se tornará a praticar maldade como esta no meio de ti."

Este é um mandamento que bate de frente com o presente tempo em que vivemos. A liberdade religiosa propagada em nosso meio é uma falácia!

Os verdadeiros cristãos sempre são perseguidos por causa de sua piedade e, em muitos lugares, estão sendo mortos, em pleno século 21. Você, por acaso, tem ouvido os nossos governos falarem alguma coisa em favor dos cristãos que morrem por causa da sua fé?

Em vários regimes políticos do tempo presente não somos tolerados em nossa fé ortodoxa. Todavia, os crentes hoje são ensinados a ser tolerantes com todos os outros tipos de crença existentes. Na verdade, somos ensinados a nos conformar com esse *status quo*. No entanto, a conformação diante do que está acontecendo não nos deve fazer passivos quando a continuidade da religião verdadeira está em jogo.

Precisamos voltar, em alguma medida, ao senso de pureza doutrinária que a igreja deve ter. Veja uma observação interessante feita por um cristão contemporâneo que deveria nos despertar para o zelo da verdade de Deus.

> Os falsos profetas confrontam o povo de Deus com uma escolha – ou eles ouvirão e obedecerão a Deus ou eles seguirão a falsos deuses que são promovidos pelos falsos profetas. Se os israelitas escolhessem se apegar a Deus e aos seus mandamentos, então eles deveriam tomar os falsos profetas e matá-los. Eles não deveriam tolerá-los. Não deveria haver nenhum tipo de pluralismo religioso na terra de Israel. Eles deveriam seguir a Deus que os havia redimido da escravidão do Egito eliminando aqueles que os seduziam a abandonar o seu Deus e seguir a um outro deus. Deste modo, Israel purgaria o mal do meio deles.[15]

---
15 Bob Deffinbaugh, *False Prophets*. Disponível em: http://www.bible.org/page.php?page_id=2397#P298_85767#P298_85767. Acesso em: mai. 2008.

Todavia, não é o espírito do tempo presente aceitar nem praticar o que o próprio Deus ordena que se pratique em relação aos falsos profetas. Todavia, permanece válida a ordem divina, pois o que está em jogo é a verdade de Deus. Como a verdade não é algo pelo qual a presente geração se importa realmente, então, certamente, mesmo a igreja cristã nominal não terá qualquer atitude de punição séria para com os falsos profetas. É lamentável que essa ordem divina seja negligenciada. Isso é assim porque a presente igreja cristã é tolerante e assimilou um pluralismo religioso do qual ela ainda não tomou consciência.

4. CONCLUSÃO

A penalidade de Deus sobre os falsos profetas é tão pesada que parece aos nossos olhos, hoje, impossível de ser cumprida! Todavia, independentemente do espírito do tempo presente, Deus se preocupa muito com a distorção da sua verdade!

Você pensa que Deus tem menos repulsa hoje com relação ao pecado da heresia no meio do seu povo? Você pensa que Deus é mais tolerante com o erro teológico hoje do que foi no passado? Você pensa que Deus é menos severo nas suas punições por desvios doutrinários?

CAPÍTULO 27

REGRAS GERAIS PARA SE LIVRAR DO FALSO ENSINO

Eu vou tratar você, leitor, como se você tivesse a responsabilidade de pregar e de ensinar na sua igreja. Há algumas sugestões para que você fique livre da influência de falsos profetas, dos falsos mestres e dos falsos pastores que campeiam por todos os redis da igreja cristã. Observe estas sugestões para que você não seja uma vítima da artimanha do ensino deles.[1]

Os falsos profetas atingem todas as camadas. Houve um tempo em que eles atingiam somente as classes, tanto intelectual como financeiramente, mais baixas. Eles estavam imiscuídos entre os mais desprivilegiados. No entanto, hoje a situação é bem diferente. Os falsos profetas perceberam que a questão da mudança de paradigma teológico não é uma questão de posição social, simplicidade de mente, ou mesmo de fraca formação acadêmica. Veja que há gente de todos os segmentos sociais e intelectuais sendo envolvida pela falsa profecia.

---

[1] Com base no artigo "False Prophets – part 1". Disponível em: http://www.religiouslyincorrect.com/articles/falseprophets1.shtml Acesso em: mar. 2014.

Não pense, porque você é inteligente ou esperto, que você é imune a erros. Ser atacável teologicamente é uma questão espiritual, não simplesmente uma matéria de intelecto. Há muitas pessoas espertas e inteligentes que têm fraquejado porque a questão é de cegueira espiritual, não intelectual. Muitos homens inteligentes e bem formados têm caído nas redes dos falsos profetas.

Não custa tomar algumas precauções para que você seja livre das influências do profetismo moderno. Reflita sobre as sugestões elaboradas a seguir:

1. NÃO SEJA UM SEGUIDOR DA TRADIÇÃO, MAS UM SEGUIDOR DA ESCRITURA

Em nosso país, especialmente em termos religiosos, há muita coisa de tradição. Muitos sustentam um pensamento religioso porque ele foi sustentado pelos pais, avós, bisavós, etc. Esse tipo de pessoa segue a tradição; ou seja, faz desta a sua fonte de referência. Muitos permanecem debaixo das trevas espirituais por simplesmente seguirem o que seus antepassados seguiram. Ouvi dizer uma vez que o conceito da tradição "provavelmente reivindicará mais vítimas espirituais no Dia do Juízo do que qualquer outro"[2]. Por que muitos seguem a tradição espiritual dos antepassados? A resposta é que dificilmente alguém criado em uma determinada tradição muda de ideia. Não passa pela mente dessas pessoas que seus pais, avós ou bisavós tenham trilhado caminhos espirituais errôneos. Além disso, seguir a tradição dos antepassados é uma espécie de honra que eles lhes prestam.

---

2 Com base no artigo "False Prophets – part 1". Disponível em:. http://www.religiouslyincorrect.com/articles/falseprophets1.shtml, Acesso em: mar. 2014.

Porque a "armadilha da tradição" é tão poderosa, os falsos profetas provavelmente desfrutam o seu mais fácil sucesso às expensas dos cristãos orientados pela tradição. O caminho largo que conduz à destruição é perfeitamente adaptável a eles. Na verdade, a maioria dos falsos profetas têm sido vítimas da mesma influência, porque teria sido difícil para eles terem completado com sucesso o seu treinamento religioso se eles tivessem falhado em reverenciar os pontos de vista tradicionais da religião deles.[3]

Você não pode continuar na tradição de seus pais sem verificar se o que eles creem é verdadeiro. Via de regra, seus antepassados fizeram o que os antepassados deles fizeram. Eles nunca questionaram porque nunca foram ensinados a ter um padrão de fé confiável.

Você não pode ter o padrão da tradição em matéria espiritual, mas deve buscar o padrão estabelecido por Deus para a orientação do seu pensamento e comportamento. Você tem de ter um parâmetro correto para fazer essa verificação, que é a Escritura Sagrada – a Bíblia. Ela é o único documento que pode mostrar o norte espiritual a ser seguido. Seja um estudioso do ensino geral das Escrituras. Elas são confiáveis e podem livrá-lo do assédio dos falsos profetas e falsos mestres.

A Escritura Sagrada é a verdade de Deus. Siga a verdade de Deus, porque Jesus Cristo disse que a verdade haveria de libertar os seus discípulos da ignorância e do erro dos falsos mestres (Jo 8:31-32).

---
3 Ibidem.

2. NÃO SEJA IGNORANTE, MAS ENCHA-SE DE CONHECIMENTO DA VERDADE DE DEUS

O índice de ignorância da Escritura é muito grande entre aqueles que se chamam "crentes" na maioria das igrejas locais. Se a mensagem dos profetas é falseada, esses crentes não têm condições de se opor a ela. Eles dizem "amém" ao que seus pregadores dizem e ficam satisfeitos em ouvir seus líderes religiosos. Eles engolem qualquer mensagem, porque os profetas são vistos por eles próprios como "ungidos de Deus" e não têm ousadia de lhes fazer frente. Eles não possuem um espírito crítico e nem sabem avaliar minimamente as pregações, como fazia a igreja de Beréia. Tristemente constatamos que eles não examinam se o conteúdo da mensagem passa pelo crivo da Escritura Sagrada. Simplesmente aplaudem a mensagem, o que significa que podem ter sido enganados pelos falsos profetas.

Os filhos de Deus precisam se munir do conhecimento geral e de conhecimentos específicos de algumas verdades de Deus encontradas na Escritura. Mergulhe a sua mente no exame das Escrituras. Procure ler bastante; mas escolha bons livros escritos por cristãos confiáveis, porque há muitos livros sem conteúdo saudável no mercado! Evite-os, a fim de que a sua saúde espiritual não seja prejudicada.

Se você não adquirir conhecimento, mais cedo ou mais tarde, será abordado por falsos profetas e você não saberá dar razão da esperança que há em você. Você não saberá responder aos questionamentos dos falsos profetas que estão em evidência em nossa geração.

Você nunca será capaz de identificar um falso profeta se não tiver um bom conhecimento da verdade de Deus. Você precisa aprender a identificar um falso profeta e, então, você poderá dizer que possui conhecimento. O reconhecimento de um falso profeta aponta para o fato de que você cresceu no conhecimento de Deus através do estudo sério das Escrituras!

3. NÃO SEJA COMPLACENTE COM O ERRO

Usualmente, os falsos profetas concentram-se em pessoas que estão satisfeitas em sua vida espiritual, pessoas que não possuem preocupações ou grandes aspirações de crescer no conhecimento de Deus.

"Indivíduos complacentes não possuem um senso de urgência com respeito ao seu destino eterno. Eles se sentem salvos e seguros."[4] Há muitos que se imaginam seguros em sua religiosidade. Eles não possuem nenhuma preocupação com a pureza doutrinária, e a doutrina nem mesmo é importante para eles. Dessa forma, esse tipo de crente se torna presa fácil para os propósitos dos falsos profetas. Com tristeza, percebo que uma grande parcela dos cristãos de nossa geração está nessa complacência.

Os indivíduos complacentes são os sustentadores dos ministérios dos falsos profetas. Estes se servem daqueles para levar avante as suas empresas espirituais. A quantia de dinheiro exigido de boa parte desses falsos profetas tem possibilitado não somente o enriquecimento pessoal deles, mas também a aquisição de grandes empresas de comunicação e a capacidade de espalhar suas ideias em canais de TV muitíssimo caros. As ofertas e dízimos são dados, na sua maior parte, por gente que não possui preocupações de pureza de fé. Eles são levados a crer que a "obra" tem de ser feita

---

4 Com base no artigo "False Prophets – part 1". Disponível em:. http://www.religiouslyincorrect.com/articles/falseprophets1.shtml Acesso em: mar. 2014.

e abrem-se em suporte do ministério dos que dominam a mídia e seus corações.

Os falsos profetas têm se servido desse método desde tempos muito antigos na Igreja. O apóstolo Pedro, ao tratar de falsos mestres/profetas, diz uma verdade incontestável, mesmo nos dias de hoje:

> 2Pe 2.2-3 – "E muitos seguirão as suas práticas libertinas, e, por causa deles, será infamado o caminho da verdade; *também, movidos por avareza, farão comércio de vós, com palavras fictícias;* para eles o juízo lavrado há longo tempo não tarda, e a sua destruição não dorme."

Os crentes complacentes sempre se tornam presa fácil para os avarentos falsos profetas. Estes sempre terão recursos à sua disposição para mergulhar pessoas inadvertidas no erro através do engano. Os falsos profetas, embora creiam no que pregam, têm o papel de atrapalhar a pregação da verdade e, para isso, usam todos os recursos possíveis para lograr sucesso em seu trabalho. Não é sem razão que Pedro diz que os falsos profetas/mestres são "movidos por avareza".

4. NÃO TRABALHE EM DEMASIA, MAS RESERVE TEMPO PARA O EXERCÍCIO ESPIRITUAL

É muito comum vermos homens com dons proféticos na igreja se afundarem em aridez teológica porque se esquecem de cuidar de si mesmos espiritualmente. Eles trabalham em demasia, não dão tempo para a sua família e igreja. Eles não se preocupam muito consigo mesmos, contanto que eles cresçam no conhecimento daquilo que ensinam. Além disso, se afundam na pesquisa e não dão tempo para a devoção em suas vidas pessoais.

A tônica dos profetas é fazer com que os seus ouvintes se tornem seguidores dos princípios estabelecidos por Deus, como norma de comportamento; mas eles mesmos se esquecem de que precisam ser exemplos para aqueles a quem pregam.

Quando eles se esquecem da devoção na vida pessoal, acabam perdendo a luta contra os falsos profetas que os acusam de aridez e de inutilidade, pois as igrejas locais deles não tendem a crescer.

Se você quer se livrar dos falsos mestres, tenha um equilíbrio entre o estudo acadêmico e a vida de comunhão pessoal com Deus. Se você conseguir esse equilíbrio, você não será atacável no confronto com os falsos profetas.

5. NÃO FIQUE DESATENTO COM RELAÇÃO À PREGAÇÃO NA SUA IGREJA

Uma maneira eficaz de você se livrar dos falsos profetas é ter cuidado com o púlpito da sua igreja. Empenhe-se por alimentar o seu povo de maneira que ele se sinta atraído pela boa pregação e se perceba bem norteado. Apronte-se convenientemente para a pregação; estude a Escritura com seriedade; peça a Deus a graça de aplicar a mensagem fiel ao coração do seu povo.

Uma outra maneira de você se livrar dos falsos profetas é não deixar que eles tomem o seu púlpito. Não importa que eles sejam famosos pregadores. Não se esqueça de que, quanto mais famosos, mais influência eles terão sobre a sua igreja.

Não importa, também, que eles sejam seus amigos pessoais; não se constranja em não ceder o púlpito a eles. Eles podem até ser bons amigos na vida pessoal, mas a fé deles é mais importante do que o relacionamento com você. Eles se servirão do púlpito ou da cátedra para lançar uma palavra errônea, que certamente será causadora de divisão.

Se você perceber que no meio da sua liderança há algum presbítero, ou outro alguém, com desvios doutrinários ou que tenha simpatias pela profecia da forma que temos combatido neste livro, não se constranja em não dar a cátedra e o púlpito para ele. Se você não prestar atenção a esse ponto, você poderá sofrer muito para apagar os incêndios teológicos dentro da sua igreja. Certamente, em sua igreja ainda há muitas pessoas que são como que "meninos, agitados de um lado para outro por todo vento de doutrina, pela artimanha dos homens, pela astúcia com que induzem ao erro" (Ef 4.14).

Uma outra maneira de se livrar dos falsos profetas e falsos mestres, tem a ver com a sua conduta pessoal em relação a eles. Não gaste tempo ouvindo as pregações deles. Eles são inteligentes, pregam com convicção e podem influenciar a sua maneira de pensar. Não pense que você será imune a todas as ideias deles. O poder da convicção deles poderá abalar as suas antigas crenças.

Se você não cuidar da pregação em sua igreja, não fizer com que ela seja muito boa, certamente você vai colher os terríveis frutos de dúvidas sendo lançadas no meio do seu povo.

6. APLICAÇÕES[5]

Não se esqueça de que Jesus Cristo nos ensinou a sermos atentos e vigilantes em tudo. Além disso, ele ordenou a seus discípulos que fossem "símplices como as pombas e prudentes como as serpentes"

---

5 Algumas das aplicações, ao menos nos seus títulos, são encontradas nos comentários de Steven Cole, disponíveis em: https://bible.org/seriespage/lesson-9-avoiding-spiritual-deception-colossians-21-5. Acesso em: ago. 2018.

(Mt 10.16). Você não pode abrir mão das ovelhas que Deus colocou sob sua guarda! Você vai responder por elas diante de Deus! Em algum sentido, o destino eterno delas está em sua responsabilidade, porque no que elas creem determinará para onde elas irão!

6.1. PARA EVITAR O ENGANO ESPIRITUAL, RECONHEÇA QUE A FALSA PROFECIA E O FALSO ENSINO SÃO UM SÉRIO PERIGO

Enquanto a igreja pensar que sua missão principal é a obra missionária (ainda que ela seja sempre e absolutamente necessária), os falsos mestres e profetas andarão "soltinhos" no meio do povo de Deus. Enquanto se pensa que é mais importante "encher" a igreja, cada vez mais, com novos convertidos, estes são facilmente suscetíveis ao engano dos falsos profetas por não possuírem a capacidade de discernir. Observe que o engano espiritual é sempre mais sutil do que um ataque aberto e frontal. Portanto, participe do combate ao engano sutil no meio da sua igreja.

Há muitos na igreja, hoje, que são uma espécie de obstetras espirituais, pela graça de Deus trazendo pessoas à vida; mas, a igreja não tem tido muitos pediatras, que conduzam os recém-nascidos espirituais ao fortalecimento.

É preciso recordar que a função primordial da igreja é fazer homens e mulheres crescidos e amadurecidos, para que possuam a "varonilidade" (maturidade e estatura) de Cristo, sendo parecidos com ele. Se tivermos mais gente parecida com Cristo, mais a igreja será evangelizadora.

Portanto, lembre-se de que você tem de ajudar a limpar a igreja do falso ensino e da falsa profecia. Esse assunto é de suprema importância. Enquanto você não entender isto, a igreja será sempre vulnerável ao engano.

6.2. PARA EVITAR O ENGANO ESPIRITUAL, RECONHEÇA A SAGACIDADE DE SATANÁS

Mantenha os olhos abertos para poder enxergar onde está o grande inimigo de nossas almas. Quando menos você esperar, ele vai atacá-lo. Se você não tiver olhos bem abertos, será presa dele. Ele é extremamente sagaz, desde os tempos em que penetrou no Jardim do Éden. Ele sempre toma formas, de modo que as pessoas tentadas jamais imaginam que estão sendo confrontadas por ele.

Veja a percepção espiritual que Paulo possuía sobre o fato dos falsos profetas, falsos mestres e falsos apóstolos estarem sob o engano poderoso do Maligno:

> 2Co 11.13-15 – "Porque os tais são falsos apóstolos, obreiros fraudulentos, transformando-se em apóstolos de Cristo. E não é de admirar, porque o próprio Satanás se transforma em anjo de luz. Não é muito, pois, que os seus próprios ministros se transformem em ministros de justiça; e o fim deles será conforme as suas obras."

(a) Os falsos apóstolos podem se travestir de apóstolos de Cristo

> 2Co 11.13 – "Porque os tais são falsos apóstolos, obreiros fraudulentos, transformando-se *em apóstolos de Cristo*."

Os falsos apóstolos eram aqueles que "a si mesmos se faziam apóstolos". Todos os genuínos apóstolos do Novo Testamento foram chamados um a um por Jesus Cristo. Paulo bateu muito fortemente nessa tecla, pois um apóstolo de Cristo era vocacionado diretamente por ele, pela vontade de Deus.[6]

O falso ensino e a falsa profecia levam a igreja cristã a grandes erros, especialmente em nossos dias. Muito constantemente podemos perceber que, na igreja evangélica brasileira, aparecem homens que "a si mesmos se declaram apóstolos, e não são" (Ap 2.2). Portanto, nenhum apóstolo de Cristo pode se fazer a si mesmo apóstolo, como acontece abundantemente na igreja evangélica brasileira. Esses falsos apóstolos possuem uma audiência enorme e são como que "gurus" espirituais, transformando-se em apóstolos de Cristo.

Ministros da Palavra, fiquem atentos contra esses homens, porque eles vão semear o engano no meio das igrejas. Eles têm, frequentemente, a mídia nas mãos. Eles possuem dinheiro e projeção e, por causa da ignorância teológica dos evangélicos, possuem poder de influência pelos meios de comunicação. Instruam os seus crentes para que eles venham a rechaçar esses tipos de falsos apóstolos.

(b) O tenebroso Satanás se traveste de luz

2Co 11.14 – "E não é de admirar, porque o próprio Satanás se transforma em anjo de luz."

Os falsos apóstolos possuem um grande paradigma na atitude que eles tomam. Eles seguem a sua grande figura "exemplar", por crerem que ele é o deus deles. Satanás tem servido de modelo para esses falsos apóstolos nesse tipo de transformação de trevas em luz, de falsos apóstolos para apóstolos de Cristo.

---

6 Confira: Romanos 1.6; 1 Coríntios 1.1; 2 Coríntios 1.1; Gálatas 1.1; Efésios 1.1; Colossenses 1.1; 1 Timóteo 1.1; 2 Timóteo 1.1; Tito 1.1.

Satanás, desde o princípio, se apresenta como aquele que conhece a verdade. Ele driblou Eva, dizendo que ele estava certo e que Deus estava errado ao ordenar não comer da árvore do conhecimento do bem e do mal. Ele teve sucesso com Eva e com Adão, assim como tem tido sucesso em muitos arraiais evangélicos, além de outros ramos do cristianismo, enganando a muitos sobre a sua real identidade. Estamos caminhando rapidamente para o tempo da apostasia pelo engano que Satanás ocasiona nos falsos profetas, falsos mestres, falsos pastores e falsos apóstolos. Eles têm invadido o rebanho de Deus procurando a quem possam tragar.

Os ministros da Palavra devem ter grande discernimento para entender essa obra de Satanás neste mundo. Ele está "preso", no sentido de não mais impedir que o evangelho chegue às nações (Ap 20.2-3); mas, ele está "solto" para enganar as pessoas individualmente, para que creiam na "luz" que está nele, para que o vejam como verdadeiro e não como mentiroso.

(c) Os ministros de Satanás se travestem de justiça

2Co 11.15a – "Não é muito, pois, que os seus próprios ministros se transformem em ministros de justiça."

Os falsos profetas, falsos mestres, falsos pastores e falsos apóstolos se mascaram para denotar que eles são ministros das coisas justas. Eles são travestidos de cristãos, vestindo uma capa de homens retos; mas, enganam o povo de Deus. Esses "ministros de Satanás" sempre se apresentarão como aqueles que querem ser o que, na realidade, não são.

Pessoalmente, creio que eles não percebem conscientemente o que fazem; mas certamente, querem desviar os cristãos de seus caminhos, crendo que a verdade está nas mãos deles e que a injustiça está nas mãos dos cristãos.

Eles são predadores espirituais, e muitos do povo de Deus são suas indefesas presas. Por essa razão, nós, os genuínos cristãos, não devemos nos espantar pelo acontecimento desses fenômenos de engano que crescem e culminarão na grande apostasia que precede a chegada de Cristo.

(d) O fim de todos eles será determinado pelas obras deles

2 Co 11.15b – "E o fim deles será conforme as suas obras."

A redenção de pessoas é segundo a graça de Deus. Ela é imerecida. Diferentemente, a condenação é pelas obras. Deus aplica sua justiça tanto a Satanás como a seus ministros. A vingança, tanto esperada por nós, haverá de aparecer no tempo apropriado. Todos eles terão um fim que estará de acordo com a malignidade de suas obras!

O destino definitivo de Satanás e de seus asseclas será o lago de fogo, que é a segunda morte. Eles não serão condenados simplesmente por suas intenções, pelo seu caráter, mas pelas suas obras. A obra de engano é uma das mais odiadas de Deus, e ele as julgará muito fortemente!

No dia final, nós conheceremos a respeito da ira de Deus contra a falsificação da verdade. Hoje, os falsos profetas/mestres/pastores/apóstolos vivem tranquilos, como se nada fosse acontecer com eles; mas, vem o dia em que a ira de Deus será manifesta contra eles. Será um dia muito grave e solene o da manifestação da ira! Então, todos os falsificadores da verdade verão com clareza o grande pecado que cometeram contra o Senhor; mas, a percepção dessa realidade será tardia, porque não haverá mais caminho de volta para eles! A condenação será definitiva!

Ao analisar o texto de Paulo, parece-me, João Calvino traz uma consolação para aqueles que estavam debaixo de grande ataque do engano, prometendo-lhes a vitória sobre eles no final. Ele diz que Paulo "acrescenta isto para a consolação dos piedosos. Daí a afirmação de um homem corajoso, que despreza o julgamento tolo dos homens. Enquanto isso, ele mostra uma intrepidez singular de consciência, que não se apavora diante do julgamento de Deus".[7]

7. PRINCÍPIOS A SEREM PONDERADOS

7.1. OS ENSINOS FALSOS REALMENTE CAUSAM REPULSA EM VOCÊ, COMO CAUSAVAM NO SALMISTA?

Sl 119.128 – "Por isso, tenho por, em tudo, retos os teus preceitos todos *e aborreço todo caminho de falsidade*."

Você realmente possui ódio pelos falsos ensinos que acontecem na igreja evangélica hoje? A verdade é importante para você? O salmista diz que o caminho da falsidade (das coisas falsas) exige de você ódio, algo que causa repulsa e desprezo da sua parte.

É lamentável que o ensino falso não tenha provocado fortes sentimentos de repulsa em vários ministros da igreja. A teologia não é importante para eles, conquanto haja o crescimento da igreja.

---

[7] João Calvino, em seu comentário de 2 Coríntios. Disponível em: http://www.ccel.org/ccel/calvin/calcom40.xvii.iii.html. Acesso em: out. 2019.

Eles são capazes de sacrificar o ensino sadio em nome do progresso do número de membros da igreja. A estatística vale mais que o conteúdo do que se ensina ou prega.

Eu oro a Deus para que vocês, ministros do Evangelho, venham a ter repulsa pelo ensino falsificado do evangelho, para que vocês não admitam, em nenhum grau, um outro evangelho. O evangelicalismo brasileiro, nesta geração, tem sido muito condescendente com o erro, e não existe qualquer sentimento de repulsa a ele que fique evidenciado na firme disciplina eclesiástica. Observe que praticamente nenhum ministro é punido por causa de doutrina errônea. Precisa haver comportamento moral para receberem disciplina. Entretanto, não há quase nada que seja feito contra os desprezadores do princípio da *Tota Scriptura*. Eles ensinam princípios isolados da Escritura, mas não o ensino da totalidade das Escrituras. E ninguém faz nada contra eles!

7.2. VOCÊ CONSEGUE ODIAR OS ENSINOS FALSOS SEM NECESSARIAMENTE ODIAR OS FALSIFICADORES DA VERDADE?

Como expressar o seu ódio pelo sistema de falso ensino, sem dar a impressão que odiamos pessoalmente os falsos mestres? Não se esqueça de que os falsificadores da verdade possuem convicção de que estão certos! Na verdade, eles pensam assim porque eles próprios são enganados pelos demônios.

> 2Tm 2.24-26 – "Ora, é necessário que o servo do Senhor não viva a contender, e sim deve ser brando para com todos, apto para instruir, paciente, disciplinando com mansidão os que se opõem, na expectativa de que Deus lhes conceda não só o

arrependimento para conhecerem plenamente a verdade, mas também o retorno à sensatez, livrando-se eles dos laços do diabo, tendo sido feitos cativos por ele para cumprirem a sua vontade."

Se esses falsificadores da verdade estão em suas congregações, como vocês devem proceder? Os mestres verdadeiros do povo de Deus devem ser "brandos para com todos, aptos para instruir e pacientes". Devem ter paciência em relação àqueles que não têm entendimento. Gaste tempo ajudando-os a enxergar, ao menos racionalmente, o que pode ser enxergado. Não podemos, como mestres, fazer mais do que isso. O restante, definitivo para o real entendimento da verdade, é obra divina. Não tente fazer o que é de Deus.

Se esses falsificadores da verdade estão na sua congregação, discipline-os. Essa é parte da tarefa dos verdadeiros presbíteros. Disciplinem com mansidão, sem descarregar a ira de vocês contra eles. O descarregamento da ira é propriedade exclusiva de Deus.

Se os falsificadores da verdade estão no meio da sua congregação, ao pregar a eles, tenha sempre esperança de que Deus vá causar neles "o arrependimento para conhecerem plenamente a verdade". O arrependimento e a fé são dons divinos. Portanto, não pense que eles são caso perdido. Tenha esperança na ação de Deus neles. Só depois do arrependimento é que eles passam a possuir olhos para enxergar corretamente a Palavra da verdade.

Se esses falsificadores da verdade estão na sua congregação, ore a Deus para que, depois de conhecerem plenamente a verdade, eles "retornem à sensatez". Por rejeitarem a verdade, eles são insensatos; mas espere na graça de Deus para que eles saiam da escuridão espiritual em que se encontram e sejam pessoas espiritualmente sensatas.

Se esses falsificadores da verdade estão na sua congregação, ore a Deus para que eles sejam libertos dos laços do diabo, porque foram "feitos cativos por ele para cumprirem a sua vontade". Por causa do engano em que se encontram, eles acabam, sem o saber, cumprindo os planos diabólicos na vida deles. Por isso, vocês devem ser pacientes ao instruí-los, serem mansos com eles, esperançosos de que alguma coisa sobrenatural da parte de Deus acontecerá com eles. Entretanto, nós não temos direito de fazer nada contra eles, exceto uma justa punição eclesiástica. Os castigos mais severos e definitivos são dados pelo Justo Juiz!

7.3. VOCÊ REALMENTE DÁ SUPORTE AOS MINISTROS QUE LUTAM PELA VERDADE DE DEUS?

Quando você percebe que em uma igreja irmã os ministros da palavra estão sofrendo por causa da presença de falsificadores da verdade, você mostra sinceramente a eles o seu suporte? Você se importa mesmo com o que está acontecendo no meio de outras congregações? Não se esqueça de que esses ministros da palavra estão em grande dificuldade. Se você não os ajudar, eles serão derrotados na grande batalha pela verdade. Corra para dar o seu suporte a eles. Eles precisam de vocês. Não há luta mais árdua do que o combate contra o falso ensino, pois os falsificadores da verdade são sorrateiros e escorregadios. Frequentemente, eles não assumem abertamente os seus erros. Eles sugerem ao povo de Deus o oposto da verdade (ou a verdade misturada com erro) de tal modo que o povo não percebe. Vá em socorro dos ministros que possuem menos recursos teológicos que você. Não fuja da luta! Ajude os que sabem menos, para que o povo dessas igrejas não venha a abandonar a verdadeira doutrina.

Se você não faz isso, deve mudar de atitude para com eles e para com a verdade.

7.4. A SUA VIDA REFLETE UM AMOR IGUAL AO DO SALMISTA PELA PALAVRA DE DEUS?

A repulsa que você tem pelo erro, o ódio que você tem pela falsificação da verdade, o real suporte que você dará aos ministros que estão debaixo de fogo, estão relacionados ao amor que você tem pela verdade? Se você não tiver amor pela verdade, não terá ódio pelo erro. Você não vai socorrer aos que estão sob fogo, porque você vai pensar que o problema é deles. Se isso acontecer, é porque a verdade de Deus não é realmente objeto do seu amor.

O salmista detestava a falsificação da verdade:

Sl 119.101-104 – "De todo mau caminho desvio os pés, para observar a tua palavra. Não me aparto dos teus juízos, pois tu me ensinas. Quão doces são as tuas palavras ao meu paladar! Mais que o mel à minha boca. Por meio dos teus preceitos, consigo entendimento; *por isso, detesto todo caminho de falsidade.*"

O amor pela verdade de Deus fazia com que o salmista odiasse a falsificação da verdade. Onde não há amor pela verdade, não há ódio em defesa dela. A igreja de Deus precisa de ministros da Palavra que amem a verdade de Deus, a fim de que possam detestar sua falsificação.

Sl 119.127-128 – *"Amo os teus mandamentos mais do que o ouro, mais do que o ouro refinado. Por isso, tenho por, em tudo, retos os teus preceitos todos e aborreço todo caminho de falsidade."*

O salmista amava os mandamentos de Deus mais do que as coisas mais preciosas que ele podia ter neste mundo. Davi era rei, tinha tudo o que precisava e muito mais. Entretanto, a sua riqueza era a verdade dos mandamentos de Deus. Ele mesmo se espanta por sua consideração amorosa pela Palavra, quando diz: "Quanto amo a tua lei! É a minha meditação, todo o dia!" (Sl 119.97). O tempo que você gasta para a meditação na Palavra de Deus mostra o tamanho do seu amor por ela!

Sl 119.162-165 – *"Alegro-me nas tuas promessas, como quem acha grandes despojos. Abomino e detesto a mentira; porém amo a tua lei. Sete vezes no dia, eu te louvo pela justiça dos teus juízos. Grande paz têm os que amam a tua lei; para eles não há tropeço."*

O salmista tinha alegria pelas promessas da Palavra de Deus. Elas eram, para ele, uma grande riqueza. Ele odiava a mentira porque amava a lei do Senhor, e tinha paz pelo amor à lei do Senhor. A igreja de Deus carece desesperadamente de homens que tenham esse tipo de reação em relação à Palavra de Deus em sua vida!

FIEL
MINISTÉRIO

O Ministério Fiel visa apoiar a igreja de Deus, fornecendo conteúdo fiel às Escrituras através de conferências, cursos teológicos, literatura, ministério Adote um Pastor e conteúdo online gratuito.

Disponibilizamos em nosso site centenas de recursos, como vídeos de pregações e conferências, artigos, e-books, audiolivros, blog e muito mais. Lá também é possível assinar nosso informativo e se tornar parte da comunidade Fiel, recebendo acesso a esses e outros materiais, além de promoções exclusivas.

Visite nosso site

www.ministeriofiel.com.br

LEIA TAMBÉM

JOHN PIPER

Uma glória Peculiar

COMO A BÍBLIA SE REVELA COMPLETAMENTE VERDADEIRA

LEIA TAMBÉM

JOHN PIPER

LENDO A **Bíblia** DE MODO **Sobrenatural**

PROVANDO E VENDO A GLÓRIA DE DEUS NAS ESCRITURAS

LEIA TAMBÉM

JOHN PIPER

Exultação Expositiva

A PREGAÇÃO CRISTÃ COMO ADORAÇÃO